도핑과 스포츠

이원재 外 지음

국민대학교 출판부
KOOKMIN UNIVERSITY PRESS

머리말

이 원 재

도핑은 스포츠 학계에서는 '사각지대'이고, 스포츠 현장에서는 '교전지대'이다.

학계의 특성상 현장의 요구에 즉각적으로 대응하기보다는 학문적 전통성과 관성에 의지하여 시차를 두고 세부 영역이 생성되고 성장하는 경향이 있다 보니, 스포츠의 어느 분과 학회에서도 도핑의 현안들에 대해 본격적이고 지속적으로 다루고 있지 못하는 것이 현실이다. 또한, 도핑 관련 문제들의 해결을 위해서는 다양한 분야(체육학, 의학, 약학, 법학, 행정학, 경영학, 교육학, 윤리학 등)의 복합적이고 입체적인 접근이 필요하다는 점도 이 분야를 사각지대로 남게 만드는 주요한 원인으로 보인다.

그러는 사이에 스포츠 현장에서는 도핑으로 인해 경기의 결과 또는 메달이 뒤바뀌거나, 특정 국가가 올림픽 등의 주요한 스포츠 이벤트에 참가할 수 없게 되는 지경까지 이르고 있어, 그야말로 교전지대가 되어 버렸다.

스포츠는 '경쟁'과 '공정'이 동시에 조화롭게 공존할 때 지속가능하다.

지구상에서 생물 또는 유전자가 생존을 위해 서로 경쟁하듯, 스포츠에서는 선수 또는 팀들이 치열한 경쟁을 벌인다. 다만, 자연의 경쟁에서는 어떠한 규칙 혹은 법칙이 내재하는지를 인간이 이해하려고 노력하고 연구하는 반면, 스포츠에서는 그 규칙을 인간이 스스로 규정해 나가야 한다. 자연의 경쟁에서는 인간이 추구하는 공정이라는 개념이 성립되기 어렵지만, 스포츠에서는 그 규칙뿐만 아니라 공정에 대한 책임 또한 인간이 짊어져야 하는 것이다.

공정이라는 것이 상대적인 속성을 가지므로, 스포츠에서 모두가 동의하는 공정을 완성하는 것은 쉬운 일이 아니다. 특히, 스포츠에서 근본적인 행위의 주체인 선수들의 몸에 직접적으로 작용하는 도핑을 방지하고 예방하기 위한 노력은 스포츠에 보편적인 공정을 담보하기 위한 근본적인 토대와 깊은 관련이 있다.

우리가 공기가 없는 상황을 가정할 때야 비로소 공기의 중요성을 제대로 인식할 수 있듯이, 도핑 방지를 위한 다양한 노력과 체계가 붕괴된 상황을 가정해 본다면 스포츠에 얼마나 큰 혼란이 발생할 것인지를 쉽게 가늠해 볼 수 있다.

이렇듯 스포츠에서 중차대한 도핑방지 분야에 대해 누군가가 이해하고 배우고자 할 때, 적절한 교재 또는 서적을 찾을 수 없었다는 사실은 매우 놀랍고 안타까운 일이었다.

이 책은 다음의 3가지 집단의 독자들을 위하여 집필되었다.

1. 스포츠를 공부하는 사람
   - 대학생
   - 대학원생 또는 연구자
2. 스포츠계에서 일하는 사람
   - 스포츠행정가: 대한체육회 및 대한장애인체육회 임직원, 각 종목단체 임직원, 각 지역체육회 임직원 등
   - 프로 스포츠 조직 및 구단 임직원
   - 선수 또는 지도자
3. 스포츠에 관심이 많은 사람
   - 스포츠 관련 직종에 취업을 준비하는 사람
   - 스포츠 분야 진로를 탐색하는 중고등학생

위와 같은 독자들에게, 어쩌면 딱딱할 수도 있는 도핑 관련 내용을 어떻게 효과적으로, 그리고 효율적으로 전달하면서도 정확성과 양질의 내용을 희생하지 않을 것인가는 큰 숙제였다. 이에 이 책은 다음과 같은 특별한 집필 과정을 거쳤다.

먼저 현장에서 중요한 내용, 그러면서도 신뢰할 수 있는 내용을 빠짐없이 담아내기 위하여, 한국도핑방지위원회(KADA)의 각 분야 담당 직원들, 즉 현장 전문가들이 직접 초안을 구상하였다. 전문가들 간의 긴밀한 협업을 통해 총 12개의 장이 균형 있고 체계적으로 설계되었고, 이 내용은 국민대학교 스포츠산업레저학과 학생들에게 한 학기 강의로 전달되었다. 각 장은 담당 교수인 본인이 직접 강의를 진행하며 학생들과 질의응답 및 토의의 과정을 거쳤고, 학생들은 강의 내용에 기반하여 소위 Z세대의 관점에서 각자 자신들만의 책을 편집하는 과제를 수행하였다. 제출된 21편의 과제들을 참고하여, 다시 전문가들의 상호 유기적인 협력 과정을 통해 책이 완성되었다. 아울러서, 과제를 수행한 학생들 중 6명을 선발하여 각 장의 집필 보조 업무에 직접 참여하도록 하였다.

결국 이 책은 지식의 공급자와 수요자 간 쌍방향적 공동작업 과정을 거침으로써 양질의 콘텐츠와 효과적인 전달 방식이 끊임없이 대화하며 완성되었다. 이 자리를 빌려, 한국도핑방지위원회의 임직원분들과 국민대학교 학생들의 놀랍고도 의미 있는 성취에 다시 한번 존경과 감사의 마음을 전한다.

이미 너무 늦은 감이 있기는 하지만, 이 책의 발간이 작은 시작이 되어 '사각지대'이자 '교전지대'인 도핑방지 분야의 발전, 더 나아가서 인간의 찬란하고 풍부한 문화유산이자 미래유산인 스포츠의 번영에 조금이나마 보탬이 되기를 바란다.

- **이원재**(국민대학교 교수, 한국도핑방지위원회 이사) -

추천사 I

Witold Banka (WADA 회장)

Anti-doping education, which is designed to prevent intentional or unintentional use of prohibited substances and methods, is increasingly key to delivering on the global collaborative mission for doping-free sport. While the 'catch and punish' approach is an important part of the global anti-doping system, the 'support and prevent' approach, through education, is now viewed as the single best long-term solution that we have for preventing doping; and, supporting athletes in their efforts to compete clean throughout their careers. It is time for the global anti-doping community to prioritize education in the same way that we do other key areas of anti-doping, like science, medicine and the law.

It is therefore inspiring to see initiatives like the development of anti-doping courses and educational materials by the Korea Anti-Doping Agency and Kookmin University. I applaud these efforts to bring anti-doping research and education to a wider audience, spreading knowledge and capacity throughout the world. They support the education of future anti-doping professionals and they also promote the values of sport, such as fairness, justice, health, and community, which benefits not just the anti-doping community, but society more broadly. The academic community is the perfect place to promote these values and inspire action.

선수의 금지약물, 금지방법의 의도적 또는 비의도적 사용을 방지하기 위한 도핑방지 교육의 중요성은 전 세계적으로 도핑없는 스포츠 환경 조성에 없어서는 안될 필수 요소로 더욱 강조되고 있습니다. 그 동안 전 세계적으로 도핑방지 시스템은 '적발과 제재' 위주로 진행되었지만 이제는 장기적인 교육 프로그램을 통해 '지원과 예방'을 중심으로한 도핑방지 정책만이 도핑을 예방하고 선수 생활을 하는 동안 선수가 흘린 땀의 가치를 보전할 수 있습니다. 지금은 현재 우선시되고 있는 과학, 의학 및 제도와 같은 도핑방지 프로그램과 같이 도핑방지 교육이 우선시 되어야 할 시기입니다.

따라서 한국도핑방지위원회와 국민대학교가 도핑방지 교재개발과 수업개설을 추진하는 활동은 매우 이상적입니다. 더 많은 독자에게 도핑방지 연구와 교육의 기회를 제공하고 전 세계에 지식전수와 역량 향상을 위한 노력에 박수를 보냅니다.

본 교재를 통해 미래의 도핑방지 전문가를 양성하고 대학과 같은 학계에서도 공정성, 건강, 협력 등과 같은 스포츠가치를 확산해 나간다면 도핑방지 분야의 긍정적 사회적 영향을 끼칠 것으로 믿어 의심치 않습니다.

추천사Ⅱ

이 영 희(한국도핑방지위원회 위원장)

도핑은 스포츠의 공정성에 직접적인 영향을 미치는 중요한 윤리적 요인입니다. 최근 전 세계적으로 국가주도의 도핑 스캔들이 일어나는 등 도핑검사 회피 수단이 발전하고 있는 반면 도핑방지를 위한 기술의 발전도 동시에 이루어지고 있습니다. 과거와 비교해 도핑검사에서 금지약물이 검출되지 않더라도 선수 시료의 누적된 분석결과에서 선수의 바이오마커를 추가 분석하여 도핑을 적발하는 선수생체수첩의 도입과 도핑방지규정 위반에 대한 정보활동 및 조사강화 등 스포츠의 공정성과 가치를 훼손하는 도핑 억제정책이 강화되고 있습니다.

이러한 세계적 흐름에 따라 한국도핑방지위원회는 세계도핑방지기구와 함께 선수들이 최초로 접하는 도핑방지활동이 도핑검사가 아닌 도핑방지 교육이 될 수 있도록 세계도핑방지규약과 국제표준을 준수하는 교육계획을 수립하여 보급하고 있습니다.

경쟁이 불가피한 현대사회에서 '공정'은 사회 구성원들이 추구하는 핵심가치 중 하나입니다. 스포츠에서 '공정한 경쟁'은 가장 기본적인 조건으로, 도핑은 스포츠 가치를 한순간에 무너뜨릴 수 있습니다. 스포츠인들이 마음껏 역량을 발휘하고 그 노력이 헛되지 않도록 도핑방지 분야의 인식과 기본적인 이해를 높이는 것을 목표로 도핑의 역사, 도핑검사 및 예방 프로그램을 학생들과 공유하여 도핑의 위험성과 스포츠 윤리에 대한 중요성을 전달하기 위한 서적입니다. 또한, 어려운 주제를 사례별로 활용하여 쉽게 이해할 수 있도록 구성되어 있습니다.

한국도핑방지위원회는 대한민국 유일한 도핑방지기구로서 도핑으로부터 선수의 건강을 보호하고, 공정한 스포츠 환경을 만들기 위해 다양한 프로그램을 추진하고 있으며, 도핑방지 서적을 통해 다양한 이해관계자들이 도핑을 예방하고 건전한 스포츠 문화를 형성하는 데 기여할 것으로 기대합니다. 본 서적은 도핑방지를 위해 다양한 분야에서 연구하고 교육하는데 필수적인 자료이자 표준 서적으로 활용될 수 있도록 추천합니다.

CONTENTS

도핑과 스포츠

01 도핑이란 무엇인가

02 도핑방지 거버넌스의 이해

03 세계도핑방지규약 및 각종 규정의 이해

04 도핑예방과 도핑방지교육

09 도핑방지활동의 과학적 접근

10 결과관리 절차

11 결과관리 사례

12 한국의 도핑방지 운동

01

도핑이란 무엇인가

Game Changers: The Story of Anti-Doping

자주 등장하는 약어, 용어

국제사이클연맹(UCI): Union Cycliste Internationale

국제축구연맹(FIFA): Fédération Internationale de Football Association

국제올림픽위원회(IOC): International Olympic Committee

세계도핑방지기구(WADA): World Anti-Doping Agency

–

아마추어(Amateur) 선수: 스포츠나 기술 따위를 취미로 삼아 즐겨 하는 선수

금지목록: 금지약물과 금지방법을 명시한 목록

상시금지약물: 경기기간 중 + 외 모두 투약이 금지된 약물

01장

도핑이란 무엇인가

Game Changers: The Story of Anti-Doping

1. 도핑이란?

가. 도핑의 개념

도핑(Doping)은 선수의 건강을 해치고 페어플레이, 공정함의 스포츠 가치를 훼손한다. 「국민체육진흥법」에 따르면, 도핑은 선수의 운동능력을 강화시키기 위하여 문화체육관광부 장관이 고시하는 금지 목록에 포함된 약물 또는 방법을 복용하거나 사용하는 것을 말한다.[1)]

또한 세계 도핑방지 프로그램의 기초가 되는 기본 문서인 「세계도핑방지규약 CODE」에 따르면, 도핑은 규약 2.1~2.11항에서 규정된 하나 또는 그 이상의 도핑방지규정 위반의 발생을 뜻하며,

도핑방지규정 위반 내용은 아래와 같다.

1. 시료에서 금지약물, 그 대사물질 또는 표지자 검출
2. 선수의 금지약물, 금지방법 사용 또는 사용 시도
3. 시료제공의 회피, 거부 또는 불응
4. 소재지정보 불이행
5. 도핑관리과정 중 부정행위 또는 시도

1) 「국민체육진흥법」 법률(제17580호), 2021년 6월 9일 시행.

6. 금지약물 또는 금지방법 보유
7. 금지약물 또는 금지방법 부정거래 또는 시도
8. 선수에게 금지약물 또는 금지방법 투여 또는 시도
9. 도핑방지규정위반 공모 또는 시도
10. 금지된 연루 행위
11. 제보에 대한 제지 또는 보복

나. 도핑의 어원

'도핑'이라는 단어의 기원에는 여러 설이 있다. 일부 자료에 따르면 도핑의 원어인 도프(Dope)는 남아프리카공화국에 거주하며 반투어족에 속하는 카피르(Kaffir) 부족이 전투나 수렵 등, 전통의식을 행할 때 원기를 북돋우려는 목적에서 마시는 술이나 음료를 가리켰고, 이것이 보어(Boer)인(남아프리카공화국의 네덜란드계 백인)을 통해 유럽으로 전해져 'dope'가 되었다.[2] 또한, 도핑은 전투력을 향상시기키 위해 줄루(Zulu) 전사가 마시던 '포도 껍질과 콜라로 만든 알코올 음료'의 이름인 'Dop'에서 파생된 것으로 여겨지기도 한다.[3]

한편, 미국에서 아편(마약성 물질)을 가리키는 속어인 '도프(Dope)'가 어원이라는 주장이 있다. 인기종목이던 경마에서 승부를 조작하기 위해 가장 흔하게 말에게 주입하던 물질이 바로 아편이었기 때문이다. 실제로 도핑검사는 경마에서 유래되었다는 주장이 있다. 1986년, 도노헤 그리고 존슨은 "1910년 후반 산업화 시대 속 갬블(Gamble) 스포츠에서 사람들이 경기력을 높이기 위한 목적으로 무모할 정도로 약물을 투여하는 바람에 많은 경주마나 경주견들이 약물에 시달리게 되었다. 오스트리아경마협회가 경주마 보호를 위해 경주가 끝난 말의 수액을 검사하여 알칼로이드(Alkaloid)를 검출해 냄으로써 경마에서 도핑검사가 최초로 실시되었다"고 말했다.

이와 같이 동물스포츠에 약물을 투여하는 행위가 불거져 도핑검사가 실시되고, 스포츠에서 경쟁이 심해져 이를 이겨내기 위한 약물복용이 만연해지자 의과학자를 중심으로 인간 대상 도핑검

2) Hanley, D. F., "Drug Use and Abuse," R. H. Strauss, ed., Sports Medicine and Physiology (Philadelphia: W.B. Saunders, 1979), 396p.
3) ANDREA A. CONTI, "DOPING IN SPORTS IN ANCIENT AND RECENT TIMES" MEDICINA NEI SECOLI ARTE E SCIENZA, 22/1-3 (2010), 182p.

사가 실시되어야 한다는 비판이 대두되기 시작했다.[4)]

참고로, 'Doping'이라는 용어는 영국의 '옥스포드 영어사전'에 최초로 등록된 것으로 전해진다. 1899년 아메리카 신문에 게재된 Albert Barrere and C.G. Leland의 "Dictionary of Slang, Jargon and Cant" 기사를 통해 처음 증명되었고, 이후 1900년 11월 14일자 Daily News에서, "도핑은 경주마를 경주에서 자극하거나 성장을 지연시키기 위해 조제약품을 사용하는 것을 뜻한다.('Doping' meant the administration to a horse of certain medical preparations, with the object of either stimulating or retarding the animal's progress in a race.)"라고 언급하여 경마에서 약물이 사용된다는 것을 간접적으로 드러냈다. 그리고 마침내, 1913년 3월 11일자 신문 Daily Mail에서 선수의 도핑을 이야기하며 'Doping'이라는 용어를 쓰는 것이 처음 발견되었다.[5)]

4) 황의룡 & 김태영, '스포츠세계의 반도핑 정책의 전개과정(1968~1999): IOC활동과 국내의 대응과 전개를 중심으로', 275p
5) ANDREA A. CONTI, "DOPING IN SPORTS IN ANCIENT AND RECENT TIMES" MEDICINA NEI SECOLI ARTE E SCIENZA, 22/1-3 (2010), 182p.

2. 도핑의 역사

가. 고대시대

고대인들은 가축을 활용하여 거세의 영향을 관찰함으로써 고환의 단백동화 및 남성호르몬 기능에 대해 경험적으로 배웠다. 중세시대인들 뿐만 아니라 고대인들도 질병을 치료하고 활력과 기타 수행 능력을 향상시키기 위해 장기 요법(동물과 인간의 장기를 먹는 것)을 선호했다. 또한 고대 게임에서 많은 운동선수들이 스포츠 기술을 연구하고 식단을 실험함으로써 경기력을 향상시키기 위해 노력했다.[6]

기원전 668년, 올림픽 스파르타 우승자 샤미스(Charmis)는 '말린 무화과'라는 특별한 식단을 사용했다고 한다. 다른 선수들은 젖은 치즈와 밀가루를 먹기도 했다. 각성제의 사용도 고대시대로 거슬러 올라간다. 그리스인들은 다양한 브랜디와 와인 혼합물을 마셨고 환각을 일으키는 버섯과 참깨를 먹었다고 전해진다. 이와 같이 초기 자극제의 대부분은 식물 기원이었다. 북유럽 신화의 전설적인 전사 베르세르크(Berserkers)는 전투력을 증가시키기 위해 부포테닌(Bufotenine)을 사용하였는데, 이는 무스카린(Muscarine)이라는 치명적인 알칼로이드를 함유한 버섯 '광대버섯(Fly Agaric)'에서 나온 성분이다.[7]

나. 토머스 힉스 사례로 보는 20세기 초반 도핑

1904년 3회 세인트루이스 올림픽 마라톤에 출전한 미국 선수 토머스 힉스(Thomas John Hicks)가 결승점을 약 11km 앞두고 덥고 습한 날씨 탓에 속도가 떨어지자 트레이너였던 휴 맥그래스는 스트리크닌 1mg과 계란 흰자 하나를 건넸다. 하지만 5km쯤 더 가자 힉스는 탈수와 열사병의 증상을 보였으며, 제대로 달리지 못하는 힉스에게 트레이너는 다시 한 번 스트리크닌 1mg과 계란 흰자 2개, 브랜디 한 모금을 건넸다. 독성 때문에 현재는 쥐약으로 쓰이는 스트리크닌이 20세기 초반에는 경기력 향상 약물로 경기 중 버젓이 사용되었던 것이다.[8]

6) Charles E. Yesalis & Michael S. Bahrke,(2002), 'History of Doping in Sport', International Sports, 44-45p.
7) Ibid.
8) Olympedia, https://www.olympedia.org/athletes/78551.

위 사례에서 살펴볼 수 있듯이, 20세기 초반에는 자극제가 대세였다. 스트리크닌처럼 중추신경계의 자극과 교감신경계를 활성화시키기 위한 약물로 신체의 작용을 일시적으로 증진시키는 효과가 있어 자주 사용되었다.

이에 1928년, 국제육상경기연맹(IAAF)이 역사상 처음으로 도핑 금지 규칙을 발표했지만 선언 정도로만 그쳤고 규제로 이어지지는 않았다.(당시 흥분제 사용 금지에 대한 규칙을 발표했지만, 규제방법이 제시되지는 않았다.) 국제올림픽위원회(IOC)는 1937년 바르샤바(Warszawa) 총회에서 처음으로 선수들의 도핑에 관련해 언급했는데, 이듬해의 총회에서는 상대방과의 경쟁에서 우위에 서기 위해 약물을 복용하는 선수는 아마추어 정신에 입각해 윤리적으로 잘못되었다고 비난하는 결의문을 채택하였으나 이것은 선언적 수준에 불과한 조치였다.[9)]

이런 도핑방지 운동은 2차 세계대전이 끝나고 본격화 되었다. 약물의 힘으로 인위적으로 경기력을 끌어올리는 것이 스포츠의 순수성을 더럽히는 행위라는 인식이 강해졌기 때문이다. 하지만 구소련과 미국을 중심으로 한 냉전체제 속에서 각 진영이 스포츠를 통해 체제를 선전하고 우월한 지위를 뽐내길 원했던 시기였고(1950년대 초반까지만 해도 미국은 올림픽을 비롯한 국제스포츠 무대에서 막강한 실력을 행사하였지만, 구소련과 동유럽 국가들이 참가하면서 국제스포츠계는 구소련과 미국을 중심으로 냉전체제의 대결 양상으로 변하여 선수의 개인적 선택은 물론 국가정책의 하나로 도핑과 같은 의학적 조작이 경기력 향상에 크게 작용했다.[10)]) 심지어 20세기 중반, 운동선수들에게는 근육을 키우고 힘을 늘리기 위한 스테로이드 복용이 당연시되면서 국가 차원에서 권장되기도 했다.

1950년대에 이르러 암페타민은 사이클, 축구, 복싱과 같은 프로선수가 활약하는 종목에서 육상, 역도, 빙상선수와 같은 아마추어(Amateur) 선수로도 확산된다. 그 단적인 사례로 "1952년 노르웨이 오슬로(Oslo)에서 벌어진 동계올림픽에서 스피드 스케이팅에 참가한 덴마크 선수들 탈의실에서 암페타민 약제가 든 봉지와 주사 앰플이 다량으로 발견되면서 많은 선수들이 약물을

9) 황의룡 & 김태영, '스포츠세계의 반도핑 정책의 전개과정(1968~1999): IOC활동과 국내의 대응과 전개를 중심으로', 283p.
10) 심승구 & 김미숙, '여성해방과 도핑','한국체육사학회지'13-1(2008) 99-100 / Rosellini, L., 'The Sports Factories," U.S. News&World Report(1992) 50p / Todd, Terry, 'Anabolic Steroids: The Gremlins of Sport," Journal of Sport History 14-1(1987), 90p.

복용하고 있음이 언론을 통해 대중들에게 널리 알려지게 되었다.[11)]

다. 크누드 옌센 사건

1960년 로마 올림픽, 남자 사이클 100km 단체시간도로경주 종목에 출전한 덴마크의 '크누드 에네마르크 옌센(Knud Enemark Jensen)이 38도라는 뜨거운 야외에서 경기 도중 쓰러졌다. 결국 그는 사망하였고, 사인은 열사병으로 추정되었다. 로마 올림픽은 처음으로 TV를 통해 생중계된 올림픽이었기에 전세계가 그의 죽음을 애도했다. 하지만 다음날 트레이너 '올루프 예르겐센(Oluf Jorgensen)'이 로니아콜(Roniacol)이라는 약물을 크누드 옌센 포함한 선수들에게 제공했다고 고백하면서 상황이 바뀌었다. 얼마 뒤에는 암페타민이라는 자극제 복용 혐의까지 추가되면서 옌센의 죽음은 도핑방지의 중요성을 높이는 사건이 되었다.[12)]

이 사건에 대해 오스트리아 의사 루드비히 프로콥(Ludwig Prokop)은 암페타민(Methamphetamine)과 피리딕 카비놀(Pyridic Carbinol)이라는 약물이 옌센의 사인이라는 공식 보고서를 작성하고 대대적으로 약물 규제의 필요성을 설파했다.[13)]

이에 1966년, 국제사이클연맹(UCI), 국제축구연맹(FIFA)이 최초로 사이클과 축구 세계챔피언십대회에서 도핑검사를 도입하였고 이 흐름에 맞춰, 1967년 국제올림픽위원회(IOC)는 의무위원회를 만들어[14)] 암페타민이 포함된 첫 금지약물 목록을 발표하였다. 이 다음해, 국제올림픽위원회(IOC)는 해당 목록을 통해 1968년 그레노블 동계올림픽과 멕시코 하계올림픽에서 처음 도핑검사를 시행했다. 옌센의 비극적인 죽음이 약물 규제의 시초가 된 셈이다.

라. 옌센의 사망원인

하지만 옌센의 사망은 사실 약물 때문이 아니라는 반론이 제기되었다. 덴마크 '베르너 멜러(Verner Moller) 교수의 2005년 연구에 따르면, 수많은 기자와 학자가 '옌센의 죽음'에 대해 내

11) 황의룡 & 김태영, '스포츠세계의 반도핑 정책의 전개과정(1968~1999): IOC활동과 국내의 대응과 전개를 중심으로', 276p.
12) IOC, Knud Enemark Jensen biography, https://olympics.com/en/athletes/knud-enemark-jensen.
13) Moller, V., Knud Enemark Jensen's Death During the 1960 Rome Olympics: A Search for Truth? Sport in History, 2005. 25(3):p.465-466.
14) IOC, 1967: Creation of the IOC medical commission, https://olympics.com/ioc/1967-creation-of-the-ioc-medical-commission.

놓은 글들은 근거가 없었다.[15]

2가지의 예시를 살펴보자.

첫 번째로, 훌리한(Houlihan)이 발간한 도핑 관련 책에서 "1960년 덴마크의 사이클리스트 Knut Jensen은 로마 올림픽에서 암페타민과 니코틴산을 사용한 후 175km 팀 타임 트라이얼 도중 쓰러져 사망했다. 같은 약물을 먹은 Jensen의 두 명의 팀 동료도 쓰러졌지만 나중에 병원에서 회복되었다"[16]라고 이야기한 부분은 참조 없이 작성된 데다가 오류가 많다. Knut가 아니라 Knud (Enemark) Jensen이며, 종목은 175km가 아니라 100km 단체시간도로경주였다. 또한 옌센의 팀 동료는 두 명이 아닌 세 명이었고 그들도 암페타민을 복용했다는 증거를 찾을 수가 없었다는 점이다.

두 번째로, 로버트 보이(Rovert Voy)가 "옌센은 의사의 지시에 따라 니코티날 알코올과 암페타민을 함께 복용하고 있었으며 경쟁자들은 '크누드 옌센 다이어트'라는 비꼬는 별명을 붙였다. 옌센과 경쟁한 다른 선수 몇 명도 옌센이 결승선에서 쓰러진 것처럼 쓰러졌으나 옌센이 유일한 사망자였다. 부검 결과 옌센은 두개골도 골절되었지만 암페타민으로 인한 탈수로 사망했을 가능성이 있다."[17]라고 작성한 것은 입증하기 어렵다. 옌센이 암페타민을 사용했다는 주장에 대한 증거가 제공되지 않았고, 특히 옌센의 '도핑 다이어트'라는 선정적인 이야기는 로버트 보이가 처음이자 마지막으로 언급했을 뿐, 도핑 관련 다른 문헌들에서는 언급된 적 없는 이야기이기 때문이다.

사망 당시 옌센의 부검 결과는 가족들에게만 공유되었고 이후 1961년 크누드 옌센을 부검한 이탈리아 3명의 의사가 밝힌 바에 따르면, 옌센의 사망원인은 '열사병'이었다. 이는 옌센의 몸에서 암페타민과 같은 약물이 검출되지 않았다는 것으로 해석할 수 있다.[18]

이후, 루드비히 프로콥 역시 2001년 한 기자와의 인터뷰에서 "옌센이 사망할 당시 나는 거기

15) Moller, V., Knud Enemark Jensen's Death During the 1960 Rome Olympics: A Search for Truth? Sport in History, 2005. 25(3):p. 452-471.
16) Barrie Houlihan, Dying to win-Doping in sport and the development of anti-doping policy (Strasbourg, 1999), p.36.
17) Robert Voy, Drugs, sport, and politics (Champaign, IL, 1991), pp. 6f.
18) The New York Times, Danish Cyclist Died Of Heat, Not Drug; HEAT, NOT A DRUG, KILLED OLYMPIAN(March 26, 1961, Section S, Page 1), https://www.nytimes.com/1961/03/26/archives/danish-cyclist-died-of-heat-not-drug-heat-not-a-drug-killed.html.

에 있었고 처음부터 도핑이 원인일 수 있다고 의심했다. 하지만 부검 보고서에 접근할 수 없었고, 몇 달 후 몬테카를로에서 옌센의 부검을 수행한 이탈리아 교수를 만났는데 그는 암페타민을 발견했다고 말했다. 하지만 나는 도핑이 그의 사망원인이라는 문서를 직접 본 적은 없다. 그럼에도 불구하고 약물 복용으로 인해 사망했다는 의견을 강조한 것은 내가 잘못한 것 같다."고 고백했다. 프로콥은 직접 부검을 하거나, 부검 공식보고서를 확인하지 않고 전해들은 이야기로만 확신을 가진 후 '옌센이 약물 복용, 즉 도핑으로 인해 사망했다'라고 알린 것에 대해 공식적으로 사과한 것이다.[19)]

또한, 국제올림픽위원회(IOC) 회보 내 '크누드 옌센의 죽음이 약물과 관련되어 있다'라는 내용의 글[20)]이 실리자, 덴마크올림픽위원회 회장은 "덴마크 공중보건 당국은 옌센의 죽음에 의견 제시할 근거를 찾지 못했다.(옌센이 약물로 인해 사망했다는 것을 증명할 근거가 없었다)"고 말했고 경찰도 그렇게 결론을 지었습니다. 옌센의 죽음은 열사병에 의한 것입니다. 국제올림픽위원회(IOC) 회보 다음 호에 이 의견을 포함시켜 주세요."라고 직접 의견을 보내어 내용을 바로잡고자 하였다.[21)]

이에 따라, 옌센의 죽음에 대한 논의는 더욱 신중해졌다. 2002년 세계도핑방지기구(World Anti-Doping Agency) 홈페이지 '도핑방지의 역사' 섹션 내 옌센의 죽음에 대해 언급되어 있었던 문항(1960년 로마 올림픽 경기 중 덴마크의 사이클리스트 크누드 에네마르크 옌센의 사망은 스포츠 당국에 약물 검사를 도입하라는 압박을 증가시켰다.(The death of Danish cyclist Knud Enemark Jensen during competition at the Olympic Games in Rome 1960(the autopsy revealed traces of amphetamine) increased the pressure for sports authorities to introduce drug testing[22)])도 현재는 삭제되어 있다. 여전히 크누드 옌센의 죽음에 대한 의견은 분분하다. 과연 진실은 무엇일까? 분명한 건, 옌센의 사망원인이 무엇이었든 그의 죽음은 도핑방지 활동의 시발점이었다는 사실이다.

---

19) LARS BØGESKOV, 'Intet bevis i historisk dopingsag'(2001), https://politiken.dk/sport/art4955135/Intet-bevis-i-historisk-dopingsag.
20) 'Waging war against dope', Bulletin du Comité International Olympique (Olympic Review), No. 77, 46p(Feb, 1962).
21) Leo Frederiksen, 'Correspondence', Bulletin du Comité International Olympique (Olympic Review), No. 78, 47p(May, 1962).
22) WADA, A Brief History of Anti Doping, https://www.wada-ama.org/en/About-WADA/History/A-Brief-History-of-Anti-Doping/ (현재 삭제)

마. 벤 존슨 사례

한국에서 '도핑'의 개념이 대중에게 알려지게 된 사건 중 하나였던 벤 존슨 사례를 살펴보자.

지금의 우사인 볼트만큼 유명했던 육상 레전드 캐나다 벤 존슨은 미국의 육상선수 칼 루이스와 라이벌 관계였다. 이들은 1988년 서울 올림픽 100m 종목에서 맞붙게 되었고 치열한 승부 끝에, 벤 존슨이 칼 루이스를 꺾고 9.79초라는 세계 신기록을 달성하면서 승리를 차지했다.

하지만 그의 금메달은 고작 3일 만에 박탈당하게 된다. 도핑검사를 통해 벤 존슨의 시료에서 금지약물이 검출되면서 도핑 사실이 밝혀진 것이다. 결국 금메달은 2위였던 칼 루이스에게 돌아가게 되었고 벤 존슨의 3일 천하는 이렇게 허무하게 막을 내리게 되었다. 이 사건을 통해 우리나라에 '도핑'이라는 개념이 널리 알려졌고 공정한 스포츠, 도핑방지에 대한 인식이 대두되는 계기가 되었다.

바. 본격적으로 도핑방지 활동을 펼치다

점점 도핑방지의 중요성이 높아지자 국제올림픽위원회(IOC)가 주도하여 1999년 2월 스위스 로잔에서 제1차 세계 도핑방지 총회(World Conference on Doping in Sport)를 개최하였고, 이 회의에서 로잔 선언이 채택되었다.[23)]

이에 따라 전 세계 스포츠에서의 도핑 퇴치를 위해 WADA가 발족되었고 1999년 정부 간 기구(국제기구), 각국 정부 및 기타 스포츠 공공 · 민간단체의 지원과 참여로 WADA가 설립되었다.

이후 2003년 세계도핑방지규약(CODE)을 선포했고, 2005년 유네스코 제33차 회의에서 국제스포츠 도핑방지 협약을 국제협약으로 채택하여 도핑검사의 전 세계 합의를 도출해냈다. 대한민국은 2007년 2월에 이 협약을 비준하였다.

WADA는 공정한 스포츠 문화 조성을 위해 힘쓰는 독자적인 국제기구로서 더욱 체계적이고 전문성 있는 도핑방지 활동을 펼치고 있다.(더 자세한 내용은 2장에서 살펴보자.)

23) WADA, Lausanne Declaration on Doping in Sport, https://www.wada-ama.org/en/resources/lausanne-declaration-doping-sport.

3. 도핑방지 중요성을 알리는 주요사례

[#도핑스캔들랭킹쇼] ㅇㄱㄹㅇ?
입이 다물어지지 않는 도핑스캔들 TOP 5

가. 랜스 암스트롱 도핑 스캔들

랜스 암스트롱(Lance Edward Armstrong)은 사이클계를 넘어 전 세계적으로 유명한 스포츠 스타였다.

그는 유럽 선수들이 주도하는 로드 사이클계의 판을 뒤바꾼 미국 선수로 전 세계의 주목을 받았고, 특히 미국에서 '국민 영웅'으로 불리며 대중에게 큰 사랑을 받았다. 전 세계에서 그를 주목하게 된 결정적인 계기는 '암'을 극복했다는 극적인 스토리 때문이었다. 랜스가 국가대표로 발탁되어 선수생활 중이던 1996년, 갑작스럽게 고환암을 판정 받았는데, 발견 당시 세포 종양이 이미 폐와 뇌 쪽으로 퍼져 있던 위급한 상황이었기 때문에 선수생활을 중단하였다. 다시 선수생활을 이어갈 수 없을 것이라는 많은 이들의 예상을 깨고, 랜스 암스트롱은 수술 후 화학 요법을 병행하여 완치에 성공했다. 뿐만 아니라 이후 1988년에 선수로 복귀하며 미국우편공사 팀에 입단하였다.[24)]

놀라운 것은 완치 후에 보인 성과였다. 복귀 후 이듬해에 열린 '투르 드 프랑스'에 참여해 우승을 차지하고, 2005년까지 7년간 왕좌의 자리를 지켜내는 대기록을 세운 것이다. 7년 연속 우승 후 은퇴하여 암 치료와 회복을 위한 재단 활동에 임하던 랜스 암스트롱은 2008년에 다시 한번 현역으로 복귀했다. 하지만 선수생활의 기쁨은 오래가지 않았다. 2010년 팀 동료의 제보로 랜스 암스트롱이 금지약물을 사용했다는 이야기가 전 세계로 퍼진 것이다. 랜스 암스트롱은 금지약물 사용 뿐만 아니라 자가수혈, 식염수와 혈장 주입 등의 금지방법도 사용한 것으로 밝혀졌다.[25)]

이해를 돕기 위해 그가 사용한 금지약물 에리스로포이에틴(EPO), 테스토스테론에 대해 잠깐 알아보자.

24) 한국도핑방지위원회, 세기의 도핑스캔들 1. 사이클 황제 랜스 암스트롱의 금지약물 사용, https://blog.naver.com/antidoping2006/222383060342.
25) Ibid.

에리스로포이에틴(EPO)는 WADA의 금지목록 국제표준에서 분류번호 S2로 지정된 '상시금지 약물'이다. 신장에서 생성되는 호르몬으로 골수에서 적혈구 생성을 촉진해 주로 만성신장질환자의 빈혈 치료에 사용된다. 유산소성 운동 능력과 지구력 증대에 효과가 있어 경기력 향상에 도움을 줄 수 있다. 하지만 에리스로포이에틴을 남용하면 적혈구 증가에 따른 발열, 가려움증이 발생할 수 있으며 혈전 증가로 심근경색, 뇌경색 등 심혈관 질환으로 사망에 이를 수 있다.[26)]

테스토스테론(Testosterone) 또한 금지목록 국제표준 분류번호 S1 동화작용제에 포함된 '상시금지 약물'이다. 주로 '스테로이드'라 불리는 이 약물은 간질 세포에서 생성되어 남성의 성 분화에 필요한 호르몬으로, 체내 근육 단백질 합성을 향상시키는 데에 이용될 경우 근육량 증가와 근피로 회복 능력 향상에 기여한다. 그러나 테스토스테론을 오·남용할 경우 성기능 장애, 불임, 탈모, 여성형 유방, 갑상선 기능 저하, 뇌졸중, 심장마비 등 다양한 부작용이 수반되므로, 본래 질병 치료를 위한 의사의 진료 및 처방에 따라 엄격하게 사용되어야 한다.[27)]

랜스 암스트롱은 도핑 의혹으로 2년 간의 법정공방을 벌였다. 결국 2012년 랜스 암스트롱은 도핑 혐의에 대한 법정공방을 포기하고 미국도핑방지기구(USADA)의 영구 제명 징계를 받아들였다. 2013년에는 미국의 토크쇼 '오프라 윈프리쇼'에 출연해 금지약물 복용을 고백하기도 했다. 금지약물 복용으로 인한 결과는 참담했다. 사이클계 퇴출, 투르 드 프랑스 7연패를 포함한 모든 업적 박탈, 후원금 손해배상 1,300억 원 소송(2018년 약 55억원의 배상 판결) 등 스포츠의 공정한 가치를 훼손한 랜스 암스트롱의 결말은 허무하게 끝이 났다.[28)]

26) Ibid.
27) Ibid.
28) Ibid.

나. 러시아 국가주도 도핑 스캔들

일명 '귀부인 칵테일'로 불린 러시아의 국가주도 도핑 프로그램은 2012 런던 하계올림픽부터 2014 소치 동계올림픽까지 국제대회 전반에서 이루어졌다. 전례를 찾기 어려울 정도로 광범위하고 조직적으로 이루어진 러시아의 도핑 스캔들, 과연 얼마나 은밀하고 치밀한 방식으로 진행된 걸까?[29]

러시아 정부는 선수들의 깨끗한 소변을 미리 채취하여 냉동 보관을 해놓고 금지약물을 섞은 '귀부인 칵테일'을 제공하였다. 이후 러시아 특수요원이 경기 후 선수에게서 채취한 시료를 보관 중이던 '시료 보관소'에 배관공으로 위장 잠입하여 경기 전 받아두었던 깨끗한 시료와 바꿔치기 했다. 이때, 금지약물이 포함된 시료는 보관소 안에 미리 만들어 둔 작은 구멍을 통해 외부로 반출하는 치밀함까지 보였는데, 결국 아무도 모르게 바꿔둔 '깨끗한 시료'로 분석이 진행되어 작전에 성공한다.[30]

금지약물을 몰래 사용하여 좋은 성적을 냈던 러시아 선수들은 이 작전 덕에 도핑검사에서 양성 반응을 피해갈 수 있었다. 2012 런던 하계올림픽, 2013 세계육상선수권대회, 2014 소치 동계올림픽 등 주요 국제대회에 출전하는 선수들이 작전 대상이었고, 약물 복용을 거절하는 선수는 협박을 당하거나 대표팀에서 제외되는 등의 불이익을 받았다.[31]

수년간 진행된 러시아의 국가주도 도핑 프로그램이 세상에 알려지게 된 것은 아이러니하게도 '내부자 폭로' 때문이었다. '귀부인 칵테일'을 제조한 당사자, 그리고리 로드첸코프(전 러시아 WADA 인증 분석기관 모스크바 연구소장)가 세상 밖으로 이야기를 꺼낸 것이다. WADA가 세차례에 걸쳐 사건을 조사한 결과, 러시아가 폐기한 시료만 무려 1,400여 개였고 바꿔치기 등으로 은폐한 금지약물 검출 시료 또한 580여 개에 이르며, 30여 종목의 선수들이 연루되어 있었다.[32]

이에 WADA와 국제올림픽위원회(IOC)는 엄격한 처벌을 예고했고, 결국 '주요 국제대회 출

29) 한국도핑방지위원회, 러시아 국가 주도의 도핑스캔들 작전명 '귀부인 칵테일', https://blog.naver.com/antidoping2006/222632107120.
30) Ibid.
31) Ibid.
32) Ibid.

전 금지' 제재가 내려졌다. 이로 인해 사건에 연루된 선수들은 당연히 경기에 출전하지 못하게 되었고, 그 외에 해당 사건과 무관하다는 점이 입증된 선수들은 개인 자격으로 참가하게 되었다. 2018 평창 동계올림픽 · 패럴림픽만 봐도 러시아 선수들은 'OAR(러시아 출신 올림픽 선수, Olympic Athlete from Russia)' 소속으로, 이후 2021 도쿄 하계올림픽 · 패럴림픽에서는 'ROC(러시아올림픽위원회, Russian Olympic Committe)' 소속으로 출전한 걸 알 수 있다.[33)]

다. 7년이 지나 주인에게 돌아온 메달

이번 일화는 대한민국 국가대표 선수들의 이야기이다.

때는 바야흐로 2012년 런던 하계올림픽, 대한민국 역도 여제 장미란 선수와 김민재 선수가 출전했다. 당시 장미란 선수는 부상 등으로 인해 좋은 성적을 거두지 못할 것이라는 여론에도 불구하고 여자 역도 75kg급에서 인상과 용상 합계 298kg을 들면서 선전하였으나 아쉽게 4위를 기록했고, 김민재 선수는 남자 역도 94kg급 인상 종목에서 한국 신기록 185kg를 기록하고도 총합 8위에 머물러 세계의 벽을 체감했다. 하지만 4년 후 2016년, 전 세계가 놀라는 반전이 일어났다.

전 세계가 놀란 반전은 바로, 뒤늦게 적발된 다른 선수들의 '도핑 사실'이었다. 여기서 잠깐! 선수들의 도핑검사 시료(혈액 또는 소변)는 최대 몇 년까지 보관될까? 정답은 최대 '10년'이다.

시료 채취 당시 발견되지 않은 금지약물은 10년 동안 언제든지 재분석을 통해 발견될 수 있다. 이는 곧 경기력 향상 목적으로 약물을 사용한 선수의 경우, 설령 당장에는 모르고 지나가더라도 재분석 결과에 따라 추후 제재를 받고 검사 시점에 득한 경기 실적을 박탈당할 수 있음을 의미한다.[34)]

런던 올림픽 역도 경기에 출전했던 선수들 중 일부가 시료 재분석을 통해 도핑방지규정위반 사실이 밝혀지면서 메달을 박탈당했고 김민재 선수는 8위에서 2위로, 장미란 선수는 4위에서

33) Ibid.
34) 한국도핑방지위원회, WADA Play True Quiz:도핑검사 시료 채취 후 보관 및 분석 기간은?, https://blog.naver.com/antidoping2006/222439810640.

3위로 승격하면서 그들의 깨끗했던 땀과 노력이 뒤늦게 인정받았다. 7년이 지난 2019년, 비로소 동메달을 목에 건 장미란 선수는 "기쁘기도 하지만, 한편으로는 씁쓸하기도 하다."라는 소회를 밝혔다.

4. 1장을 마무리하며

선수들이 땀과 노력을 쏟으며 치열하게 준비하는 경기 하나가 선사하는 의미는 무척이나 크다. 그저 1등을 위해, 승리를 위해 도핑이라는 반칙을 사용하는 것은 본인의 건강은 물론 다른 선수 동료들과의 약속을 저버리는 일이다. 본 챕터에서 알아본 것과 같이 '도핑'이라는 올바르지 못한 방법을 택한 이들의 끝은 결코 아름답지 못하다.

이처럼 스포츠 본연의 가치를 지키는 것은 중요하다. 특히 선수의 건강을 위해, 깨끗하고 공정한 스포츠를 위해 도핑방지 움직임이 지금까지 이어지고 있다. 그렇다면 WADA를 필두로, 도핑방지를 외치고 있는 이들은 누구일까. 다음 장에서 알아보자.

「도핑이란 무엇인가」 저자

권진희

스포츠과학을 전공하고 스페셜올림픽코리아를 거쳐 2021년 한국도핑방지위원회에 입사했다. 현재 홍보실에서 스포츠의 공정한 가치를 대중에게 알리는 역할을 하고 있다.

스포츠에서 결코 승리만이 중요한 것은 아니다. 건강하고 공정한 경쟁이 함께해야만 진정한 결과와 영광을 얻을 수 있다. 이 교재를 통해 체육 전공 대학생들이 도핑의 개념부터 체계적으로 이해하고, 훗날 도핑방지를 외치는 인재로 성장할 수 있도록 돕고자 한다.

집필보조 **황의현**(국민대학교 스포츠산업레저학과), **진유연**(국민대학교 영어영문학부)

02

도핑방지 거버넌스의 이해

Understanding Anti-Doping Governance

자주 등장하는 약어

국제올림픽위원회(IOC): International Olympic Committee

국제패럴림픽위원회(IPC): International Paralympic Committee

국가올림픽위원회(NOC): National Olympic Committee

국가패럴림픽위원회(NPC): National Paralympic Committee

국제검사기구(ITA): International Testing Agency

스포츠 특정분석 기술문서(TDSSA):
Technical Document for Sport Specific Analysis

02장

도핑방지 거버넌스의 이해

Understanding Anti-Doping Governance

도핑은 흔히 컴퓨터 해킹과 비견되곤 한다. 해킹 방법이 먼저 발전하고 해킹을 막는 기술이 발전하는 것처럼 도핑방지도 이와 비슷한 경향을 보이기 때문이다. 앞서 도핑의 기원과 도핑의 역사에서 살펴본 것처럼, 도핑으로 인한 선수들의 건강 문제, 스포츠의 공정성 훼손 문제가 발생하면서 도핑 방지에 대한 필요성이 자연스럽게 대두되었다.

'거버넌스'라는 단어는 다양한 뜻으로 해석되고 이용된다. 하지만 대다수가 공동적으로 인식하고 있는 의미를 추출해보면, 공동목표를 달성하기 위한 각 집단의 구성이나 그 집단들의 행동이라고 그 의미를 한정 지어서 생각할 수 있을 것이다.

본 챕터에서는 도핑방지라는 공동목표를 달성하기 위한 다양한 이해관계자들의 구성과 각 역할에 대해 살펴보고, 각 이해관계자가 어떠한 이해관계를 가지고 있는지 살펴보고자 한다.

다음은 도핑방지계의 직간접적인 이해관계자들이다.

1. **세계도핑방지기구** (World Anti-Doping Agency)
2. **올림픽/패럴림픽위원회** (IOC/IPC, NOCs/NPCs)
3. **국제경기연맹** (International Federation)
4. **국가도핑방지기구** (National Anti-Doping Organizations)
5. **지역도핑방지기구** (Regional Anti-Doping Organizations)
6. **주요경기대회 조직위원회**(Major Event Organizations)

7. 스포츠중재재판소 (Court of Arbitration for Sport)
8. 정부 (Governments)
9. 분석기관 (Laboratories)
10. 법률집행기관(Law Enforcement)
11. 의약품 관련자 (Pharmaceutical Industry)
12. 서비스제공자 (Service Providers)

먼저 각각의 이해관계자의 개요에 대해서 설명해보고자 한다.

1. 세계도핑방지기구(World Anti-Doping Agency)

세계도핑방지기구(WADA)는 이름에서 쉽게 유추할 수 있듯이 전 세계 도핑방지를 위한 국제기구로서 도핑방지활동을 주관하는 기구이다. 전 세계 도핑방지프로그램을 위한 기준을 수립하고, 관리감독하는 역할을 주로 이행하고 있다. WADA는 도핑방지 정책 및 규정의 일관성을 유지하고 전 세계 스포츠 관련 조직 및 정부와 함께 깨끗한 스포츠 환경 조성을 위해 설립되었다.

WADA의 비전은 모든 선수가 도핑없는 스포츠 환경에 참여할 수 있는 세상(A world where all athletes can participate in a doping-free sporting environment)이다. 미션은 도핑없는 스포츠를 위한 세계적인 무브먼트 주도(To lead a collaborative worldwide movement for doping-free sport)이다.

[WADA 홈페이지 및 WADA 스폰서십 브로셔_첨부]

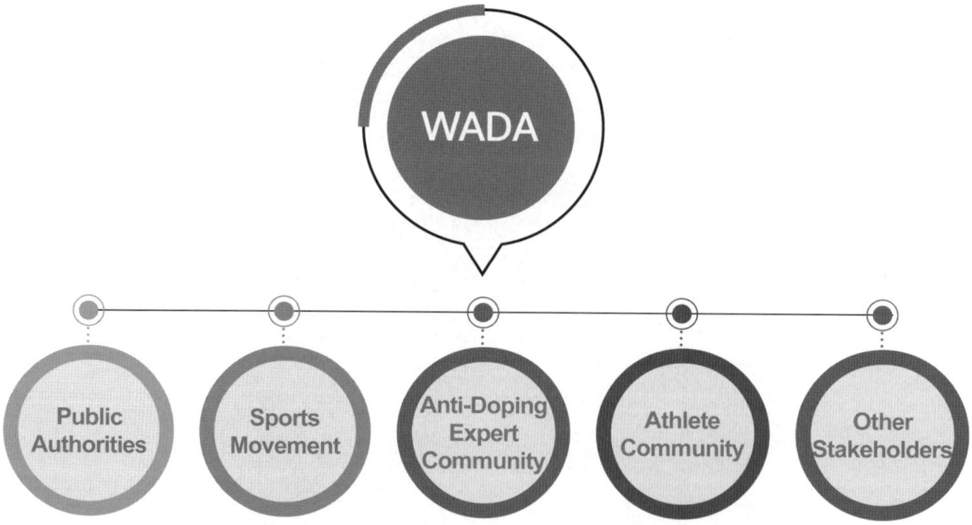

Public Authorities
- Governments (50% donor)
- International organiztions (UNESCO, Council of Europe, who, Interpol, etc.)

Sports Movement
- IOC (50% donor)
- International Federations(IFs)
- IF umbrella organizations (ASOIF, AIOWF, GAISF, ect.)
- Other Sports Movemant organizations (IPC, NOCs, etc.)
- Major Event Organizations
- Major private sports legues

Anti-Doping Expert Community
- NADOs and RADOs
- Laboratories
- Third party service providers

Athlete Community
- Athletes (stakeholder group that is the most impacted by anti-diping policies and activities)
- Athlete enrourage/ support group
- Athlete representative bodis

Other Stakeholders
- General Public
- Media
- Pharmaceutical industry
- Sports science
- Academia & research
- Court of Arbitration for Sport

[세계도핑방지기구와 이해관계자 모형 (출처: ADEL(WADA 교육 플랫폼))]

역 할	- 도핑방지 규약과 국제표준에 부합하는 정책 및 규정의 도입 및 시행 - 도핑방지교육 프로그램 개발 및 홍보 - 도핑 관련 연구 사업, (시료) 분석기관 인증 - 도핑의심제보 시, 수사기관과 협조 및 조사 실시 - 위반선수들에게 적절하게 제재조치를 하는지 모니터링 - 국가 간, 기관별 국제협력 촉진 등

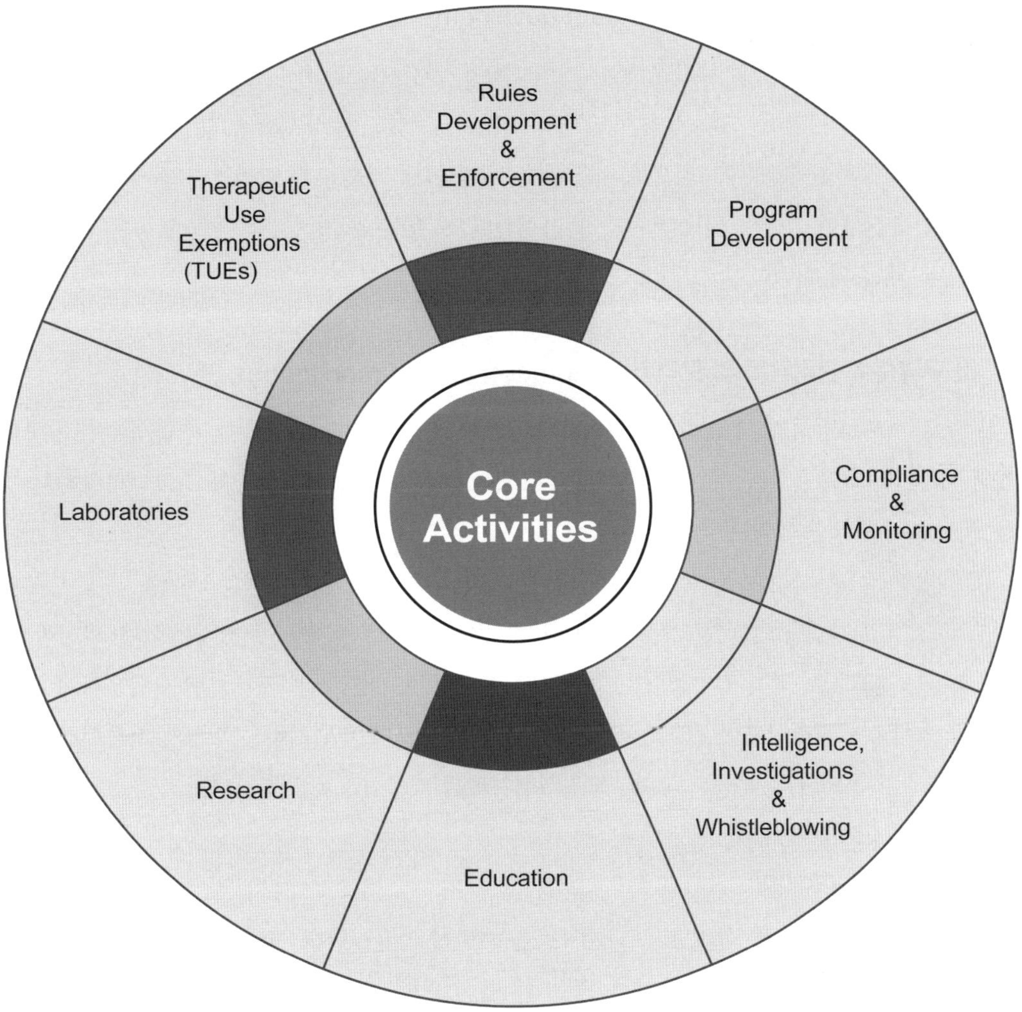

[WADA의 주요 도핑방지 프로그램(출처: ADEL(WADA 교육 플랫폼))]

1) 규정 도입 및 시행(Rules Development & Enforcement)

WADA의 주요 도핑방지 프로그램(or 활동) 중 하나는 세계도핑방지규약, 국제표준 및 규정과 같은 도핑방지 정책 및 절차를 수립하는 것이다. WADA는 도핑방지 규정과 규약을 준수하는 가맹기구를 승인하고 규약준수국제표준에 따른 준수여부를 모니터링 한다. 가맹기구는 도핑방지 규정을 제정하고 도핑방지 규정을 준수하는 도핑방지 프로그램을 시행할 책임이 있다. WADA는 글로벌 감시기구(Global regulator)로서 규정 비준수에 대해 제재를 부과할 수 있다.

2) 도핑방지 프로그램 개발(Program development)

WADA는 국가도핑방지기구(NADO), 지역도핑방지기구(RADO) 및 국제경기연맹(IFs)이 규약을 준수하는 도핑방지프로그램을 개발하고 시행할 수 있도록 상호협력 및 지원한다. WADA는 해당 역량강화를 위해 주도적으로 시행한다. 예를 들어 WADA는 도핑방지기구(ADOs)간 파트너십을 촉진하여 지원이 필요한 기구를 지원한다. WADA의 프로그램 개발 활동은 WADA의 4개 지역사무소와 협력하여 개발하고 지원한다.

3) 규약준수 관리감독 및 모니터링 (Compliance and monitoring)

WADA는 도핑방지기구(ADOs)의 규약 수용, 시행 및 준수여부를 감독한다. 규약은 도핑방지 정책, 규정 및 규칙을 나열하는 핵심문서이다. 규약준수 여부를 관리감독하고 모니터링하는 것을 WADA의 주요한 역할 중 하나이다.

WADA의 I&I 부서는 WADA 내의 독립적인 부서이다. 독립적인 부서의 의미는 해당 부서가 WADA 조직의 간섭을 받지않고 조사수행 시기를 자율적으로 통제할 수 있다는 것을 의미한다. I&I 부서는 정보를 수집하거나 조사를 수행한다. 또한 WADA의 제보 프로그램을 활용하여 사법기관과 협력하여 도핑과 관련된 사건을 수사한다. I&I 부서에서 관리하는 도핑제보 플랫폼은 선수, 지도자, 스포츠행정가 등으로부터 도핑의심사례를 제보하도록 권장한다.

4) 교육 (Education)

WADA는 이해관계자와 함께 교육 국제표준을 개발하고 유지한다. WADA의 교육부서는 도핑방지기구(ADOs)가 공정한 스포츠 교육 프로그램을 수립하고 시행할 수 있도록 다양한 이니셔티브를 주도한다. 교육부서는 또한 도핑방지기규의 실무자가 도핑방지 프로그램을 개발하고 업무에서 규약과 국제표준을 적용할 수 있도록 교육자료와 훈련 프로그램을 제공하고 있다. WADA는 선수를 직접 교육하는 주체는 아니지만 도핑방지 교육 및 학습 플랫폼(ADEL)을 통해 선수 및 선수지원요원들이 활용할 수 있는 교육과정을 제공한다.

5) 연구(Research)

WADA는 사회과학 및 자연과학 분야에서 연구보조금을 지원하는 방법으로 연구분야에 가치를 부여하고 투자하고 있다. 두 분야 모두 새로운 분석방법의 개발, 유전자도핑과 같은 새로운 기법에 대한 연구를 통해서 선수들이 의사결정과정에서 윤리적인 선택을 위한 인사이트를 부여하는 등 도움을 주고 있다. 연구는 WADA와 공정한 스포츠 환경을 조성하기 위해 노력하는 모든 구성원들에게 도움을 주고 있다.

6) 분석기관 (Laboratories)

WADA는 분석기관 국제표준을 개발하고 유지한다. 분석기관이 선수시료를 분석하기 위해 WADA의 인증을 받으려면 국제표준을 준수하여야 한다.

7) 치료목적사용면책 (TUEs)

WADA는 이해관계자와 함께 치료목적사용면책 승인 절차가 모든 종목과 국가에서 동일하게 적용되도록 국제표준을 개발하고 유지한다. 치료목적사용면책은 특정기준이 충족되는 경우에 선수가 질병치료나 부상회복을 위해 금지약물을 사용해야하는 경우 심사후 승인하게 된다. WADA는 도핑방지기구(ADOs)가 승인하는 기준이 일관되게 적용되도록 모니터링하고 검토한다.

설립배경	1998년 사이클 종목에서 역대급 도핑스캔들 발생 - 내부자의 폭로로 모든 경기대회 결과는 도핑으로 인한 결과물이었다는 것이 밝혀짐 - IOC 및 스포츠계에서 2000년 시드니 올림픽을 앞두고 해결방안 논의를 위한 The first World Conference on Doping in Sport 개최 (스위스 로잔, 1999.2.2. - 4.)되었으며 동 회의 중 도핑방지활동을 전담하는 국제기구 필요성이 대두되어 WADA 설립 의결 - 1999년 11월 10월 스위스 로잔에 세계도핑방지기구(WADA) 설립 (2000년 캐나다 몬트리올로 본부 이전하였으며 로잔에는 지역사무소만 위치함)
비 고	- 전 세계 스포츠의 도핑방지프로그램의 기준이 되는 '세계도핑방지규약'을 제정 및 개정 (6년 단위) - 전 세계의 올림픽/패럴림픽 스포츠는 '세계도핑방지규약'을 준수하기로 서약함 · 세계도핑방지규약을 준수하기로 서약한 기관들을 '가맹기구 (Signatory)'로 지정 · 가맹기구들은 규약 준수 서약을 통해 전체 스포츠의 공정성을 담보

* 세계도핑방지기구(WADA) 개요

<table>
<tr><td colspan="3">창립일자</td><td>1999.11.10</td></tr>
<tr><td colspan="3">본부 소재지</td><td>캐나다 몬트리올</td></tr>
<tr><td rowspan="6">각종위원회
거버넌스 구조
(붙임1 참고)</td><td colspan="2">임원</td><td>회장 1명, 부회장 1명</td></tr>
<tr><td colspan="2">이사회 (의사결정기구)</td><td>42명(회장 1명, 부회장 1명, 스포츠계 18명,
정부장차관 18명, 선수2명, 국가도핑방지기구 2명)</td></tr>
<tr><td colspan="2">집행위원회</td><td>16명(위원장 1명, 부위원장 1명, 스포츠계 5명,
정부대표 5명, 독립 3명, 선수1명)</td></tr>
<tr><td colspan="2">임명위원회</td><td>5명(독립3명, 스포츠계 1명, 정부대표1명)</td></tr>
<tr><td colspan="2">상임위원회(5개)</td><td>선수, 규약준수, 교육, 재정·행정, 보건·의료</td></tr>
<tr><td colspan="2">전문가 자문그룹(9개)</td><td>윤리, 유전자·세포 도핑), 분석기관, 법률, 국가도핑방지기구,
금지목록, 사회과학, 전략적 검사(TDSSA),
치료목적사용면책(TUEs)</td></tr>
<tr><td rowspan="5">사무국
(붙임2 참고)</td><td>본부</td><td>캐나다 몬트리올</td><td>관할지역 : 세계 총괄</td></tr>
<tr><td rowspan="4">지역국</td><td>스위스 로잔</td><td>관할지역 : 유럽</td></tr>
<tr><td>일본 도쿄</td><td>관할지역 : 아시아 및 오세아니아</td></tr>
<tr><td>남아공 케이프타운</td><td>관할지역 : 아프리카</td></tr>
<tr><td>우루과이 몬테비데오</td><td>관할지역 : 라틴아메리카</td></tr>
</table>

2. 올림픽/패럴림픽위원회(IOC/IPC, NOCs/NPCs)

전술한 바와 같이 올림픽/패럴림픽위원회는 규약을 준수하기로 서약한 가맹기구이며, 도핑검사를 시행할 수 있는 도핑방지기구 중 하나이다. 가맹기구라 함은 상하관계를 의미하지는 않고, 도핑방지에 대해 WADA의 규약을 따르는 것을 의미한다. 국제올림픽위원회(IOC) 및 국제패럴림픽위원회(IPC)는 올림픽 및 패럴림픽 경기를 대상으로 한 도핑방지 정책과 규정을 규약과 국제표준에 따라 도입하고 시행하며, 국제연맹과 국가 올림픽/패럴림픽위원회가 규약과 국제표준을 준수하도록 역할을 수행하고 있다.

역 할	- 올림픽 및 패럴림픽 경기를 대상으로 규약과 표준을 준수하도록 책임 - 규약을 준수하지 않거나 올바르게 이행하지 않는 국가에 대해서 주관 대회(올림픽 및 패럴림픽) 유치를 제한 - 국가올림픽/패럴림픽 위원회가 규약에 명시된 교육, 조사, 연구, 제재 활동이 올바르게 이루어지고 있는지 관리 - 국가도핑방지기구, 기관 및 기타기구와 도핑방지를 위한 협력
비 고	- 도핑방지를 담당하는 WADA의 설립과 운영에 상당한 노력과 역할을 수행 - 도핑방지 측면에서 대회를 주관하는 주관자 입장과 선수를 관리하는 관리자 입장을 가짐 (e.g. 올림픽/패럴림픽 대회 주관, 각 국가 올림픽/패럴림픽 위원회는 해당 국가의 선수를 관리)

3. 국제경기연맹(International Federation)

국제경기연맹(IF)은 1개 또는 1개 이상의 종목을 관장하는 경기단체로써, 국제축구연맹(FIFA), 세계야구소프트볼연맹(WBSC)등이 여기에 해당된다. 국제경기연맹(IF)은 각 종목별 경기의 운영, 규칙의 개정 등 해당 종목을 총괄하는 국제기구이다. 국제경기연맹(IF)도 WADA의 가맹기구이자 도핑방지기구로서 핵심 이해관계자 중 하나의 기구이다.

역 할	- 종목별 국제경기 연맹에 속한 국내경기연맹(e.g. 대한축구협회, 대한야구소프트볼협회) 및 소속 선수들이 도핑방지규정을 준수하도록 책임 - 국가 내 도핑방지기구 및 기타기구와 도핑방지를 위한 협력 - 주관 대회 개최 시, 출전하는 모든 선수가 도핑관리대상에 포함되도록 조치 - 규약을 준수하지 않는 단체 또는 선수에 대한 재정지원 제한 조치 - 경기기간 중/외 도핑검사의 시행 - 도핑방지교육 계획, 시행, 평가 등 - 도핑방지규정위반에 대한 결과관리 시행
비 고	- 올림픽/패럴림픽 스포츠의 경우, 국제올림픽/패럴림픽위원회의 도핑방지규정을 의무적으로 준수 - 해당 국제경기연맹 소속 선수들의 도핑관리를 위해 국가도핑방지기구와 협력

국제경기연맹(IF)은 도핑방지뿐만 아니라 해당 종목에 대한 전체적인 발전과 육성 등을 관리하는 기구이기 때문에, 때로는 이해관계가 상충되는 현상이 발생할 수 있다. 일례로 해당 종목의 흥행을 결정하는 슈퍼스타의 도핑방지규정위반이 발생할 경우, 도핑방지규정위반에 따라 엄격하게 처리할지 혹은 종목의 흥행을 위해 가능한 경미하게 처리를 할지 난감한 상황이 발생할 수 있다.

이러한 이해관계의 충돌을 예방하기 위해 국제경기연맹(IF)에서는 두 가지의 다른형태로 도핑관리를 운영하고 있다. 첫 번째는 해당 기구 내에 독립(자율)성과 투명성을 보장한 도핑방지기구를 별도로 운영하는 것이다. 세계육상연맹의 Athletics Integrity Unit, 국제테니스연맹의 International Tennis Integrity Agency, 국제바이애슬론연맹의 Biathlon Integrity Unit이 이러한 형태를 지니고 있다.

한편, 다른 형태로는 국제올림픽위원회(IOC)에서 설립한 국제도핑검사기구(ITA)나 기타 서비스 제공자(Service Providers)에게 도핑관리 전체를 위임하여 진행하는 경우도 있다. 전체를 제3자에게 위임하여 진행하는 경우는 아래 12. 서비스 제공자 항목에서 별도로 다루고자 한다.

4. 국가도핑방지기구(National Anti-Doping Organizations)

국가도핑방지기구(NADO)는 국제경기연맹과 더불어 도핑방지의 가장 중요한 이해관계자 중 하나라고 할 수 있다. 국가도핑방지기구(NADO)는 다시 세 가지 형태로 구분될 수 있는데, ① 온전히 국가도핑방지기구(NADO)의 역할만을 하는 기구 ② 국가도핑방지기구(NADO)를 갖추지 못하고 올림픽위원회가 국가도핑방지기구의 역할을 하는 형태 ③ 스포츠윤리와 결합된 형태의 기구(도핑방지가 스포츠윤리 아래 역할을 하는 기구)로 나눌 수 있다.

우리나라는 ①에 해당하는 형태로 국가도핑방지기구(NADO)가 존재하지만, 다수 개발도상국의 경우에는 국가도핑방지기구(NADO)가 국제올림픽위원회(IOC) 산하의 Committee 혹은 Commission 형태로 존재하고 있다. (예시. 네팔, 방글라데시 등) 또한 최근에는 도핑방지를 스포츠윤리 업무와 결합하여 운영하고 있는 국가도 있다. (스위스(Swiss Sport Integrity), 캐나다(Canadian Centre for Ethics in Sport (CCES)), 호주 (Sport Integrity Australia) 등)

하지만, 형태의 다름을 떠나서 국가별로 선수들을 관리하고, 높은 수준의 경기력을 보유한 선수들 외의 넓은 범위의 선수를 포괄하며, 정부와의 관계를 고려할 때 도핑방지에서 아주 중요한 역할을 차지한다는 것을 부정할 수 없을 것이다.

국가도핑방지기구(NADO)의 역할을 살펴보면 다음과 같다.

역 할	- 도핑방지규정의 채택과 시행 /도핑방지교육의 계획과 시행 - 시료채취요원 교육을 포함한 시료채취 과정의 관리 - (도핑 의심이 되는) 조사의 시행 - 국내수준 선수에 대한 결과관리의 시행
비 고	- 국가도핑방지기구와 국제경기연맹 소속의 선수들은 중첩될 수 있으므로, 효율적인 도핑 검사 및 도핑방지교육을 위해서 상호 협력

5. 지역도핑방지기구(Regional Anti-Doping Organizations)

지역도핑방지기구(RADO)는 한 개 이상의 국가로 이루어진 기구가 지정된 지역의 도핑관리를 조정하고 관리하는 역할을 수행한다. 한정된 자원으로 도핑관리에 어려움을 겪는 국가의 도핑방지기구나 그 역할을 하는 국가올림픽위원회(4. 도핑방지기구 ② 참조)를 지원하기 위해 WADA에 의해 구성된 기구로, 금전적인 지원과 교육을 통해 도핑관리 전반에 대한 역할을 수행한다.

지역도핑방지기구(RADO)는 다음과 같은 목적을 가지고 있다.

① 지속가능성과 책임성: 지역도핑방지기구(RADO)가 독립적인 운영과 재정 구조를 갖춘 건전한 관리 원칙에 기반한 기구로 발전하도록 지원하여 도핑방지 시스템의 강화와 지속성에 기여 ② 역량 강화: 지역도핑방지기구(RADO) 및 회원 국가의 인력을 개발하고 강화하여 보다 효과적인 도핑방지 프로그램을 실행할 수 있도록 자체 능력을 향상 ③ 준수 및 프로그램 개발: 지역도핑방지기구(RADO) 회원 국가가 준수하는 도핑방지규정, 정책 및 프로그램을 개발하고 채택할 수 있도록 협력과 자원 공유 ④ 조화 및 협력: 지역도핑방지기구(RADO)와 회원 국가 정부, 국가올림픽위원회(NOC), 국가도핑방지기구(NADO) 및 기타 이해관계자들 간의 관계를 강화

23. 5월 기준으로 전세계에는 119개 국가로 조직된 12개의 지역도핑방지기구(RADO)가 존재한다.

아프리카	아메리카	아시아	오세아니아
North Africa	Carribean	Central Asia	Oceania
Africa Zone II & III	Pan America	South Asia	
Africa Zone V		South East	
Africa Zone VI		West Asia	
Indian Ocean			

6. 주요경기대회 조직위원회(Major Event Organiztions)

주요경기대회 조직위원회(MEOs)는 대륙이나, 지역 또는 국제대회를 관할하는 조직을 의미한다. 국내의 사례를 들어보면 2018 평창 동계올림픽 및 패럴림픽 조직위원회 혹은 2024 강원동계청소년올림픽대회 조직위원회가 있다. 주요경기대회 조직위원회(MEOs)도 세계도핑방지규약에 의거한 도핑방지규정을 채택하고 시행한다. 도핑검사와 도핑방지교육 계획 수립과 시행 및 국제올림픽/패럴림픽위원회 (IOC/IPC, NOCs/NPCs) 부분에서 언급되었듯이, 주요경기대회 조직위원회(MEOs)는 세계도핑방지규약을 준수한 국가에서만 조직되고 운영될 수 있다.

또한 주요경기대회 조직위원회(MEOs)의 주요한 역할 중 한가지는 독립 관찰 프로그램(WADA's Independent Observer (IO))의 시행을 보장하고 협조하는 것이다. 상기 국제경기연맹 부분에서 잠시 언급된 바와 같이 도핑관리에서 독립(자율)성과 투명성을 보장하기 위한 제도가 주요경기대회 조직위원회에 투영된 형태로 이해 될 수 있다. 이 제도는 주요경기대회에서 도핑관리가 적절히 이루어지고 있는지 제3자의 모니터링을 받는 제도로, 주요경기대회 조직위원회(MEOs)가 본 조직의 도핑관리의 적절성과 투명성을 보장하기 위해 반드시 수행해야 할 역할이다.

독립 관찰 프로그램 (WADA's Independent Observer (IO))

WADA(세계도핑방지기구)의 독립 관찰(IO) 프로그램은 2000년 시드니 올림픽에서 처음으로 시작되어 도핑 검사 및 결과 처리 과정의 모든 단계를 무작위로 모니터링하고 보고함으로써 주요 스포츠 행사에서 선수들과 대중의 신뢰를 향상시키는 데 역할을 수행. IO 프로그램은 객관적인 방식으로 진행되며, 최근에는 감사 형식의 접근 방식을 채택하여 WADA 팀이 조직위원회의 도핑관리팀과 함께 모든 단계에서 협력하는 형태로 발전됨. 프로그램 종료 후, 도핑방지 프로그램의 모든 측면을 다루는 보고서를 발표하고 개선 가능한 영역을 제안함

7. 스포츠중재재판소(Court of Arbitration for Sport, CAS)

스포츠중재재판소(CAS)는 국제적으로 독립된 사법 기관으로, 스포츠와 관련된 분쟁을 중재하고 재판하는 기관으로 국제 스포츠에서 발생하는 다양한 문제를 해결하는 데 전문화된 역할을 수행한다.

특히 스포츠중재재판소(CAS)의 도핑방지본부 (Anti-Doping Division (ADD))에서는 스포츠를 관할하는 기구로부터 권한을 위임받아 도핑방지와 관련된 사건에 대해 청문을 하고 결정을 내린다. 또한 스포츠중재재판소(CAS)는 도핑방지규정위반에 대한 최종결정기구로서의 지위를 가지고 있어, 결과관리기구의 도핑방지규정위반의 최종결정에 대한 이의 심판 등의 권한을 가지고 있다.

8. 정부(Governments)

피상적으로 바라보기에 정부는 도핑관리와 거리가 있다고 판단되지만, 사실 정부는 도핑관리에 중요한 역할을 미치고 있고, 또 실제로 중요한 역할을 담당하기도 한다. 국가의 도핑방지법이나 제도를 관할하고 있을뿐만 아니라, (스포츠의 성격에 따라 사적 영역으로 인식되기는 하지만: 프로스포츠 등) 스포츠와 체육 정책 및 선수에 대한 영향력을 무수히 가지고 있기 때문이다.

또한 세계도핑방지기구의 운영을 위한 재원마련에 기여하고 있기도 하다. 정부는 국제올림픽/패럴림픽위원회, 주요경기대회 조직위원회, 국가도핑방지기구 등과 달리 세계도핑방지규약을 준수하는 가맹기구로 분류되지는 않지만, 세계도핑방지규약에서는 정부의 역할을 다음과 같이 명시하고 있다.

역 할	- 도핑 검사 지원과 국가적인 도핑검사 프로그램의 활성화 - 금지된 물질을 함유할 수 있는 제품의 인증, 마케팅 및 유통에 대한 제지 - 도핑에 관여하거나 지원하는 사람들에게 재정지원 중단 - 스포츠 및 도핑 관련 직업에 대한 행동규범의 확립을 촉진 - 도핑방지 교육 및 연구에 대한 지원 및 실시

도핑방지에 대한 정부의 역할이 시작된 계기를 살펴보면, 1999년 WADA 설립 이후, 2003년 코펜하겐에서 개최된 세계도핑방지총회에서 정부들이 세계도핑방지규약 시행에 대해 공식적으로 인정하고 시행하기 위한 정부간의 공식적인 협약이나 비준에 대한 필요성을 공감했고, 이러한 의견이 2005년에 유네스코 국제스포츠반도핑협약 서명으로 이어지게 되면서 시작됐다. 유네스코 국제스포츠반도핑협약은 국가차원에서 WADA의 세계도핑방지규약을 준수하기 위한 정책을 수립 및 지원을 명시하고 있다.

정부는 도핑검사를 계획하고 시행하는 이해관계자는 아니지만, 도핑방지 정책을 수립하고 지원하는데 직간접적으로 어느 이해관계자보다도 밀접한 중요함 역할을 수행해야 한다.

9. 분석기관(Laboratories)

분석기관은 도핑검사에서 채취된 시료를 분석하는 기관이다. 분석기관은 WADA로부터 「분석기관 국제표준」에 의거해서 인증을 받고 여러 가지 평가기준에 따라 재인증 절차를 거쳐 분석기관으로서 인증을 갱신한다.

도핑검사의 계획과 시행을 통해 선수의 시료를 채취하면 그 시료는 반드시 WADA 인증 분석기관에서 분석되어야 한다. 이후 분석된 결과는 결과관리기구로 통지된다. 이러한 도핑관리의 일련과정을 이해해보면 분석기관은 상당히 중요한 이해관계자임을 인식할 수 있다.

WADA의 인증을 받은 분석기관은 23. 5월 기준으로 전세계에 30곳에 불과하며, 우리나라에서는 한국과학기술연구원(KIST) 도핑콘트롤센터(DCC)가 인증받아 WADA 인증 분석기관의 역할을 수행 중이다. WADA는 External Quality Assessment Scheme (EQAS)이라는 시료 분석 결과 모니터링 시스템을 통해 분석기관의 분석능력을 검증하고 재인증에 활용한다.

10. 법률집행기관(Law Enforcement)

법률집행기관과 다른 정부 기관은 스포츠에는 없는 권한인 수사(조사) 권한을 가지고, 금지약물의 공급과 유통에 대처하고, 범죄와 연계되는 사람들을 수색하고 구금하는 등의 역할을 수행한다. 각 국가에 현행법에 따라 다르지만 도핑 행위자체가 범법인 경우, 혹은 허가없는 의약품 거래 및 의료행위가 불법인 우리나라의 경우에서처럼 법률집행기관은 도핑방지에 중요한 역할을 할 수 있다.

법률집행기관이 도핑방지에서 수행할 수 있는 역할은 다음과 같다.

역 할	- 금지약물의 불법 생산 및 유통 금지 - 정보 및 실질적인 증거 수집 - 의심되는 자에 대한 수사나 조사

WADA의 경우에는 Interpol, World Customs Organization, Europol과 협력체계를 유지하고 있고, 한국도핑방지위원회의 경우에도 식품의약품안전처 등과 밀접한 관계를 가지고 있다.

11. 의약품 관련자(Pharmaceutical Industry)

의약품 관련자는 도핑관리 중 도핑 예방의 측면에서 도핑방지교육 이해관계자 만큼이나 중요한 당사자라고 할 수 있다. 스포츠의 공정한 환경 조성이라는 도핑방지의 목적외에도 약물의 남용과 오용으로부터 선수를 보호한다는 도핑방지의 대원칙하에서 의약품 관련자는 도핑 예방과 도핑방지교육에서 중요한 역할을 한다고 볼 수 있다.

12. 서비스제공자(Service Providers)

서비스제공자는 용어 그대로 도핑검사, 정보수집 및 조사, 시료채취 등에 전문성을 가지고 도핑관리를 돕는 이해관계자다. 용어의 특성상 포괄하는 범위가 매우 넓지만, 상기 열거된 도핑관리 전반을 대행하는 서비스제공자가 전 세계에 있고, 도핑관리에 대한 전문성을 바탕으로 도핑관리 업무를 국가도핑방지기구 혹은 국제경기연맹으로부터 이관(대행)받아 시행하고 있다.

본 챕터에서 초반부에 '거버넌스'를 공동의 목표를 달성하기 위한 각 집단의 구성이나, 그 집단들의 행동이라고 소개했다. 앞에서 소개한 여러 가지 기구나 조직들은 모두 도핑방지라는 목표를 위해 개별적으로 조직되고, 유기적으로 협력하고 있다. 이러한 측면에서 바라볼 때 앞서 소개된 기구나 조직들은 도핑방지를 위한 거버넌스라고 지칭할 수 있을 것이다.

위에서 소개된 기구나 조직 외에도 도핑방지를 위해서는 선수, 도핑검사관이나 도핑방지교육 전문강사 등 조직이나 기구에 속한 개인적인 이해관계자들의 중요성도 간과할 수 없다.

하지만 도핑방지라는 하나의 프레임에서 위와 같은 대표적인 이해관계자에 대해 이해한다면 다음 챕터부터 이어지는 도핑관리의 하나하나의 요소를 보다 쉽게 습득할 수 있을 것이다.

붙임 1 WADA 거버넌스 구조

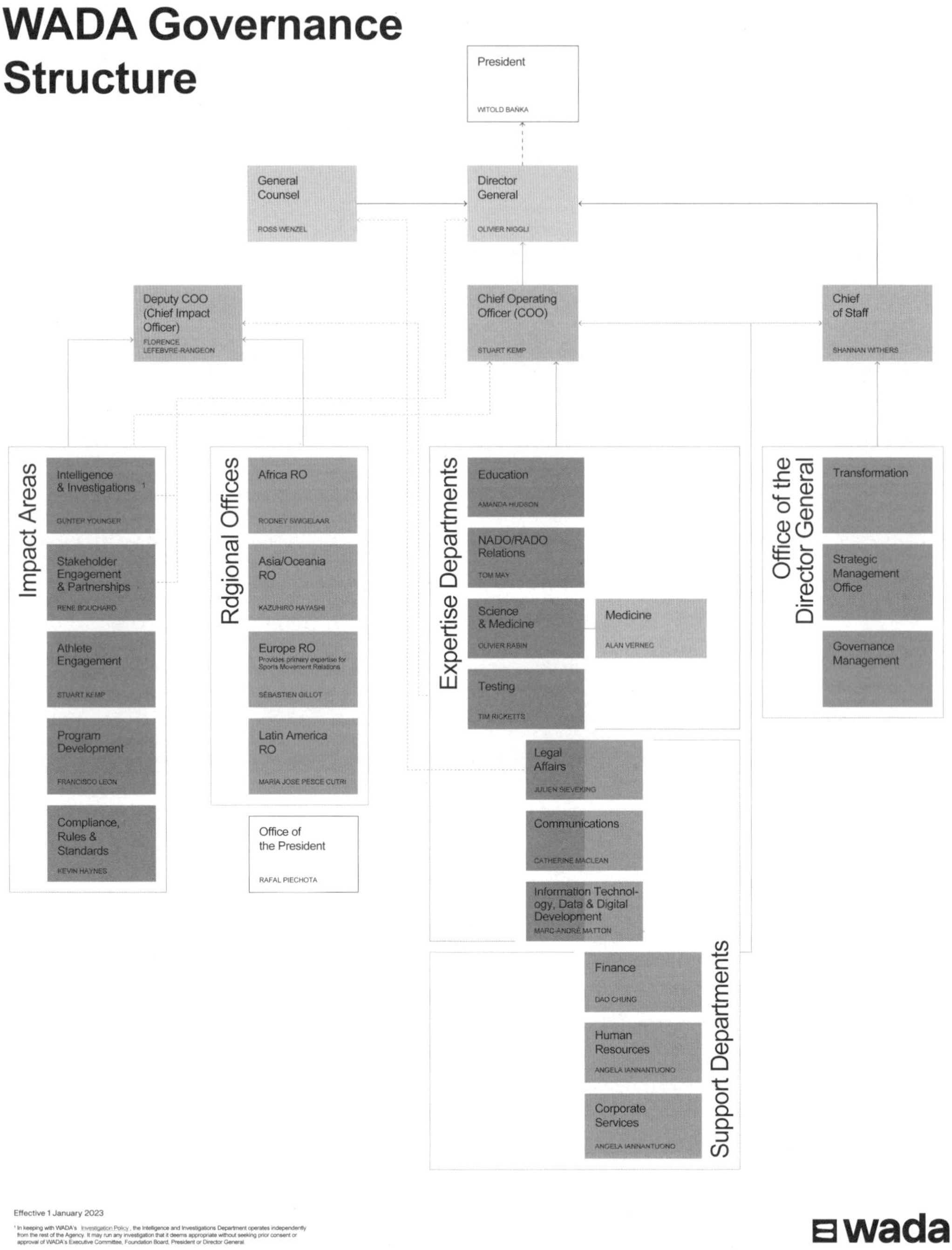

출처: WADA 홈페이지

붙임 2 WADA 사무국 구조

Organizational Structure

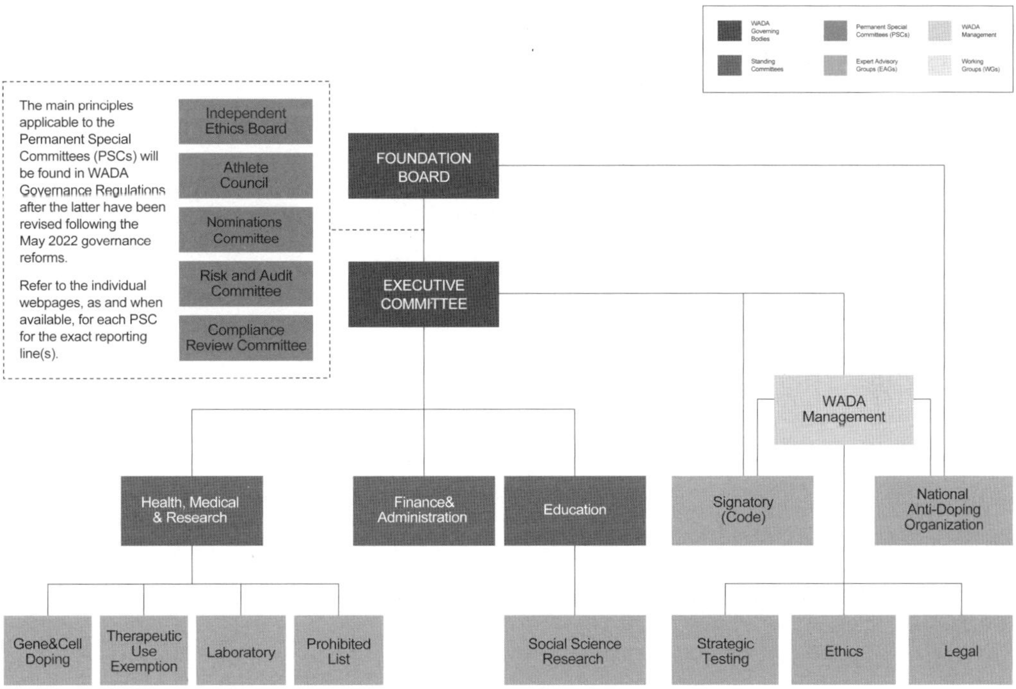

Working Groups(WGs) can be created by the Foundation Board, the Executive Committee, the Standing Committees and WADA Management. Refer to the individual webpages for each WG which include the Terms of Reference and the exact reporting line(s).

Steroidal ABP*	EPO**	Glucocorticoids Threshold
Haematological ABP	IRMS†	ADAMS Testing
Endocrine ABP	MRPL‡	Prevalence
Science Project Review	Contaminants	Homologous Blood Transfusion

*Athlete Biological Passport
** Erythropoietin
† Isotope ratio mass spectrometry
‡ Minimum required performance levels

Effective 1 January 2023

wada

출처: WADA 홈페이지

□ 이사회 (Foundation Board)

38명으로 구성된 이사회는 최고 의사결정기구이다. 국제올림픽위원회(IOC), 국제패럴림픽위원회(IPC), 국제경기연맹 등 스포츠계 인사들과 문체부 등 각국 정부기관의 장차관들로 동등하게 구성되어 있다. 구성원들은 각각 그룹별 선거로 선출된다.

□ 집행위원회 (Executive Committee)

14명으로 구성된 집행위원회는 WADA의 이사회로부터 활동 성과 및 자산 관리를 포함한 기관의 운영을 관리하도록 위임받다. 여기에는 WADA의 정관에 따라 이사회에서 다룰 수 없는 것에 대한 의사결정도 포함된다. 스포츠계와 정부측 대표들은 각각 그룹별 선거로 선출된다.

□ 특별위원회 (Permanent Special Committee)

특별위원회는 WADA의 거버넌스 구조에서 독특하고 중요한 역할을 수행하여 기관이 건전한 거버넌스, 투명성 및 책임감 있는 체재로 운영되고 관리되도록 보장한다.

① 독립윤리위원회(the Independent Ethics Board)

WADA는 스포츠계와 각국 정부에 의해 구성되고 자금 지원을 받는 국제적인 독립 기관으로 WADA 임원은 최고의 윤리적 기준을 준수해야 하며 부적절한 위력에 휘둘리거나 또는 이해관계 상충에 어긋나는 행위로 인해 기관의 공정성, 투명성에 지대한 영향을 미칠 수 있다.

2018년 WADA 이사회는 광범위한 거버넌스 개혁을 승인했고 2021년에는 WADA 임원의 활동에 대해 이러한 높은 기준을 세우고 명확한 윤리 기준을 확립하는 것이 중요하다는 것을 인식하여 윤리 강령(Code of Ethics)을 승인했다. 독립윤리위원회(IEB)는 9명으로 구성되며 이사회에서 결정한다.

② 준수검토위원회(Compliance Review Committee)

WADA의 가맹기구인 국가도핑방지기구, 국제경기연맹 등이 세계도핑방지규약을 잘 준수하는 모니터링하기 위해 만들어진 위원회이다. 독립적으로 운영되며 WADA 집행위원회에 자문, 지침 및 권고사항을 제공한다. 독립위원 3명, 스포츠추천 1명, 정부추천 1명, 선수협의회 1명 총 6명으로 구성된다. 준수 모니터링을 강화하기 위하여 상설 특별위원회로 운영된다.

③ 선수협의회 (Athlete Council)

세 개의 그룹의 선수대표들이 모여 총 20명으로 구성된다. 1그룹은 국제올림픽위원회(IOC) 및 국제패럴림픽위원회(IPC)에서 임명한 5명의 선수, 2그룹은 국제경기연맹에서 추천한 8명의 선수, 3그룹은 종목, 국가, 성별 등의 격차를 해소하기 위하여 선수들로 구성된 임명위원회에서 7명을 선발한다.

기존 자문기구에서 선수의 목소리 반영을 확대하기 위하여 상설 특별위원회로 변경하였으며 전세계 선수들을 대표하여 의견을 취합하고 WADA이사회에 제출하여 선수들을 도울 것이다. 총 20명의 위원 중 위원장은 집행위원회, 2명은 이사회에 임명된다.

④ 임명위원회 (Nominations Committee)

고위직, 위원들의 역할 수행을 보장하기 위한 위원회이다. 각종 위원회에 공석이 발생하면 전세계에서 추천서를 반고 그 중 가장 적절한 지원자를 신징하여 집행위원회 및 이사회에 제출한다. 집행위원회 및 이사회는 임명위원회의 보고서에 따라 채택여부를 결정한다.

⑤ 위험 및 감사위원회 (Risk and Audit Committee)

독립적이고 비정치적기구이며 2명의 독립 전문가, 1명의 WADA 집행위원회 추천자로 구성된다. WADA 이사회의 위험관리 및 재무감사를 모니터링하고 지원하기 위한 위원회이다.

□ 상임위원회 (Standing Committee)

① 교육위원회 (Education Committee)

총 12명의 다양한 분야의 전문가로 구성되며 교육위원장은 집행위원회에서 선임한다. WADA의 교육프로그램에 대한 장기적인 접근방식과 관련하여 WADA의 경영진에게 전문가 조언 및 권고, 지침을 제공한다. 또한 사회과학연구프로젝트의 주제 선정에도 자문을 제공한다.

② 재정 및 행정위원회 (Finance and Administration Committee)

총 12명의 다양한 분야의 전문가로 구성되며 위원장은 집행위원회에서 선임한다. 예산 개발, 자금조달 및 재정/행정 정책과 관련하여 WADA의 중장기적인 안정성을 위하여 WADA의 경영진 및 집행위원회에 조언, 권고 및 지침을 제공한다.

③ 건강, 의무, 연구위원회 (Health, Medical and Research Committee)

총 12명의 다양한 분야의 전문가로 구성되며 위원장은 집행위원회에서 선임한다. 보건, 의료 및 연구위원회의 전문가 조언을 통해 WADA는 도핑 없는 스포츠와 건강, 의료 및 연구 문제에 있어 세계적인 리더 역할을 수행한다. 도핑관련 연구개발 및 의과학개발을 모니터링하며, 금지목록, 치료목적사용면책(TUEs)제도, 분석기관 승인, 유전자 도핑과 같은 분야의 하위 전문가 그룹을 관리한다. WADA의 연구프로젝트 주제 선정에도 자문한다.

□ 전문가 자문단 (Expert Advisory Groups)

전문가 자문단(EAG)은 상당한 전문성이 필요한 분야에 대해 WADA 상임위원회와 WADA 경영진 및 집행위원회에 지속적인 조언과 지원을 제공하기 위해 설립된 조직이다. 또한 필요에 따라 정기적이거나 임시적인 활동을 요청할 수 있다.

전문가 자문단(EAG)는 상임위원회 의장 또는 WADA 경영진의 요청에 따라 구성될 수 있고, WADA 사무총장(Director General)의 추천 및 WADA 회장(President)의 승인을 받아야 한다. 새로운 전문가 자문단(EAG)를 만들어지려면 관련 사례 또는 운영규정이 필요하다. 집행위원회 또한 권한에 따라 전문가 자문단(EAG)를 개설할 수 있다.

각 전문가 자문단(EAG)당 최대 12명의 전문가를 최대 12년간 선임할 수 있으며, 상임위원회, 이사회 등의 다른 기구와 중복 활동이 가능하다.

① 윤리 전문가 자문단 (Ethics Expert Advisory Groups)

사업추진 중 긴급하거나 논쟁의 여지가 있는 윤리적 문제에 대한 검토 요청 시 전문가의 윤리적 의견을 제공하고, 윤리적으로 건전한 정책 또는 제안을 개발을 WADA 경영진에게 권고한다.

② 유전자 세포 도핑 전문가 자문단 (Gene and Cell Doping Expert Advisory Groups)

스포츠에서 유전자/단백질의 조작을 예방하고 적발하는 전략을 개발함으로써 유전자 도핑의 위협과 관련하여 보건, 의료 및 연구 상임위원회에 방향을 제시한다. 유전자 전달 분야의 정책을 수립하고 유전체학과 단백질학의 연구 프로젝트를 선택하는 데 도움을 준다.

③ 분석기관 전문가 자문단 (Laboratory Expert Advisory Groups)

전 세계 시료 분석기관의 인증 및 재인증에 대한 전반적인 관리를 하며, 또한 본 그룹은 분석기관 및 관련 기술 문서에 대한 국제표준의 유지관리를 담당한다.

④ 법률 전문가 자문단 (Legal Expert Advisory Groups)

WADA의 법률부서에 세계도핑방지규약 및 국제표준의 해석 및 시행, 그리고 도핑과 관련된 다른 법적 주제와 관련하여 전문적인 조언, 권고 및 지침을 제공하기 위해 구성된 전문가 그룹이다.

⑤ 국가도핑방지기구 전문가 자문단 (National Anti-Doping Organization Expert Advisory Groups)

5개 지역(아프리카, 아메리카, 아시아, 유럽 및 오세아니아)에서 각각 2명씩 선출된 10명의 대표로 구성된다. 2022년 말, WADA는 국가도핑방지기구(NADO)가 10명의 대표를 선출할 수 있도록 지역 선거를 실시했다. 10명의 위원은 국가도핑방지기구(NADO)의 견해를 대변하고 WADA 이사회에 이 보고서를 제출할 책임이 있으며, 국가도핑방지기구(NADO)에 영향을 미치는 도핑 방지 문제를 검토하고 WADA에 관련 지침과 권장 사항을 제공하여 전 세계 국가도핑방지기구(NADO)와의 협력 및 개발을 강화할 책임이 있다.

⑥ 금지목록 전문가 자문단 (Prohibited List Expert Advisory Groups)

연간 금지목록 국제 표준(금지성분 및 방법 목록)의 출판, 관리 및 유지에 관한 전문가 자문, 권고 및 지침을 보건, 의료 및 연구 위원회에 제공할 책임이 있다.

⑦ 가맹기구 전문가 자문단 (Signatory Expert Advisory Groups)

잠재적인 세계도핑방지규약 가맹신청 기구를 검토하고 새로운 세계도핑방지규약 가맹기구 수용 정책에 명시된 대로 WADA의 경영진 및 집행위원회에 의견/권고를 제공하기 위해 설립되었다.

⑧ 사회과학연구 전문가 자문단 (Social Science Research Expert Advisory Groups)

WADA의 교육 위원회와 WADA의 교육부서에 클린 스포츠와 관련된 모든 사회과학 연구 문제에 대해 전문가 조언, 권고 및 지도를 제공하는 책임을 맡고 있습니다.

⑨ 전략적 검사 전문가 자문단 (Strategic Testing Expert Advisory Groups)

도핑검사 프로그램의 추가 개발에 관한 조언, 권고 및 지침을 제공합니다. 도핑검사 프로그램의 전반적인 효율성을 향상시키기 위해 ISTI(국제 검사 및 조사 표준) 및 TDSSA(스포츠 특정 분석 기술 문서)와 연결된 기타 관련 프로세스에 대한 자문을 제공한다.

⑩ 치료목적사용면책 전문가 자문단 (Therapeutic Use Exemption Expert Advisory Groups)

치료목적사용면책 국제표준(ISTUE)이 필요에 따라 세계도핑방지규약에 따라 지속되고 개정될 수 있도록 보장하며, 보건, 의료 및 연구위원회에 WADA의 치료목적사용면책(TUEs) 책임과 의무를 촉진하기 위한 지침을 제공하며 치료목적사용면책(TUEs) 신청에 대한 검토 및 항소 과정을 포함한다.

□ 워킹그룹 (Working Groups)

워킹그룹(WG)은 업무 추진 상 필요에 따라서만 생성되며, 일반적으로 정해진 기간 내에 성과물을 제출하고 해산하는 임시성을 가지고 있다. 예상되는 성과물이 충족되지 않는 경우, 연장이 가능하지만 영구적으로 운영되지는 않는다. 영구적 운영이 필요하면 전문가 자문그룹(EAG)으로 승격여부를 결정한다.

보통 그룹당 8-10명으로 이루어지며 상임위원회, 이사회 등의 다른 기구와 중복 활동이 가능하다.

① 도핑방지행정시스템 검사 워킹그룹 (ADAMS Testing Working Group)

WADA 도핑검사부가 주도하고 IT Product(ADAMS) 팀을 포함한 IT, 데이터 및 디지털 개발 부서가 지원하는 특정 업무를 위한 워킹그룹이다.

② 오염물질 워킹그룹 (Contaminants Working Group)

WADA 경영진에 오염물질인 금지성분에 관한 전문가의 조언, 권고 및 지침을 제공하기 위한 목적으로 설립되었다.

③ 만연도 워킹그룹 (Prevalence Working Group)

보건, 의료 및 연구위원회의 요청에 따라 만든 특정 워킹그룹으로 충분한 신뢰수준이 요구되는 스포츠 종목 및 국가에서의 도핑 만연도를 적절하게 평가할 수 있는 전략, 신뢰할 수 있는 방법 및 도구 개발 등에 대한 자문을 WADA 경영진에 제공한다.

④ 과학 프로젝트 검토 워킹그룹 (Scientific Project Review Working Group)

WADA 보건의료연구위원회(상임위)와 WADA 의과학부에 전문가 자문 및 권고사항을 제공하여 WADA에 신청된 과학 연구 프로젝트 선정을 지원한다.

⑤ 기타 과학 워킹그룹 (Scientific Working Groups)

- glucocorticoid, isotope ratio mass spectrometry (IRMS), erythropoietin (EPO), minimum required performance levels (MRPL), homologous blood transfusion (HBT), plasma volume marker quantification (PVMQ)

선수생체수첩 그룹 (Athlete Biological Passport Groups): 내분비, 혈액학, 스테로이드 (Endocrine, Haematological, Steroidal)

「도핑방지 거버넌스의 이해」 저자

한기주 스포츠과학 및 국제관계학을 공부하고, 2022년 스위스 로잔 AISTS(International Academy of Sport Science and Technology)에서 스포츠 행정 석사 학위를 취득했다. 업무 경력으로는 국제스포츠 소식을 국내에 전달하는 업무를 담당했고, 이후 1년간 스포츠마케팅회사에서 관련업무를 수행했다. 2016년부터 한국도핑방지위원회 재직중이며, 현재는 국제협력 업무를 맡고 있다.

이새롬 체육학 및 경영학을 공부했으며 졸업 후 2011년 작은 스포츠마케팅회사에서 근무를 시작하며 스포츠 산업에 대한 경력을 쌓기 시작했으며 이후 캐나다 브리티시컬럼비아 사이클연맹, 호주 뉴사우스웨일즈 사이클연맹에서 인턴을 거쳐 대한민국배구협회에서 국제체육행정업무를 익힌 후 2016년부터 한국도핑방지위원회 재직하며 현재는 국제협력 업무를 맡고 있다.

집필보조 **황의현**(국민대학교 스포츠산업레저학과), **진유연**(국민대학교 영어영문학부)

03

세계도핑방지규약 및 각종 규정의 이해

Understanding World Anti-Doping Code(Code)

자주 등장하는 약어

국제올림픽위원회(IOC): International Olympic Committee

국제패럴림픽위원회(IPC): International Paralympic Committee

국가올림픽위원회(NOC): National Olympic Committee

국가패럴림픽위원회(NPC): National Paralympic Committee

도핑방지기구(ADO): Anti-Doping Organization

03장

세계도핑방지규약 및 각종 규정의 이해

Understanding World Anti-Doping Code(Code)

1. 규약, 규정, 규칙의 정의

가. 규약

○서로 합의하여 정한 규칙(약속), 구성원들의 권리와 의무에 관련한 사항으로 정한 내용

나. 규정

○어떤 일을 하나의 고정된 규칙으로 정함 또는 정하여 놓은 것(rule, regulation, code)으로 규약과 관련한 내용의 세부절차 등

다. 규칙

○규정의 일부로서 어떤 일을 할 때 일련의 지침

2. 스포츠에서의 적용

가. 경기규정/규칙 (Competition Rule)

ㅇ국제경기규정/규칙(ICR): International Competition Rule

ㅇ국내경기규정/규칙(NCR): National Competition Rule

– 국내경기는 국제경기 규정/규칙을 준수(준용)하여 운영하는 경우도 있음

1) 경기종목에서의 적용예시

ㅇ(축구) 국제축구평의회(국제축구연맹(FIFA)) / 대한축구협회(KFA)

– (국제경기규정/규칙) Laws of the Game

<table>
<tr>
<td>
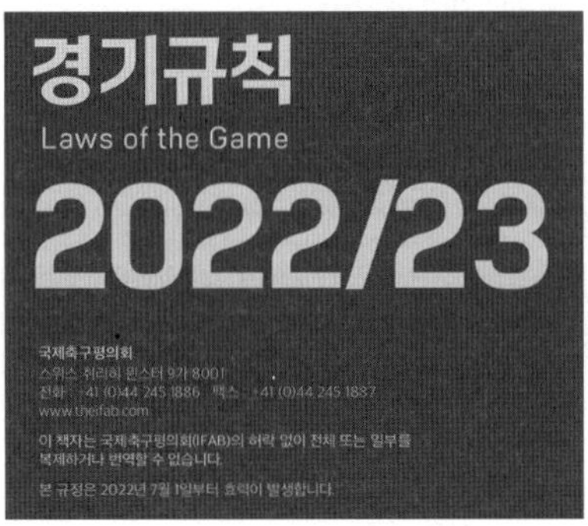

</td>
<td>FIFA 월드컵 결승전부터 작은 시골마을 경기에 이르기까지 축구가 어떤 방식으로 진행되어야 하는지, 어떻게 심판을 봐야 하는지는 동일한 기준을 따라야 한다. 그렇지만 경기 시간을 얼마로 해야 하는지, 경기에는 몇 명이 뛰어야 하는지, 불공정한 행위에 대해서는 어떻게 처벌해야 하는지는 해당국 축구협회의 필요에 따라 결정해야 한다.
모든 축구협회(및 대륙연맹과 FIFA)는 그 책임 하에 다음과 같이 대회운영을 위한 경기규칙을 전면, 또는 일부 자의적으로 수정할 수 있는 선택권을 가진다:</td>
</tr>
<tr>
<td>경기규정(규칙) (사진출처, 대한축구협회)</td>
<td>동일한 기준의 적용과 수정권한 명시
2022/2023 경기규칙 16p 참고</td>
</tr>
</table>

(국내경기규정/규칙) 대한축구협회 리그별 규정

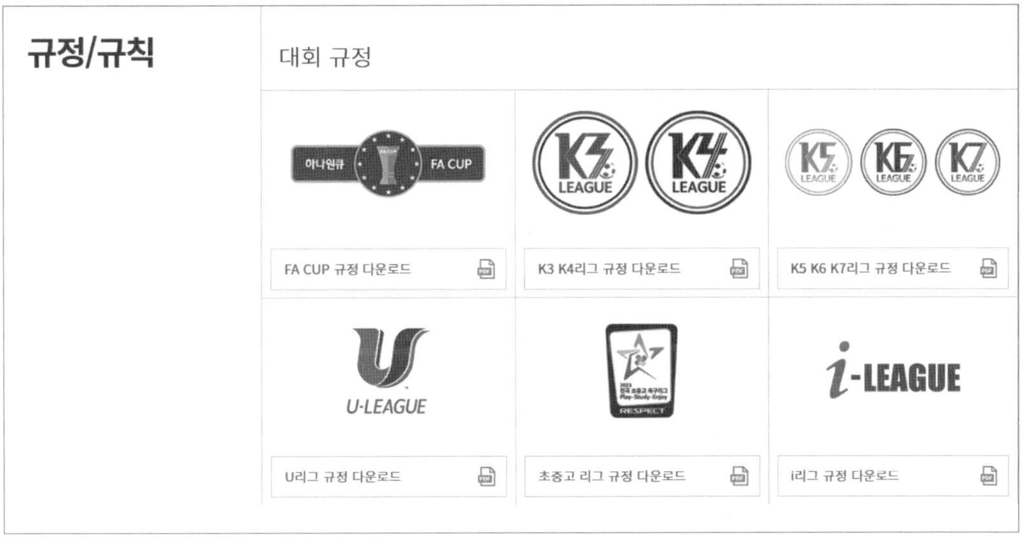

[사진출처: 대한축구협회]

3. 세계도핑방지규약

가. 세계도핑방지규약(CODE)

1) 세계도핑방지규약(Code) The World Anti-Doping Code 이란?

- 세계도핑방지규약은 스포츠에 관한 세계도핑방지 프로그램의 기초를 이루는 기본적, 보편적 문서이다. 전 세계 스포츠 이해관계 구성원(IOC, IPC, IF, NOC, NPC, 국제대회 조직위, 국가도핑방지기구 등 스포츠와 관련된 단체) 간 합의(전 세계적으로 통일된 도핑방지규정과 절차를 채택하고 이행, 준수해야하는 원칙)의 결과물로써 반드시 준수해야하는 도핑방지 정책, 규칙 및 규정이 포함되어 있다. 본 세계도핑방지규약은 6년마다 한번씩 개정된다.
- 현재까지 스포츠 도핑방지 활동의 가장 중요한 성과 중 하나는 통일된 도핑방지 규정인 세계도핑방지규약의 작성, 합의 및 시행이다. 세계도핑방지규약은 각종 스포츠 기구 내

부 및 정부 기관들 사이에 조화된 도핑방지 정책, 규칙 및 규정을 위한 틀을 제공해 주는 핵심 문서이며 세계도핑방지규약은 다음과 같은 다양한 분야에서 여러 도핑방지기구들 사이에 조화로움을 가져오는 것을 목적으로 마련된 8가지 국제표준(International Standard)과 함께 효력을 발휘한다.

– 이러한 통일된 노력은 특히 검사 및 조사를 실시하는데 필요한 자원의 희소성과 분할, 사용되는 구체적인 약물 및 방법에 관한 지식의 부족, 그리고 도핑방지 규정위반 선수들의 결과관리에 대한 불공평한 접근 방식 등과 같이 도핑방지 노력에 있어 통일되지 않은 부분에서 생겼던 문제점들을 시정하기 위한 것이다.

– 도핑 없는 스포츠에 참가할 수 있는 선수의 기본 권리를 보호하고 이를 통해 전 세계 선수의 건강과 공정성 및 평등성을 진작한다. 또한, 주요 도핑방지 요소 간 보편적 조화를 통해 도핑방지 노력을 촉진하는 것이다. 세계도핑방지규약은 통일성이 필요한 문제에 대해서는 완전한 조화가 가능할 만큼 구체적이나 그 외 영역에서는 합의된 원칙의 시행 방법에 대해 융통성을 부여하고 있다. 또한, 과잉조치 금지의 원칙과 인권에 입각하여 작성되었다.

[출처: ADEL(세계도핑방지기구 교육 플랫폼)]

2) 세계도핑방지프로그램

– 세계도핑방지프로그램은 국제적 · 국내적 도핑방지프로그램에서 최적의 조화와 최상의 실행을 보장하기 위하여 필요한 모든 요소를 포괄한다. 주요 요소는 다음과 같다.

1) 1단계: 세계도핑방지규약(CODE)

2) 2단계: 국제표준과 기술문서

3) 3단계: 모범사례 모델과 지침

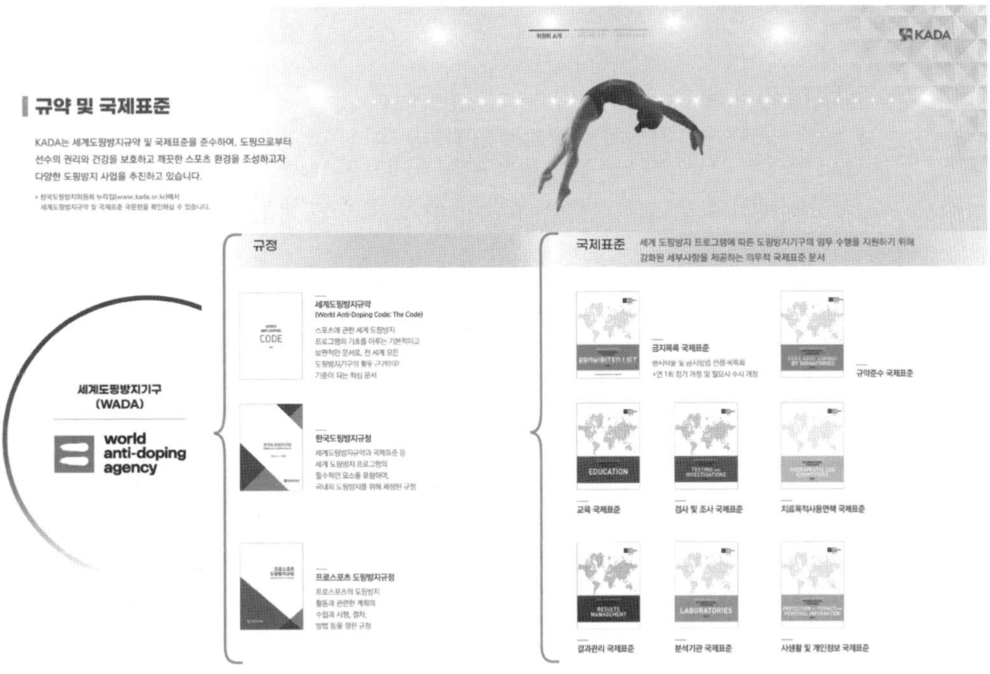

[출처: 2022 한국도핑방지위원회 홍보책자)]

3) 8가지 국제표준(International Standard) : 세계도핑방지규약의 하위 문서

국제표준의 목적은 도핑방지기구(ADO)간에 통일된 도핑방지 프로그램을 운영하기 위해 규약을 준수하기 위해 제정되었다. 도핑방지 프로그램을 운영함에 있어 도핑방지기구별로 다양한 기술과 운영방법이 규약을 준수하는 국가 및 정부 협의에 의해 통일된 내용으로 제정하였으며 협의에 따라 WADA 집행위원회에 의해 수시로 개정될 수 있다.

1) 검사 및 조사
2) 분석기관
3) 치료목적사용면책
4) 금지목록
5) 규약준수
6) 교육
7) 결과관리
8) 사생활 및 개인정보 보호

4) 기술문서(Technical Document)

세계도핑방지기구 집행위원회에서는 국제표준의 시행을 위한 필수 기술요건과 관련된 기술문서를 수시로 승인해 발간할 수 있다. 세계도핑방지규약을 준수하기 위해서는 반드시 기술문서를 준수해야 한다. 신규 기술문서 또는 수정 기술문서의 시행이 긴급하지 않다면 세계도핑방지기구에서는 가맹기구와 정부, 기타 관련 이해관계자와 충분히 협의를 실시한다. 기술문서는 세계도핑방지기구에서 별도로 늦은 일자를 지정하지 않는 한 발간 즉시 효력을 발생한다.

5) 모범사례 모델과 지침(Model of Best Practice / Guideline)

세계도핑방지규약과 국제표준에 기초한 모범사례 모델과 지침은 여러 가지 도핑방지 영역에서 최선의 해결책을 제공하기 위해 개발되고 있다. 모범사례 모델과 지침은 세계도핑방지기구에서 권장하고 가맹기구와 기타 관련 이해당사자에게 제공하는 것이지만 반드시 준수해야 하는 것은 아니다. 세계도핑방지기구는 도핑방지 문서의 모델 외에 각 가맹기구에서 이용할 수 있는 훈련 지원 계획도 제공할 계획이다. 또한, 몇몇의 지침은 국제표준을 보완하는 문서이며, 결과관리 국제표준을 보완하는 문서로서 결과관리 국제표준을 위한 지침, 사생활 및 개인정보 보호에 관한 국제표준 지침 등이 존재한다.

[출처: ADEL(세계도핑방지기구 교육 플랫폼)]

6) 세계도핑방지규약의 목차 및 구성

구 분	제 목	비 고
1장 (도핑관리)	1조 도핑의 정의 2조 도핑방지규정 위반 3조 도핑의 입증 4조 금지목록 5조 검사와 조사 6조 시료분석 7조 결과관리(책임,절차 등) 8조 결과관리(청문) 9조 개인 경기결과의 자동 실격 10조 개인에 대한 제재 11조 팀에 대한 결과조치 12조 타 스포츠기구에 대한 가맹기구의 제재 13조 결과관리(항소) 14조 기밀유지와 보고 15조 결정의 이행 16조 스포츠에서 경기하는 동물에 대한 도핑관리 17조 효력의 제한	

2장 (교육)	18조 교육 19조 도핑방지 연구	
3장 (역할과 책임)	20조 가맹기구와 세계도핑방지기구의 추가 역할과 책임	*가맹기구 IOC, IPC, IFs, NOC, NPC, NADO, MEOs
	21조 선수와 기타 관계자의 추가적인 역할과 책임	*선수와 기타 관계자 선수지원요원 등
	22조 정부의 관여	
4장 (수용과 준수, 개정, 해석)	23조 수용과 시행 24조 규약(CODE)과 UNESCO 협약 준수 모니터링과 집행 25조 개정과 철회 26조 규약의 해석 27조 경과규정	

나. 세계도핑방지규약의 시행

1) 세계도핑방지규약의 시행

세계도핑방지규약에서는 국제올림픽위원회, 국제패럴림픽위원회, 국제경기연맹, 국가올림픽위원회 및 국가패럴림픽 위원회, 주요 국제경기대회 주관단체, 국가도핑방지기구 등과 같이 각자 관할 영역에서 도핑방지규정의 채택과 이행, 강화의 책임을 맡은 기구가 준수해야 하는 구체적 도핑방지규정과 원칙을 규정한다. 이 같은 기구들을 통칭하여 도핑방지기구라고 한다.

세계도핑방지규약 가맹기구(국제연맹, 국가도핑방지기구 등)들은 반드시 자국의 도핑방지 규정 및 정책이 세계도핑방지규약의 의무 조항 및 기타 원칙에 부합되도록 해야 한다. 세계도핑방지기구는 이러한 도핑방지 규정 및 정책이 세계도핑방지규약에 부합되는지 여부를 검토하는 작업과 관련해 가맹기구(IOC, IPC, IFs 등) 들을 지원하며, 부합되지 않는 경우 상황을 시정하는데 필요한 지원을 제공한다.

세계도핑방지규약의 모든 조항은 사실상 의무이며, 각 도핑방지기구와 선수 또는 기타 관계자는 이를 준수해야 한다. 그러나 세계도핑방지규약은 각 도핑방지기구가 채택한 포괄적 도핑방지규정을 대체하거나 규정의 필요성을 부정하지는 않는다. 세계도핑방지규약의 조항 중에는 각 도핑방지기구가 크게 바꾸지 않고 자체 도핑방지규정에 삽입해야 하는 것이 있는가 하면 각 도핑방지기구가 규정을 만들 때 융통성 있는 기본 지침의 역할을 하는 것도 있고 각 도핑방지기구가 반드시 따라야 하는 요건이지만 자체 도핑방지규정에 그대로 삽입할 필요가 없는 조항도 있다.

도핑방지규정은 경기규칙과 같이 경기가 진행되는 조건을 규율하는 경기원칙이다. 선수나 선수지원요원, 기타 관계자(가맹기구의 이사회 멤버, 임원, 간부, 직원, 자원봉사자, 서비스 제공기관과 그 직원 등)는 참가 또는 경기 관여의 조건으로 이러한 규정들을 수용하고 구속을 받아야 한다. 각 가맹기구는 규정과 절차를 수립하여 가맹기구와 그 회원단체에서 관할하는 선수와 선수지원요원, 기타 관계자를 대상으로 관할 도핑방지기구가 시행 중인 도핑방지규정에 대해 안내하고 그 규정에 구속을 받겠다는 동의를 받아야 한다.

각 가맹기구는 규정과 절차를 마련하여 가맹기구와 그 회원단체에서 관할하는 선수와 선수지원요원, 기타 관계자를 대상으로 세계도핑방지규약에서 요구하거나 허용한 바에 한해 개인정보의 제공에 동의하고 도핑방지규정을 준수하며 규정 내에서 통제 받을 수 있도록 해야한다. 또한 규정을 준수하지 않는 선수 또는 기타 관계자에게는 적절한 결과조치가 부과되게 해야 한다. 이 같은 규정과 절차는 스포츠에 한정되며 전 세계에서 같은 방식으로 도핑방지 규정을 시행하는 것을 목적으로 한다. 형사/민사 소송절차와는 본질적으로 다르며 관련 국내 요건이나 법률 표준에 구애나 제약을 받지도 않는다. 단 과잉조치 금지의 원칙과 인권이 존중되며, 법원과 중재기구 및 조정기구는 어떤 사건의 사실과 법률을 심리할 때에 세계도핑방지규약에 담긴 도핑방지 원칙의 특수한 성격과 본 규약(CODE)이 공정한 스포츠를 원하는 선 세계 이해관계자의 합의의 산물이라는 사실을 인식하고 존중해야 한다.

다. 세계도핑방지규약 모니터링

○WADA는 가맹기구「규약준수 국제표준」에 따라 가맹기구의 세계도핑방지규약과 국제표준 준수여부를 모니터링한다. 각 가맹기구는 전항의 모니터링과 관련하여 세계도핑방지기구가 요구하면 세계도핑방지규약과 국제표준 준수 현황을 보고한다. 보고 시 세계도핑방지기구에서 요청한 정보를 빠짐 없이 정확하게 제공하고 위반 시정을 위해 취하고 있는 조치를 설명한다. 가맹기구가 정확한 정보를 제공하지 않으면 세계도핑방지규약 위반에 해당한다. 또한 가맹기구가 세계도핑방지규약의 여타 조항 또는 가맹기구 규약준수 국제표준에서 요구하는 정보를 세계도핑

방지기구에게 정확히 제출하지 않았을 때에도 세계도핑방지규약 위반으로 본다.

○세계도핑방지기구는 위반(보고의무 위반 여부를 불문) 시 가맹기구 규약준수 국제표준에 명시된 시정 절차를 따른다. 가맹기구 또는 그 수탁자가 정해진 기한에 위반을 시정하지 않으면 세계도핑방지기구는 (세계도핑방지기구 집행위원회의 승인 후) 위반 의혹을 받는 가맹기구에게 세계도핑방지규약 24.1항에 명시된 잠정 결과조치 중에서 위반에 적용할 결과조치와 규약(CODE) 준수 가맹기구로 원상 복구되기 위해 준수해야 하는 조건이 명시된 통지를 발송한다. 이 통지는 가맹기구 규약준수 국제표준에 따라 공개 보고한다.

○가맹기구가 공식 통지를 받은 후 21일 이내에 세계도핑방지기구가 제기한 위반 의혹이나 세계도핑방지기구에서 제안한 결과조치 또는 원상복구 조건에 이의를 제기하지 않으면 위반 의혹은 사실로 인정되고 결과조치와 원상복구 조건은 수락한 것으로 본다. 또한 통지는 자동으로 세계도핑방지기구의 최종 결정이 되고 (13.6항에 따라 제기된 항소와 별개로) 24.1.9항에 따라 즉시 집행력을 갖는다. 이 결정은 가맹기구 규약준수 국제표준에 따라 공개 보고한다.

○가맹기구가 세계도핑방지기구의 위반 의혹이나 결과조치 및/또는 원상복구 조건에 이의를 제기하고자 할 경우 세계도핑방지기구에게 통지를 받은 날로부터 21일 이내에 서면으로 세계도핑방지기구에게 통보해야 한다. 이 경우 세계도핑방지기구는 스포츠중재재판소에 공식 분쟁 통지서를 제출한다. 분쟁은 스포츠중재재판소 일반중재분과에서 가맹기구 세계도핑방지규약준수 국제표준에 따라 해결한다. 세계도핑방지기구는 (위반 여부가 쟁점이라면) 스포츠중재재판소에 개연성 형량으로 가맹기구가 위반했음을 입증해야 한다. 스포츠중재재판소에서 세계도핑방지기구가 입증 책임을 다했다고 판단했을 때 가맹기구가 앞서 세계도핑방지기구의 결과조치 및/또는 원상복구 조건에도 이의를 제기했다면 스포츠중재재판소는 (a) 세계도핑방지규약 24.1.12항에 명시된 잠정 결과조치 중에서 어느 것을 부과해야 하는지 (b) 원상복구를 위해 충족해야 하는 조건은 무엇인지도 결정한다.

○또한 도핑 사례들을 밀접하게 모니터링하며, 세계도핑방지규약을 시행한 기구의 관할권 하에 있는 사례에 대해서는 스포츠중재재판소에 항소할 권리를 갖고 있다. 또한 세계도핑방지기구는 치료목적사용면책이 일관성 있게 허용되도록 하기 위한 개입 권한을 보유하고 있다. 치료목적사용면책절차 상 세계도핑방지기구의 역할은 두 가지이다: 세계도핑방지기구는 국제연맹 또는 도핑방지 기구가 허용한 치료목적사용면책을 감시 및 검토할 권리를 보유한다. 또한, 치료목적사용면책을 요청했지만 거부 당한 선수들은 세계도핑방지기구에 해당 거부 결정을 검토

해 줄 것을 요청할 수 있다. 세계도핑방지기구는 치료목적사용면책 거부 결정이 국제표준에 부합되지 않는다고 판정하는 경우, 해당 거부 결정을 재검토 할 수 있다. 또한, 세계도핑방지규약의 관리기구로서, 세계도핑방지기구는 이해 당사자들의 세계도핑방지규약 준수에 관해 공식적으로 제공해야 할 의무가 있다.

○세계도핑방지기구는 세계도핑방지규약 비준수가 발생한 경우,국제올림픽위원회(IOC)를 포함해, 제재 조치를 부과할 수 있는 관할권을 가진 이해당사자들에게 비준수 사실을 제공한다. 올림픽 헌장은 올림픽 무브먼트(Olympic Movement)에 의한 세계도핑방지규약 채택을 의무화한다는 내용이 명시되도록 2003년에 개정되었다. 세계도핑방지규약을 채택해 시행하는 종목만이 올림픽 개최 종목에 포함되어 남아있을 수 있다. UNESCO 국제스포츠도핑방지협약을 비준하지 않는 국가는 올림픽 대회 개최권 박탈을 포함해, 국제올림픽위원회(IOC) 및 기타 스포츠 기구로부터 각종 제재를 받을 수 있다.

※ 세계도핑방지규약 준수 모니터링의 실제 사례

1) 세계도핑방지규약 준수 모니터링 프로그램

Compliance Monitoring Program

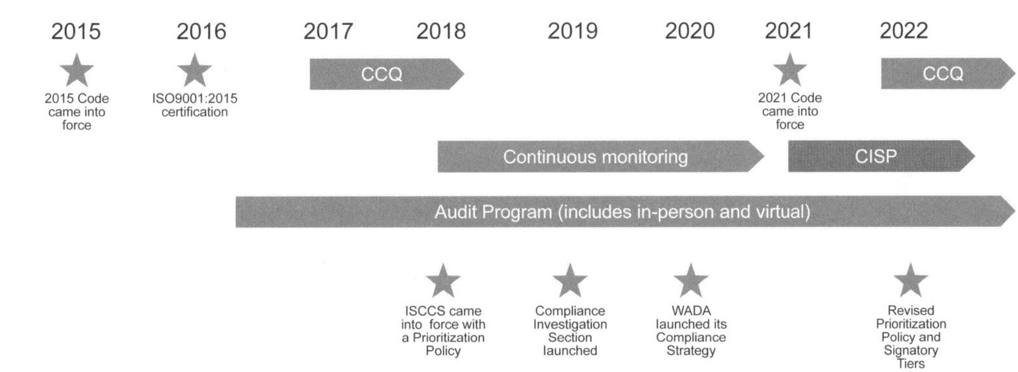

CISP - Code Implementation Suppory Program

[출처: 2022 일본도핑방지기구 세미나 세계도핑방지기구 발표자료_ 규약준수 설문지(트렌드) 6p)]

– 2015년 세계도핑방지규약개정과 동시에 세계도핑방지규약 준수 모니터링 강화

- 가맹기구들의 세계도핑방지규약 준수 보고서 제출 의무화
- 2015부터 2016년까지 세계도핑방지기구 세계도핑방지규약 준수 설문지 개발
- 세계도핑방지기구는 세계도핑방지규약 준수 절차에 대해 2016년도에 ISO 9001 최초 인증

2) 세계도핑방지규약준수 모니터링 프로그램 개요

- 대략 350개의 국제연맹, 국가도핑방지기구, 메가이벤트 조직위원회가 준수해야하는 항목으로 구성
- 2016년말 케냐 국가도핑방지기구를 대상으로 방문 감사 시행
- 2017년 2월 국제경기연맹(IF)와 국가도핑방지기구(NADO) 대상으로 세계도핑방지규약준수 설문지 배포
- 2018년 4월 세계도핑방지규약준수 국제표준 제정 및 시행

3) 세계도핑방지규약준수 모니터링 추진방향

- 2020년도에 세계도핑방지기구와 가맹기구가 세계도핑방지규약준수를 지속적으로 개선하고 효율성을 높이기 위한 목적으로 수립
- 전략은 선수를 우선하여 수립하였으며, 매년 세계도핑방지규약 준수 연간계획 수립, 연간 보고서 발행 및 리스크 관리 시스템 개발을 통해 효율성 강화
- 규약준수 국제표준에 따라 가맹기구 등급별(Tier1~4) 세계도핑방지규약준수 적용범위 설정(한국은 Tier1)

Compliance Maturity

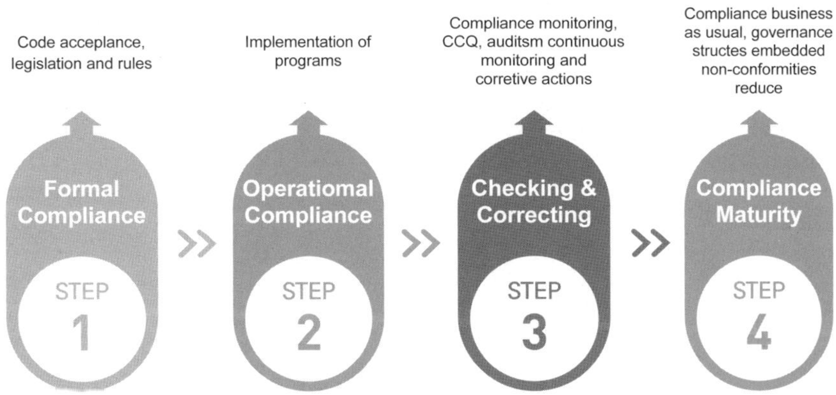

[출처: 2022 일본도핑방지기구 세미나 세계도핑방지기구 발표자료_ 규약준수 설문지(트렌드) 8p)]

4) 세계도핑방지규약준수 설문지(CCQ, Code Compliance Questionnaire)

- 2022년 기준 국가도핑방지기구(NADO)는 240개, 국제경기연맹(IF)은 210개의 설문지를 적용하였으며, Tier 1~2 국가도핑방지기구(NADO)와 국제경기연맹(IF)에서 117개의 이슈가 발생함에 따라, 시정조치 보고서(CAR)를 발행

5) 세계도핑방지규약준수 설문지(CCQ, Code Compliance Questionnaire) 추진경과(2017~2022)

- (긍정) 총 부적합 사례 23%로 축소, 시정조치보고 평균 22.7건에서 17.4건으로 감소, 최우선 부적합 사례 42%까지 감소(검사분야 84%까지 감소)
- (부정) Critical 부적합 사례 7% 증가, 교육분야 부적합 사례 250% 증가 (신규 국제표준 시행 및 국제경기연맹(IF) 부적합 사례로 인함)

	2017 Non-conformty %	2022 Non-conformty % Tier 1	2022 Non-conformty % Tier 2
Testing Risk Assessment	69	46	60
Test Distribution Plan	62	70	70
TDSSA	62	48	30
Sample Retention Policy	82	5	10
RTP	70	30	0
Intelligence policies	89	5	0
TUE process	21	32	40
TUE form	62	25	30
Education pLAN	58	68	60

[출처: 2022 일본도핑방지기구 세미나 세계도핑방지기구 발표자료_ 규약준수 설문지(트렌드) 12p)]

6) 아시아/오세아니아 지역 2022 규약준수 설문지트렌드 분석

– 국가도핑방지기구(NADO) 평균 22건의 시정조치보고 건수에 비해 아시아/오세아니아 지역은 평균 21건으로 양호

Corrective actions per section

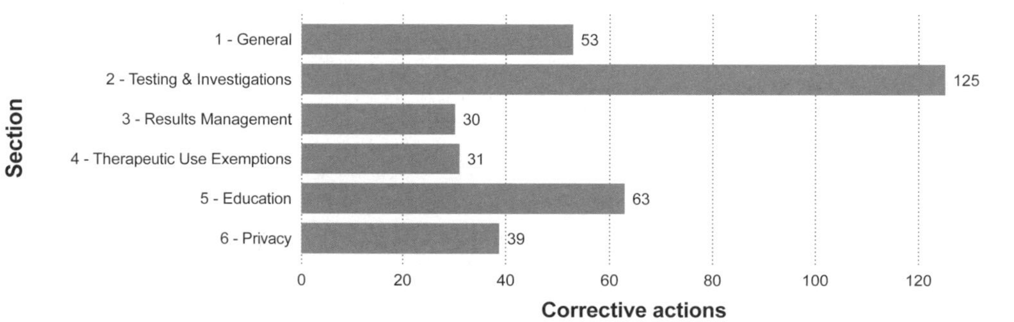

Compliance percentage section

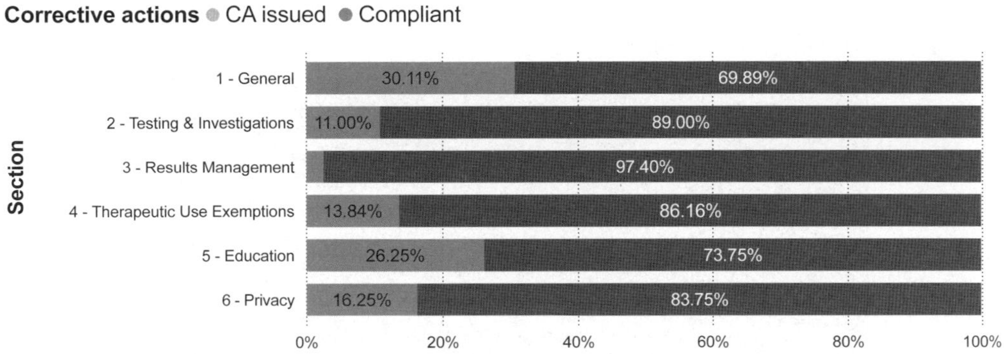

[출처: 2022 일본도핑방지기구 세미나 세계도핑방지기구 발표자료_ 규약준수 설문지(트렌드) 16p)]

– 검사 및 조사분야 부적합이 가장 많은 비율을 보이고 있으며, 결과관리와 교육분야는 다른 지역에 비해 적은 건수 확인

라. 세계도핑방지규약의 효력 및 영향

ㅇ세계도핑방지규약은 2004년 1월 1일 발효된 이래, 전 세계 도핑방지 노력의 조율이 라는 측면에서 매우 강력하고 효과적인 도구임이 입증되었다. 이는 각국 정부와 스포츠 종목에서 세계도핑방지규약을 받아들이는 데 있어 압도적인 지지를 보내고 있을 뿐 아니라 스포츠중재재판소에서 비롯되는 세계도핑방지규약의 원칙을 뒷받침하는 법적 체계가 점차 확대되고 있다는 사실을 통해 입증되고 있다. 세계도핑방지규약의 채택으로 인해 특정규정의 형식화와 이해당사자 책임의 명확화 등, 스포츠에서의 도핑 퇴치를 위한 글로벌 차원의 노력에서 몇 가지 의미 있는 발전이 이루어지고 있다. 이는 과거 규정에서 일관성이 결여되거나 일부의 경우 아예 존재하지 않았던 시스템의 조화 및 일관성을 가져다 주었다. 또한, 세계도핑방지규약은 '비분석적' 규정위반의 개념도 언급하고 있는데, 이는 도핑방지규정위반(Anti-Doping Rule Violation, ADRV)이 발생했다는 증거가 있지만 도핑 검사 후 시료분석 결과, 양성 반응이 나오지 않은 경우에도 제재가 이루어질 수 있다는 것을 의미한다.

4. 한국도핑방지규정

[한국도핑방지규정집]

가. 「한국도핑방지규정」이 무엇이고 왜 선수가 지켜야 할까요?

ㅇ전 세계 스포츠 이해관계 구성원 간 합의의 결과물인 「세계도핑방지규약」에 따라 제정된 「한국도핑방지규정」은 스포츠에서 강제력을 가진 '경기규칙'으로서 경기참가의 기본요건이기도 하다.

○이와 같이 스포츠 영역에서는 전 세계적으로 통일된 규정과 절차를 수립하여 시행하고 있다. 축구를 예를 들어 설명하면, A 선수가 축구경기에서 경쟁 B 선수의 진로를 의도적으로 방해하려고 팔을 붙잡는 반칙을 했다. 심판은 이에 대해 반칙을 선언하고 옐로카드를 선수에게 부여했다. 이 경우 "선수가 경기 중 반칙을 한 경우 경고의 의미로 옐로카드를 선수에게 준다"라는 '경기규칙'이 마련되었기에 의도적으로 반칙한 선수에 대해 경고를 할 수 있었으며 선수는 이를 거부할 수 없다.

○이처럼 '경기규칙'은 스포츠에 참가하는 모든 사람 사이의 약속이기에 지켜야 할 당위성이 존재하고, 규정을 지키지 않는다면 제재가 있다는 점에서 강제성이 있기도 하다. 우리가 규정을 준수함으로 모두가 공정하고 깨끗한 환경에서 스포츠를 즐길 수 있는 여건을 마련할 수 있다.

나. 한국도핑방지 규정은 선수에게만 적용되나요?

○한국도핑방지규정은 선수뿐만 아니라 선수를 지원하는 지도자, 트레이너, 경기단체 임직원 그리고 대한체육회 · 대한장애인체육회와 같이 경기대회를 주최하는 체육단체를 포함하여 적용한다.

구 분	적용대상
단 체	대한체육회·대한장애인체육회와 그 지회
	대한체육회 회원종목단체(이하 "경기단체")와 그 산하단체
	대한장애인체육회 가맹단체(이하 "경기단체")와 그 산하단체
	한국프로축구연맹(상급단체인 FIFA, 대한축구협회가 세계도핑방지규약 수용)
개 인	개인 경기단체 등록선수와 선수지원요원
	도핑관리와 관련된 경기단체의 임직원

○국내에서 스포츠에 참가하는 모든 구성원은 한국도핑방지규정을 준수함으로써 공정한 스포츠 질서를 유지할 수 있으며 도핑으로 인한 스포츠 참가자 간 분쟁이 발생한 경우 이를 해결할 수 있다.

5. 국제표준

가. (국제표준의 정의)

금지목록 국제표준

규약준수 국제표준

교육 국제표준

검사 및 조사 국제표준

치료목적사용면책 국제표준

결과관리 국제표준

분석기관 국제표준

사생활 및 개인정보 국제표준

[위원회 2022 홍보책자]

ㅇ도핑방지 프로그램 내 여러 가지 기술 및 운영 분야, 즉 금지목록, 검사 및 조사, 분석기관, 치료목적사용면책, 사생활 및 개인정보, 규약준수, 교육, 결과관리 8가지 분야별 국제표준(International Standards)은 가맹기구들과의 협의를 통해 수립하였고 WADA에서 승인했다. 국제표준의 목적은 도핑방지 프로그램에서 구체적인 기술 및 운영 부문 책임을 맡고 있는 도핑방지기구들 사이의 조화와 조율을 향상시키기 위함이다. 국제표준의 준수는 세계도핑방지규약 준수를 위한 의무 사항이다. 국제표준은 가맹기구 및 각국 정부와의 타당한 협의를 거친 후 WADA 집행위원회(Executive Committee)가 때때로 개정할 수 있다. 세계도핑방지규약에 별도로 규정되어 있지 않는 한 국제표준 및 그 일체 개정본은 해당 국제표준 또는 개정본에 명시되어 있는 날짜에 발효된다.

나. 금지목록 국제표준(The International Standard for the Prohibited List)

ㅇ금지목록은 WADA가 이 목록의 작성 및 간행을 책임지고 있다. 이 목록은 세계도핑방지규약의 기초 역할을 하고 있으며, 조화와 조율의 핵심 요소이다. 또한 이 목록은 경기기간 중, 경기기간 외, 그리고 특정 스포츠 종목에서 금지되어있는 약물과 방법을 식별하는 국제표준이다. 약물과 방법은 카테고리별로 구분되어 있다(예: 스테로이드제, 흥분제, 유전자 도핑). 선수가 어떤 금지약물이든 의료적 이유로 사용하는 것은 치료목적사용면책에 따라 허용할 수 있다.

ㅇ세계도핑방지규약에 명시되어 있듯이, WADA는 매년 개정된 금지목록을 국제표준으로 공표한다. 필요한 경우, 수시로 개정하여 간행할 수 있다. 목록은 충분한 협의 과정을 거쳐 작성되며, 이 과정은 1,700여 이해 당사자들을 대상으로 목록 초안을 배포해 코멘트를 받는 단계부터 시작된다. 이렇게 해서 받은 코멘트는 국제 과학 및 도핑방지 전문가들로 구성된 WADA의 금지목록 전문가 자문단을 거치게 된다. 목록을 책임지고 있는 WADA의 전문가 자문단(Expert Advisory Group)은 이해관계자들의 의견을 참고하여, WADA의 건강, 의무, 연구위원회(Health, Medical and Research Committee)로 제출하고, 건강, 의무, 연구위원회는 다시 9월 연례회의에서 최종 권고안을 WADA의 집행위원회(Executive Committee)에 보고하게 된다. WADA의 최고 정책 입안 조직인 집행위원회는 이러한 최종 권고안에 대해 논의한 후 최종 결정을 내린다. 개정된 새 목록은 10월 1일 온라인에 게시되며, 다음 해 1월 1일에 발효된다.

ㅇ세계도핑방지규약 4.3항(금지목록에 포함되는 약물 및 방법의 기준)에는 특정 약물이나 방법을 목록에 포함시킬지 여부를 판단할 때 고려할 기준들이 명시되어 있다. 특정 약물이나 방법이 다음 세 가지 기준 중 두 가지 기준을 충족시키는 경우 목록에 포함시킬 것을 고려할 수 있다. 세 가지 기준은 다음과 같다.

1) 경기력 향상: 어떤 약물이나 방법이 단독으로 또는 다른 약물 또는 방법과 결합하여 경기력을 향상시킬 수 있는 잠재력이 있거나 경기력을 향상시킨다는 의학적 증거나 기타 과학적 증거 또는약리적 효과나 경험이 있는 경우

2) 선수 건강에 대한 위협: 어떤 약물 또는 방법의 사용이 선수의 건강에 실제로 또는 잠재적으로 위협이 된다는 의학적 증거나 기타 과학적 증거 또는 약리적 효과나 경험이 있는 경우

3) 스포츠 정신에 위배: 어떤 약물 또는 방법의 사용이 세계도핑방지규약 서문에 기술된 스포츠 정신에 위배된다고 세계도핑방지기구에서 판단하는 경우

다. 검사 및 조사 국제표준 (International Standard for Testing and Investigations)

ㅇ검사 및 조사 국제표준(ISTI)의 주요 목적은 경기기간 중 및 경기기간 외 검사 모두 지능적이고 효과적인 검사를 계획하기 위한 것이며, 선수에게 검사를 통보하는 시점부터 선수의 시료가 분석을 위해 분석기관으로 전달되는 시점까지 채취된 시료의 완전성과 안전성을 유지하는 데 있으며, 검사 및 조사 국제표준에는 검사배분계획, 선수통지, 시료 채취 준비 및 실시, 시료의 보안유지 및 검사 후 행정처리, 문서화 및 분석기관으로의 시료배송에 관한 의무적인 표준들을 포함한다.

ㅇ또한, 검사 및 조사 국제표준에는 국제연맹(IF) 및 국가도핑방지기구(NADO)들이 의무적으로 시행해야 하는 표준(그리고 기타 도핑방지 기구들이 수용 및 적용해야 하는 표준), 그리고 각각의 검사대상명부(RTP)에 올라 있는 선수들에게 적용되는 소재지 정보 요건 등이 명시되어 있다. 그러한 요건을 12개월 기간 내에 3회 위반할 경우 세계도핑방지규약 2.4항에 따른 도핑방지규정위반에 해당한다.

ㅇ세계도핑방지프로그램에는 국제 및 국가 도핑방지 프로그램에서 최적 수준의 조화 및 조율과 모범사례 모델을 보장하는 데 필요한 모든 요소들이 포함된다. 모든 표준이 그렇듯이, 검사 및 조사 국제표준(ISTI)에는 시료 채취와 관련해 의무적으로 따라야 하는 표준 기술 요점이 명시되어 있고, 동시에 검사 및 조사 국제표준(ISTI)에 명시되어 있는 주제별 모범사례 모델을 명시한 지침이 제시되어 있다. 예를 들어, 소변시료채취 지침(Guidelines for Urine Sample Collection)에는 소변 시료 채취와 관련한 모범사례 모델이 나와 있다.

ㅇ검사 및 조사 국제표준(ISTI)의 두번째 목적은 도핑방지 정보를 효율적이고 효과적으로 수집 및 평가, 사용하고 도핑방지규정위반 가능성이 있는 사례들을 효율적이고 효과적으로 조사하기 위해 의무적으로 따라야 하는 표준을 수립하기 위함이다. 2015년 세계도핑방지규약에는 신뢰할 수 있는 모든 방법으로 도핑방지규정위반을 증명할 수 있다고 명백히 규정하고 있다. 이는 조사를 통해 수집한 분석적, 비분석적 증거들을 모두 포함한다. 세간의 이목을 주목시켰던 도핑방지규정위반의 사례들을 살펴보면, 도핑방지기구나 행정당국의 조사 과정을 통한 증거가 기반이 된 경우가 많다. 도핑방지를 위하여 조사의 중요성이 세계도핑방지규약에 강조되어져야 한다는 많은 도핑방지 관계자들의 강력한 동의가 있고, 또한 이들은 정부와 모든 관계자들의 도핑규정위반 조사에 대한 협력이 중요하다고 했다.

라. 분석기관 국제표준(International Standard for Laboratories)

ㅇ분석기관 국제표준(ISL)의 주요 목적은 분석기관 및 ABP 분석기관이 신뢰할 수 있는 증거 자료를 바탕으로 유효한 검사 결과를 보고할 수 있도록 보장하며 분석기관 및 ABP 분석기관의 ABP 혈액 시료 분석과 분석기관의 시료 분석적 검사의 일치를 도모하는 것이다. 분석기관 국제표준에는 세계도핑방지기구 분석기관 인증 및 세계도핑방지기구 ABP 분석기관 승인의 취득 및 유지에 필요한 요건, 분석기관 및 ABP 분석기관의 성과를 위한 운영표준, 인증 절차 설명 외 다양한 내용을 포함하고 있다. 세계도핑방지기구는 때때로 기술문서(Technical Document)를 통해 구체적인 기술 권장사항을 간행한다. 기술문서에 기술되어 있는 기술 권장 사항의 시행은 의무사항이며, 해당 기술문서에 명시되어 있는 발효일까지 반드시 시행되어야 한다. 기술문서는 관련 주제에 대해 출판된 기존 모든 간행물과 본 문서보다 우선하며, 새로 승인된 기술문서가 한계치가 있는 약물의 결정기준의 한계수치나 한계치가 없는 약물의 최소보고수준을 낮추는 내용을 포함하는 경우, 새로운 기술문서에서 개정된 수치는 기술문서 발효일 이전에 채취한 시료의 분석결과 보고에 적용되지 않는다. 선수의 시료(소변, 혈액)는 세계도핑방지기구의 공인 분석기관에서만 분석할 수 있으며, WADA 공인 분석기관에서는 국제표준에서 요구하는 내용을 준수하여야 한다.

마. 치료목적사용면책 국제표준 (International Standard for Therapeutic Use Exemptions)

ㅇ치료목적사용면책 국제표준(ISTUE) 의 목적은 치료목적사용면책(TUEs)의 허가 절차가 모든 스포츠 종목 및 국가에 걸쳐 일관된 방식으로 진행되도록 하는 것이다. 즉, 국제표준은 선수가 치료목적사용면책을 신청하는 절차와 도핑방지기구가 치료목적사용면책 신청을 검토, 승인 또는 반려하는 절차을 규정한다. 세계도핑방지규약에 따라 선수들은 선수가 치료목적으로 금지약물 또는 금지방법을 사용 또는 사용시도, 보유, 투여 또는 투여 시도하는 것에 대한 치료목적사용면책을 신청할 수 있다. 선수는 의학적 증거를 제공해야 하며, 도핑방지기구는 신청서를 검토하고 치료목적사용면책 승인 여부를 심사하기 위해 치료목적사용면책위원회를 구성하여 운영한다.

ㅇ치료목적사용면책 국제표준(ISTUE)에는 신청절차 및 승인 등에 관한 기준이 포함되어 있다. 치료목적사용면책 지침은 치료목적사용면책 절차 전체에 걸쳐 도핑방지기구에 지원을 제공하기 위해 모범사례 모델로 개발되었다. 추가적인 지원을 제공하고 치료목적사용면책신청에 대한 승인과정에서 치료목적사용면책위원회를 가이드 및 지원하기 위해 의학 정보(Medical Information to Support the Decisions of TUEC) 문서들도 마련되어 있다.

바. 사생활 및 개인정보 보호에 관한 국제표준(International Standard for the Protection of Privacy and Personal Information)

ㅇ사생활 및 개인정보 보호에 관한 국제표준(ISPPPI)의 목적은 도핑방지기구가 도핑방지 프로그램을 수행할 때 처리하는 개인정보에 대해 적절하고, 충분하며 효과적인 사생활 보호를 적용하는 것을 보장하는 것이다. 또한, 스포츠에 참여하는 모두가 도핑방지 활동에서 수집되는 개인정보가 개인의 사생활 권리와 이해 관계를 침해 및 연루시킬 수 있다는 사실을 인식해야 한다. 특히 세계도핑방지규약의 경우 선수들과 선수지원요원들로 하여금 도핑방지기구에 상당한 양의 개인정보를 제공하도록 정하고 있다. 따라서, 도핑방지기구는 법적 기준을 충족하면서 동시에 단체 스포츠에 참여하는 사람들의 지속적인 확신과 신뢰를 얻기 위해 반드시 수집하는 개인정보를 적절히 보호할 수 있어야 한다.

ㅇ세계도핑방지규약과 사생활 및 개인정보 보호에 관한 국제표준(ISPPPI)은 도핑방지 프로그램의 대상이 되는 관계자들의 사생활 권리가 전적으로 존중되도록 보장하는 것의 중요성을 인식하고 재확인한다. 사생활 및 개인정보 보호에 관한 국제표준(ISPPPI)은 현재까지 수립 및 시행되어 왔던 다른 국제표준(IS)들과 부합되도록 세계도핑방지규약에 따라 개인정보를 수집 및 취급할 때 도핑방지기구가 반드시 따라야 하는 최소한의 상식에 따른 규정을 명시하고 있다. 도핑방지기구가 해당 법규에 따라 본 표준에 정해져 있는 것보다 더 엄격한 규정 또는 표준을 적용해야 하는 경우도 있다.

사. 교육국제표준(The International Standard for Education)

ㅇ교육 국제표준(ISE)은 세계도핑방지 프로그램의 일환으로 개발된 의무적으로 준수해야 하

는 국제표준으로서 도핑방지기구 세계도핑방지규약에 명시된 스포츠 정신의 보전과 깨끗한 스포츠 환경의 조성에 기여하는 것이다. 도핑방지기구는 교육 대상자를 설정하고 교육 계획과 프로그램을 개발해야 한다. 교육 프로그램은 세계도핑방지규약과 관련된 주제를 다루어야 하며, 도핑방지 정보제공, 인식제고, 가치기반 교육 및 도핑방지 교육을 포함해야한다. 대부분의 선수들은 공정한 경쟁을 원하고 금지약물 또는 금지방법을 사용할 의사가 없으며 공정하게 경쟁할 권리가 있다.

ㅇ세계도핑방지규약에서 예방 전략으로 강조하였듯이, 선수와 기타 관계지는 교육을 통해 도핑을 예방하고 깨끗한 스포츠 가치에 부합하는 태도를 가질 수 있다. 교육 국제표준(ISE)의 핵심원칙 중 하나는 선수가 도핑방지를 처음 접하는 경로는 도핑관리가 아니라 교육이어야 한다는 것이다.

ㅇ교육 국제표준은 이 목적을 뒷받침하기 위해 세 가지 목표를 설정한다.

1) 첫 번째 목표는 세계도핑방지규약 18조에 명시된 바와 같이 가맹기구가 효과적인 교육 프로그랙을 계획, 시행, 모니터링, 평가할 수 있도록 기준을 정하는 것이다. 세계도핑방지규약, 교육 국제표준, 교육시침은 다음과 같은 역할을 한다. 세계도핑방지규약은 교육체계를 규정하고 교육 국제표준은 교육 프로그램에 포함될 원칙과 최소기준을 명시하며 교육 지침은 가맹기구가 각자의 교육 프로그램을 개발하고 향상시킬 수 있도록 지원한다.

2) 두 번째 목표는 다음 항목들을 제공하는 것이다.

a) 교육 분야 용어의 정의

b) 교육 프로그램의 계획, 시행, 모니터링, 평가를 담당하는 모든 가맹기구악 역할과 책임

3) 세 번째 목표는 가맹기구가 자원 활용을 극대화할 수 있도록 다음과 같이 지원하는 것이다.

a) 가맹기구가 최소한 검사대상명부 선수와 제재에서 복귀한 선수를 포함하여 교육 대상집단을 구성하도록 요구

b) 가맹기구가 타 기구와 협력하고 중복을 최소화하기 위해 교육 활동을 조정하도록 요구

c) 가맹기구가 스포츠정신을 고취하고 깨끗한 스포츠 환경을 조성하기 위해 더 많은 사람을 대상으로 가치중심교육 프로그램을 제공하는 것을 고려하도록 유도

d) 가맹기구가 정부, 연구기관, 교육기관 등 타 기구의 자원과 전문성을 이용하도록 유도

아. 결과관리 국제표준(The International Standard for Results Management)

○결과관리 국제표준(ISRM)은 의무적 국제표준으로 세계 도핑방지 프로그램의 일환으로 작성되었다. 결과관리 국제표준의 목적은 결과관리에 관한 도핑방지기구의 주요 책임을 규정하는 것이다. 결과관리의 특정한 일반 원칙을 명시하는 것에(제4조) 더하여, 본 국제표준은 최초 검토 및 잠재적 도핑방지규정위반 통지에서(제5조) 임시자격정지(제6조) 도핑방지규정위반 협의 및 결과조치의 제시(제7조), 청문 절차(제8조), 결정 공표 및 통지(제9조), 그리고 항소(제10조)에 이르는 결과관리의 여러 단계에서 적용되는 주요 의무를 규정한다. 결과관리국제표준은 잠재적 도핑방지 규정위반이 발생되었을 때 결과관리를 수행하는 절차를 설명하고 있으며, 전반적인 절차의 요구사항을 명시하고 있다.

○결과관리 국제표준(ISRM)의 의무적 성격과 도핑방지기구의 이탈이 「규약준수 국제표준」 하의 결과를 불러올 가능성에도 불구하고, 결과관리 국제표준(ISRM)으로부터의 이탈이 분석 결과나 기타 도핑방지규정위반 증거를 무효화하지 않으며, 규약 제3.2.3항에 명시된 경우를 제외하고 도핑방지규정위반에 대한 변론을 구성할 수 없다.

자. 규약준수 국제표준(The International Standard for Code Compliance by Signatories)

○규약준수 국제표준(ISCCS)의 목적은 가맹기구에 의한 세계도핑방지규약 준수를 보장하기 위한 관련 체계와 절차를 규정하는 것이다. 세계도핑방지규약 가맹기구는 세계도핑방지규약과 그에 따른 국제표준들에 제시된 여러 법적, 기술적, 운영상의 요건을 필히 준수한다. 이는 선수들과 여타 이해당사자들이 스포츠가 개최되는 곳 어디서나 도핑 없는 공정한 경기장을 경험하도록 국제 및 국내 수준의 조화와 협조 속에서 효과적인 도핑방지프로그램을 시행하기 위함이다. 또한, 국제표준의 목적은 모든 스포츠와 모든 국가에서 도핑방지 프로그램이 일관되게 적용되고 시행되게 하도록 하는 것이다.

○세계도핑방지규약에 따라, WADA는 가맹기구들이 세계도핑방지규약 및 국제표준을 준수하도록 모니터하고 강제할 책임이 있다. 또한 세계도핑방지규약에 따라 가맹기구들은 WADA에 세계도핑방지규약 및 국제표준을 준수하고 있음을 보고할 의무가 있다. WADA에서 제기한 위반혐의 및/또는 WADA에서 제안한 가맹기구 결과조치를 수용하지 않는 가맹기구에 대해 위반을 결정하고 가맹기구 결과조치를 부과할 책임은 WADA가 아니라 스포츠중재재판소에게 있다

○규약준수를 위한 국제표준은 다음을 포함한다.

- 세계도핑방지규약준수 모니터링 기능과 관련된 서로 다른 기구의 역할, 책임, 절차(제2장 5조)
- WADA의 가맹기구 규약준수 노력 지원 및 도움(제2장 6조)
- 가맹기구의 규약 및 국제표준에 따른 의무사항의 준수를 모니터 할 세계도핑방지기구의 수단(제2장 7조)
- 공식 조치 이전에 세계도핑방지기구가 가맹기구에게 시정 기회제공 및 지원(제2장 8조)
- 가맹기구가 부적합을 시정하지 못하는 경우 스포츠중재재판소가 비준수의 주장과 그러한 비준수로 인한 가맹기구 결과조치를 결정하는 절차. 이 절차는 적절하고 실무적으로 적용할 수 있는 범위 내에서 세계도핑방지규약 비준수 결정과 선수 및 기타 관계자에 대한 그러한 불이행의 결과를 반영한다. (제2장, 제9조 및 제10조; 부록 A 및 B)
- 스포츠중재재판소가 특정 경우에 부과할 가맹기구 결과조치를 결정하기 위해 적용하는 원칙 (제2장, 제10조, 부록 A 및 B)
- 세계도핑방지기구가 비준수로 결정한 가맹기구의 비준수를 상태를 변경하면 가능한 한 신속하게 재인가하도록 하기 위해 따라야 하는 절차 (제2장, 제11조)
- 2021년 1월 1일 현재 진행 중인 절차에 적용되는 경과규정 (제2장, 제 12조)

○궁극적인 목적은 규약을 준수하는 강력한 도핑방지 규칙과 프로그램이 일관되게 그리고 효과적으로 모든 스포츠와 모든 국가에 적용되어 깨끗한 선수들이 공평한 경기장에서 공정한 경기를 치를 수 있다는 확신을 갖도록 하는 한편, 대중이 스포츠의 무결성이 유지되고 있음을 신뢰하도록 하는 것이다. 그러나, 가맹기구의 규약준수를 위한 국제표준은 유연하게 특정 우선순위를 인정한다. 특히, 본 국제표준은 특정 조항(특별 신속 처리 절차를 포함)을 포함함으로써 WADA

가 신속하고 효과적인 조치를 취하여 규약의 중대한 요건을 불충실하게 고의적/악의적으로 위반한 경우를 해결할 수 있도록 한다. 본 국제표준은 WADA가 특정 지역 그리고/또는 특정 가맹기구에 대하여 준수 노력의 우선순위를 결정할 수 있도록 한다. 가장 중요하게는, 규약을 충실히 지키고자 하는 가맹기구는 전체 규약 준수를 달성하고 유지할 수 있도록 촉진, 지원받을 것이다. 규약 준수에 따른 문제들은 가맹기구 스스로가 해결하는 것이 항상 바람직하다. 가맹기구에게 비준수를 선언하고 가맹기구 결과조치를 부과하는 것은 최후의 수단으로, 모든 노력에도 불구하고 가맹기구가 부적합을 시정하는 데 실패했을 때에만 취해진다.

6. 지침(Guidelines)

○WADA는 규약과 국제표준을 보완하고 도핑방지 프로그램에 도움을 줄수 있는 지침을 만들었다. 일부지침은 국제표준을 직접 보완한다. 예를 들어, 결과관리 국제표준을 위한 지침은 결과관리 국제표준 하위문서로서 보완한다.

○기타 지침은 주요 국제경기대회 지침과 시료채취 지침 등과 같은 도핑방지 프로그램의 하위문서로서 보완하고 있다.

○지침은 도핑방지기구가 국제표준에서 요구하는 내용을 실행하는데 도움을 준다. 국제표준과 지침의 차이점은 지침의 일반적으로 국제표준보다 자세한 정보를 제공하고 있으며, 권장사항으로서의 역할을 수행한다.

7. 규약에서 규정된 각 기구별 역할 및 책임

가. WADA

○세계도핑방지규약 및 국제표준 준수를 보장하기 위해 전 세계 도핑방지 활동 모니터링

○스포츠에서의 금지약물 및 방법을 규정하는 금지목록의 발간

○도핑방지 교육 및 연구 확산 책임

나. 국제경기연맹(IF)

○국제경기연맹 내 도핑방지활동에 대한 책임

○국제경기연맹 종목의 도핑방지 규정 및 도핑방지 프로그램(교육, 검사, TUE 절차 등) 방침 결정

○해당 종목의 국제수준 선수의 검사대상명부(RTP) 관리

다. 검사대상명부(RTP) 관리

○해당 국가 내 도핑방지활동에 대한 책임

○해당 국가의 도핑방지 규정 및 도핑방지 프로그램(교육, 검사, TUE 절차 등) 방침 결정

○해당 국가의 도핑방지 규정 위반의 결과관리 시행에 대한 책임

라. 국제올림픽위원회(IOC) 및 국제패럴림픽위원회(IPC)

○올림픽 및 패럴림픽의 도핑방지활동에 대한 책임

○올림픽 및 패럴림픽 기간 중 도핑방지 프로그램 (규정, 교육, TUE 관리 등) 시행에 대한 책임

마. 국가올림픽위원회(NOC) 및 국가패럴림픽위원회(NPC)

ㅇ국가도핑방지기구가 없는 경우, 국가올림픽위원회(NOC) 및 국가패럴림픽위원회(NPC)는 해당 국가의 도핑방지활동에 대한 책임

바. 지역도핑방지기구(RADO)

ㅇ지역도핑방지기구는 동남아시아 또는 캐리비안 지역 내 국가도핑방지기구로서 국가도핑방지기구와 국가올림픽위원회를 지원하여 도핑방지 활동을 지원

ㅇ몇몇의 지역도핑방지기구는 교육 및 검사 프로그램을 관리

사. 국제종합대회 조직위원회(MEOs)

ㅇ국제종합대회의 도핑방지활동에 대한 책임

ㅇ조직위 예시: 아시아올림픽평의회, 유러피안 올림픽 위원회 등

아. 정부

ㅇ정부는 유네스코 국제스포츠도핑방지협약에 의해 도핑방지활동을 지원

ㅇ정부는 독립적인 국가도핑방지기구를 설립할 책임이 있으며, 국가도핑방지기구의 역할과 책임에 대해 안내할 책임책임에 대해 안내할 책임

자. 분석기관

ㅇ분석기관은 도핑검사 후 채취한 소변, 혈액 시료에 대해 분석할 책임이 있음

ㅇ세계도핑방지기구는 시료를 직접하지 않고 분석기관을 인증하고 모니터링함

차. 국제스포츠중재재판소(CAS)

○독립기구로서 스포츠와 관련된 분쟁사항에 대해 신속하고 공정하게 해결하기 위한 책임

○국제스포츠중재재판소는 국가수준 선수, 선수지원요원, 국가도핑방지기구가 도핑방지규정위반과 관련한 내용을 제소할 수 있는 기구이며, 세계도핑방지기구는 모든 수준의 선수에 대해 제소할 수 있음

카. 국제검사기구(ITA)

○국제검사기구는 국제경기연맹, 국제종합대회 소식위 또는 국가도핑방지기구에서 의뢰한 도핑방지 서비스를 제공

○국가도핑방지기구는 교육, 검사, 치료목적사용면책 관리는 국제검사기구에 대행 요청할 수 있음

○국제검사기구는 제3자 서비스 제공자임

「세계도핑방지규약 및 각종 규정의 이해」저자

이재권

스포츠경영학과를 거쳐 대학원에서 스포츠마케팅 석사학위를 취득했다. 대한스키협회 국제 전문인력으로 체육행정업무를 시작하였으며, 2010 벤쿠버, 2014 소치, 2016 리우 올림픽 및 각종 세계선수권, 월드컵 등에 선수 지원인력 및 옵저버 프로그램 참가자로 다양한 국제스포츠 경기대회 경험을 쌓아왔다. 2018 평창동계올림픽 및 패럴림픽대회 조직위원회 재직 당시 스키점프, 크로스컨트리, 바이애슬론 경기장의 총괄 담당관이자 IOC 베뉴운영 지식코디네이터로서 대회운영 전략 수립단계부터 운영까지 직접 수행한바 있으며, 해당 공로를 인정받아 체육훈장 기린장을 수상한바 있다.

2018년부터 대한민국 유일의 도핑방지기구인 한국도핑방지위원회에 재직중이며, 본 교재를 통해 국내 대학생들이 스포츠 이해관계 구성원들이 반드시 준수해야하는 도핑방지 정책, 규칙 및 규정에 대해 이해하고 공정한 스포츠 환경을 조성하는 스포츠 행정가로 성장하기를 소원한다.

집필보조 **황의현**(국민대학교 스포츠산업레저학과), **진유연**(국민대학교 영어영문학부)

04

도핑예방과 도핑방지교육

Anti-Doping Education for Prevention

자주 등장하는 약어, 용어

한국도핑방지위원회(KADA): Korea Anti-Doping Agency

도핑방지행정관리시스템(ADAMS): Anti-Doping Administration and Management System

검사대상명부(RTP): Registered Testing Pool

–

치료목적사용면책(TUEs): Therapeutic Use Exemptions
선수가 금지약물 또는 금지방법의 사용이 필요한 의학적 상태에 있고, 「치료목적사용면책 국제표준」 및 제4장의 규정에 따른 조건을 충족하는 경우에 치료 목적으로 금지약물 또는 금지방법의 사용을 허가하는 것

04장

도핑예방과 도핑방지교육

Anti-Doping Education for Prevention

1. 교육이란?

여러 맥락에서 교육은 다양하게 정의될 수 있지만, 세계도핑방지규약 및 교육 국제표준에서 교육은 깨끗한 스포츠를 위해 모든 선수, 지도자 등과 연관되어 있는 것으로, 다음과 같이 정의할 수 있다.

스포츠 정신을 함양하고 보호하는 가치관을 심어주고, 그러한 행동을 발전시키며, 이를 통해 의도적이든 혹은 의도적이지 않든 도핑을 방지하기 위한 학습의 과정

*(원문) "The Process of learning to instill **values** and develop **behaviors** that foster and protect the spirit of sport, and to prevent intentional and unintentional doping"*

교육의 궁극적인 목적은 깨끗하고 공정한 스포츠를 만들어 갈 수 있도록 선수를 비롯하여 지도자, 학부모, 의료진 등 선수지원요원들의 행동변화를 이끌어 내는 데 있다. 교육을 통해 확인하고자 하는 행동변화는 무엇이며, 이를 개발하기 위해 어떠한 교육 프로그램과 활동들을 할 것인지 고민하는 것이 교육계획의 시작이다. 이를 위해서는 정보전달(what)에서 행동의 변화(how to)로 이어질 수 있도록 배움의 단계(아는 것, 이해하는 것, 행동하는 것)를 고려하며, 어느 단계에서 어떤 메시지를 줄 것인지 고민해야 한다.

예를 들어, 선수들은 도핑검사절차에서 선수로서의 권리와 의무를 ①아는 것(know)으로 시작하여, 이것의 필요성과 이유를 ②이해(understand)하고 설명(explain)할 수 있어야 하며, 궁극적으로 도핑검사절차에서 ③적용(apply)하고 실행(do)할 수 있어야 한다. 따라서 선수들에게 기대되는 행동들을 교육활동에 앞서 목표로서 보여줄 수 있어야 효과적인 교육이 시작될 수 있다.

2. 교육의 네 가지 요소(출처: ISE Overview 10p)

이러한 교육의 목표와 효과를 위해 교육은 크게 네 가지 요소들이 포함되어 있다. 이러한 네 가지 요소들은 교육 프로그램에 따라 대상별, 주제별, 연령 및 상황별로 그 비중을 달리하여 활용하고 프로그램을 구성할 수 있다.

구성요소	주요 내용	주요 활동
가치기반 교육 **(Value-based Education)**	**개인의 개인적 가치와 원칙의 개발을 강조하는 활동을 제공하는 것**이다. 그것은 윤리적으로 행동하기 위한 판단을 내릴 수 있는 학습자의 능력을 구축하는 일이다. 가치기반교육이란 대상(학습자)에게 그들이 옳은 결정을 내릴 수 있도록 좋은 가치를 가르치는 것을 의미하는 것이다. 어떤 사람의 가치 체계에 영향을 미치기는 어려워 보일 수는 있지만, 윤리적 의사결정을 촉진하기 위해서 올바른 가치를 강화하는 것은 중요한 일이다. 중요한 것은 업스트리밍(Upstreaming) 개념과 한 선수의 선수 경력 초기에 올바른 가치를 주입해줄 수 있도록 해당 선수의 경로와 함께 하면서 초급자로부터 엘리트(국가대표 등)에 이르기까지 교육을 지속하는 것이다.	• 공정, 자기조절, 사명감 등 대상별 맞춤형 가치 선정 • 관련 활동(토론, 역할극 등) 등 반영
인식 제고 **(Awareness Raising)**	**깨끗한 스포츠와 관련된 주제 및 사안들을 강조하는 것**이다. 교육 대상자들이 깨끗한 스포츠와 관련된 더 많은 정보를 찾아보도록 유도하거나 아니면 보조식품에 대해 더 많은 것을 알아보도록 하거나 아니면 TUE를 신청하는 것을 기억하도록 하기 위해 정보를 공유하거나 강조 표시를 하게 된다. 즉, 많은 정보나 배경 콘텐츠 제공보다 참가자들이 기억했으면 하는 핵심 메시지나 사실에 초점을 맞춘다.	• KADA SNS, 뉴스레터, 현장교육(아웃리치) 등을 통한 깨끗한 스포츠 관련 주제 및 이슈 전달

정보제공 (Information Provision)	**깨끗한 스포츠와 관련된 정확한 최신정보를 이용할 수 있도록 하는 것**이다. 이것은 관련된 콘텐츠를 개발하고 그것을 이요할 수 있게 만들며 접근이 가능하도록 해주는 구성요소다. 콘텐츠는 웹사이트, 유인물, 전단지 또는 소책자 내의 내용 및 모바일 앱 상에서와 같은 다양한 형식으로 표시될 수 있다. 세계도핑방지규약에서는 웹 사이트를 만들어 유지 관리하도록 또는 주요 도핑방지 정보가 포함된 최신 URL, 링크, 전단지 또는 기타 인쇄 유인물을 제공하도록 요구하고 있다. (특히 **규약 18.2항***에 열거된 모든 주제들에 대한 정보가 들어 있어야 함) 이를 통해 의문사항이 있는 참가자들이 스스로 해답을 찾을 수 있도록 한다.	• 금지목록 등 관련 규정 최신 변경 사항 등 정보전달
도핑방지교육 (Anti-Doping Education)	**도핑방지 주제들에 대한 훈련을 제공하여 깨끗한 스포츠 행동의 역량을 키우고 정보에 입각한 결정을 할 수 있도록 하는 것**이다. **규약 (18.2항)**에 열거된 모든 필수 주제들에 대해 참가자를 교육하는 것은 도핑방지교육을 통해서 하게 된다. 하나의 교육 활동으로 모든 주제들을 전달하는 것은 아니다. 예를 들어 이러닝 과정이나 애플리케이션을 통해 '금지목록에 명시된 성분과 방법'에 대해 교육할 수 있고, 다음 교육을 통해 검사 절차와 샘플 채취 과정에 대해 참가자들을 교육시키는 내먼교육을 실시할 수도 있다. 중요한 것은 선수 생애주기에 따라 해당 주요 주제들을 습득할 수 있도록 돕는 것이다.	• 세계도핑방지규약 및 교육 국제표준 핵심주제(제18.2항)*

* 세계도핑방지규약(제18.2조)에 명시된 도핑방지교육 핵심주제

- 도핑의 결과(신체적, 정신적, 사회적, 경제적 영향)
- 보충제 사용의 위험성
- 깨끗한 스포츠와 관련된 원칙과 가치
- 도핑방지규정위반
- 규약에 따른 선수와 선수지원요원 및 기타 그룹의 권리와 책임
- 엄격한 책임의 원칙
- 금지목록에 명시된 성분과 방법
- 약물 사용 및 치료목적사용면책
- 소변, 혈액, 선수생체수첩 등 도핑관리 프로세스
- 소재지 정보와 ADAMS 이용 등 검사대상명부의 요건
- 도핑 관련 의심사항 제보

※ (읽어볼만한 자료) 세계도핑방지기구의 도핑예방 전략

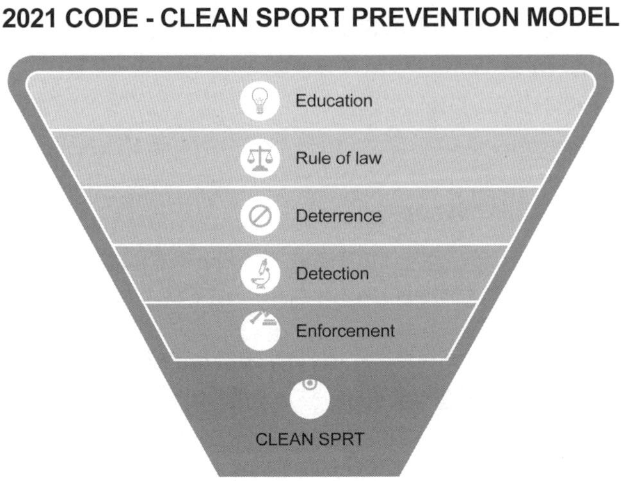

세계도핑방지규약은 2021년에 세 번째 개정이 진행되었다. 세 번째 개정에서 세계도핑방지기구는 적발과 제재 중심에서 교육을 통한 예방으로의 전환을 꾀하였다. 2021년부터 적용된「교육국제표준」제정이 바로 이러한 전환을 상징한다. 이를 바탕으로 설정된 세계도핑방지기구의 새로운 도핑예방모델은 5가지 전략에 기반하고 있다. 각각의 전략은 아래와 같다.

1) **교육**(Education)은 예방모델의 주요 전략이다.
2) 전세계적으로 깨끗한 스포츠를 지키기 위해서는 도핑방지기구들이 모두 시행할 수 있는 조화로운 **도핑방지규정**(Rule of law)이 필요하다.
3) **억제**(Deterrence)는 도핑의 유혹을 느낄 수 있는 사람들을 다른 곳으로 방향을 바꿀 수 있도록 한다.
4) **적발/탐지**(Detection)는 도핑을 한 사람들을 식별해내거나 유혹을 느끼는 사람들을 억제할 수 있는 방법이다.
5) 예방모델의 마지막 조각은 누군가 도핑을 하는 것으로 발견되면 그에 따른 **결과(제재)가 부여**(Enforcement)된다는 것이다.

또한 도핑 예방모델에서는 관련 기관의 협력적 거버넌스를 강조한다. 예방을 위해 단순히 선수에게 도핑방지 관련 정보만 전달하는 것으로는 효과적인 예방이 되기 어렵다. 선수를 둘러쌓고 있는 환경(지도자, 부모, 의료진, 팀동료 및 선후배, 기타 훈련 환경 등)에 대한 포괄적인 이해를 필요로 한다. 선수가 속해 있는 공동체(부모, 동료, 지도자 등)에 의해 도핑방지교육이 지속적이고 장기적으로 전달될 때 가장 예방효과가 크다는 점에서 **이해관계자들과의 생태계**(ecosystem)의 구축을 토대로 한 상호협력과 관심의 중요성이 더욱 부각되고 있다.

3. 선수 생애주기(Athlete Pathway)

선수 생애주기(pathway) 혹은 발달단계(devclopment)에 따른 경로란 신체활동에 참여하기 시작하고 기초적인 운동 기술을 배우기 시작하는 것으로부터 엘리트의, 국내 또는 국제수준급에서 수행하기까지에 이르는 선수의 발달에 대한 주요 단계들을 기술하는 체계이다. 이는 종목별, 국가/사회별 차이가 있다. 따라서 보다 효과적인 교육 프로그램 개발을 위해 선수 경로에 따른 단계별 특정한 학습 목표를 작성하고, 그들의 필요에 따라 맞춤형 교육 활동 및 학습과제를 설계하는 것이 중요하다. 특히 유청소년을 포괄하는 학생선수들의 경우, 이들을 돕는 지도자와 학부모의 역할이 다른 경로 단계보다 중요하며, 이러한 환경과 조건은 선수지원요원을 대상으로 한 교육의 필요성에 기반한 교육을 실시할 수 있게 만든다.

세계도핑방지기구는 도핑예방전략의 핵심 메시지로 선수 생애주기에 기반한 도핑방지교육을 강조하고 있다. 선수 생애주기를 따라 다양한 단계에서 선수를 교육하는 것은 다음과 같은 많은 이점들이 있다.

- 초기에 스포츠를 경험하는 동안 처음부터 스포츠 정신을 강화시켜주는 윤리적 스포츠 행동을 발전시키는 데 도움을 주는 능력
- 선수의 생애주기에 기반한 콘텐츠를 계획하고 기획할 수 있는데, 선수들의 운동 경력이 시작될 때부터 끝날 때까지 이어질 수 있다. 이렇게 하면 동일한 정보가 과부화되고 반복되는 것을 방지할 수 있으며, 선수들이 새로운 주제를 배우거나 그들이 발전되어 가면서 중요한 주제들은 확실히 강화시켜 나갈 수 있도록 해준다.
- 연령 및 단계에 적합한 방법들을 사용하도록 교육하고, 학습 목표를 개발할 수 있으며 선수 개발의 각 단계에 특화된 콘텐츠를 맞춤화할 수 있다.
- 선수들에게 단계에 적합한 메시지를 줄 수 있고, 그들의 선수 경력 내내 가치를 강화하도록 해줄 수 있다.

[출처: ISE 가이드라인 28p]

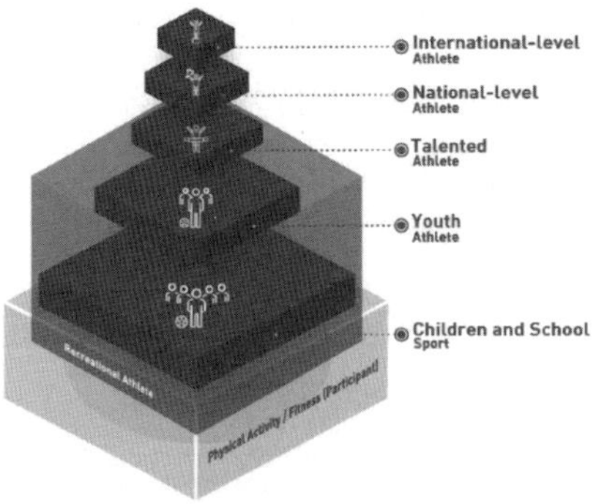

국내 맥락을 고려하여 도핑방지교육을 위한 선수 생애주기 표

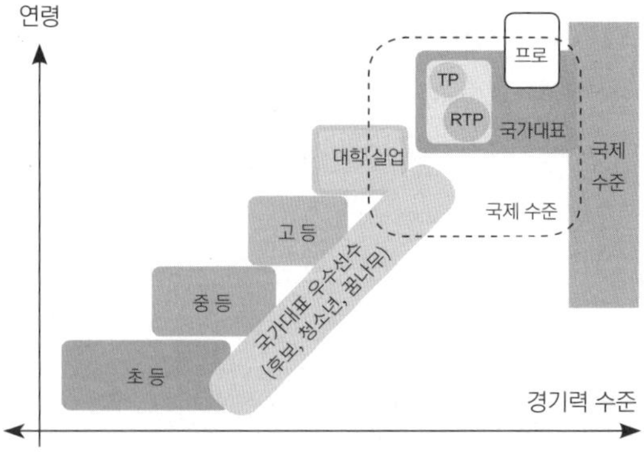

국내 맥락을 고려하여 도핑방지교육을 위한 선수 생애주기 표

※ (읽어볼만한 자료/생각해보기) 보다 효과적이고 근본적인 예방을 위해 - Upstream 전략

우리는 보통 도핑하는 선수들을 적발하고 제재하는 것에 익숙해지다 보면 도핑이라는 문제가 발생하지 않도록 예방에 대해 고민하는 것을 놓칠 수 있다. 그리고 그 결과에 따라 도핑의 문제를 도핑방지규정을 위반한 선수 개인의 실수 혹은 실패로만 인식하기 쉽다. 하지만 우리가 선수를 둘러싼 다양한 환경과 복잡한 시스템에 대해 간과한다면 효과적이고 근본적인 예방대책을 만들어내기가 어려워질 수 있다.

나라마다 그 환경과 인식이 다르겠지만, 도핑뿐만이 아니라, 흡연, 낙태, 알코올 중독, 마약 중독, 총기소지 등과 같이 사회적으로 예방하고자 하는 다양한 행동들과 관련해서 크게 두 가지의 접근방법을 취하고 있다. 첫째는 법, 규정 등으로 제도적으로 금지하는 방법이고, 둘째는 구성원들의 인식을 바꾸고 스스로의 태도 변화를 가져오도록 교육을 실시하는 것이다. 업스트림 개입(Uptream Intervention)은 이러한 문제의 원인과 예방을 위해 도핑과 같이 건강하지 못한 행동을 하기 전 조직에 개입하는 것이다. 도핑방지교육의 경우, 검사대상명부(RTP)에서부터 국가대표 후보선수, 성인선수, 중고등학교, 초등학교 선수 순으로 해당 선수의 경로를 따라 올라가 보는 것이다. 이러한 개입은 그 반대개념인 다운스트림 개입(Downstream Intervention)보다 효과적인 것으로 알려져 있다. 어려운 점은 업스트림 개입의 효과와 결과가 나타나려면 몇 년이 걸릴 수도 있기 때문에 이러한 개입과 여기에 수반되는 투자는 공감대를 얻거나 정당화되기 어려운 경우도 많다. 하지만 근본적인 예방을 위해 업스트림 개입, 즉 상류에서 무슨 일이 벌어지는지를 살펴보고자 하는 사고를 할 수 있어야 한다는 것이다.

※ (생각해보기) 도둑이 침입했다. 사건이 일어나기 전에 도둑을 막을 수 있는 방법은 무엇일까? 업스트림 사고방식에 따라 다양한 예방조치들을 생각해보자.

1. 몇 초 전에 막는 법 - 무단으로 침입하면 울리는, 귀청이 터질 듯한 경보음
2. 몇 분 전에 막는 법 - 경보 시스템이 존재한다는 가시적 증거(표지판 등) 어쩌면 이 방법은 도둑들의 관심을 이웃집으로 돌리는 효과 밖에 없을 지도 모른다.
3. 몇 시간 전에 막는 법 - 근처를 순찰하는, 눈에 띄는 경찰의 존재
4. 몇 달 전에 막는 법 - 글쎄, 도둑을 미리 체포했었다면 그들의 재범 주기를 깨는 특정한 행동치료 과정에 등록시킬 수 있었을지도 모른다.
5. 몇 년 전에 막는 법 - 도둑이 되길 꿈꾸며 자라는 아이는 없다는 점을 생각해보라.

[출처: 업스트림(Upstream)(2020) / 댄 히스(Dan Heath)]

※ (참고영상) 아래 영상은 도핑 방지와 관련된 정책에 해당되는 것은 아니지만, 업스트림(Upstream) 전략과 사고방식에 대한 이해를 도울 수 있을 것이다.

1. BRAVE Education and Uprising UPSTREAM Thinking animatio	2. WRCPC Upstream Prevention Video

4. 다양한 교육 활동들(Education Activities)

학습자(교육대상자)에 맞는 효과적인 교육을 추진하기 위해서 다양한 교육활동(방법)들이 활용될 수 있다. 이러한 활동들은 대상들에게 어떤 주제를 어떻게 전달할 것인지, 이를 통해 설정한 학습목표를 달성할 것인지를 고민하여 결정하게 된다. 현재 대표적인 교육 활동들은 다음과 같은 것들이 있다.

교육활동	설명	
대면교육 	· **(정의)** KADA 전문강사의 대면강의로 대상에 따라 가치기반 및 도핑방지교육을 구성하여 진행 · **(구성)** 도핑방지교육 전문강사 강의, 토의/토론, 역할극, 게임, 시나리오(사례)	
현장교육 	· **(정의)** 학교 및 대회 현장에 직접 찾아가는 아웃리치 · **(구성)** 도핑방지 퀴즈, VR체험, 리플렛 배부, 서약서 작성 등 대상 및 대회(행사)에 적합한 다양한 프로그램 구성	
온라인교육 	· **(정의)** KADA 온라인 도핑방지 교육시스템을 통해 상시 제공되는 교육프로그램 · **(구성)** 대상별, 주제별 도핑방지 온라인 콘텐츠(15~30분 내외)	
소셜미디어 	· **(정의)** 인스타그램, 페이스북 등을 통해 도핑방지 인식을 제고하고 중요한 변경 사항에 대한 공지 · **(구성)** 도핑방지 최신 소식, KADA 및 관련기관 소식, 이벤트 등	
워크숍 및 세미나 	· **(정의)** 도핑방지 세미나, 세계 도핑방지의 날(Play True Day) 등을 통한 도핑방지 정보전달 및 인식 제고 · **(구성)** 대상 및 행사별 프로그램 구성	

리플렛 등 자료 	· **(정의)** 도핑방지 가이드북 등 각종 리플렛 제작 및 배포를 통한 도핑방지 정보전달 · **(구성)** 대상 및 주제별 핵심 내용 수록	 ■ 가치기반교육 ■ 인식제고 ■ 정보제공 ■ 도핑방지교육

교육의 네 가지 요소들은 각각의 요소들이 목표하고 있는 바를 달성하기 위해서 아래와 같은 교육활동들을 활용하는 경우가 많다. 최근 IT기술의 발달 등으로 VR, AR 등을 활용한 교육활동들이 개발, 적용되고 있다.

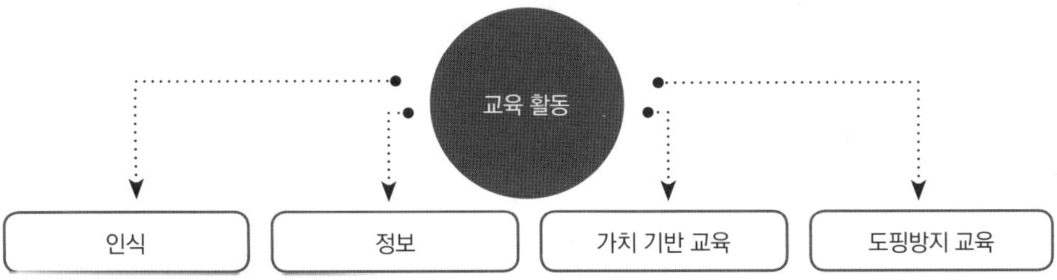

예	예	예	예
소셜 미디어	웹사이트	워크숍	워크숍
커뮤니케이션 캠페인	모바일 앱	교사들을 위한 자료	이러닝
소식지	전단지	브랜드화 작업 [가치]	경기대회 기반 교육
홍보 항목	책자		웨비나
이메일 배너	지원활동		
브랜드화 작업	웨비나		
자원활동			

활동의 유형은 하나 이상에 중점을 둘 수도 있음

그림 7.2.4가지 구성요소 각각에 관련이 있는 교육활동의 예들

[출처: ISE 가이드라인 81p]

5. 도핑방지교육 전문강사(Educator)

도핑방지교육은 훈련받은 강사들에 의해 수행되어야 할 필요가 있으며, 이들을 어떻게 조직하고 훈련시킬 것인가는 도핑방지분야에서 중요한 부분이다. 교육은 지식의 전달로 시작하여, 지식을 활용한 성장과 행동변화를 목표로 한다. 이러한 목표 달성을 위해 교육을 실제로 진행하고 수행하게 될 강사(교육자)의 역할은 무엇일까?

세계도핑방지기구는 교육 국제표준과 가이드라인을 통해 효과적인 도핑방지교육을 위한 전문강사의 역할과 운영을 제시하고 있다. 한국도핑방지위원회를 비롯한 가맹기구(signatories)들은 자신의 국가별로 교육활동에 참여할 수 있는 전문강사의 역량 강화를 통한 교육의 질적 제고를 위해 모집 및 선발단계부터 양성, 평가 및 (재)인증의 단계를 관리, 운영하고 있다. 전문강사는 가치중심교육과 규약 제18.2조, 교육 국제표준, 교육 가이드라인의 모든 주제에 대해 잘 알아야 한다. (ISE 3.3., 5.8.)

- 전문강사의 역할(ISE 가이드라인 134p)

주요역할	세부내용
교육활동의 수행	현장 워크숍, 대회기반 교육, 웨비나 등과 같은 대면교육활동을 수행
교육자료 개발	더 높은 수준의 교육을 위한 기존 자료 검토 및 보완
활동계획 수립	교육활동, 학습과제 및 평가과제 등의 계획, 학습목표 수립 등
프로그램 모니터링 및 평가	교육활동 중 혹은 후에 모니터링 자료 수립 및 피드백 전달(보고)
다른 강사의 전문성 개발 지원	동료학습을 통한 전문성 증진(교수방법, 코칭, 또는 멘토링 등)

※ (실습/과제) 1일 교육프로그램 만들어보기

지금까지 배운 내용을 바탕으로 실제 도핑방지교육 프로그램(1회)을 기획해보자. 효과적인 교육을 위해서 교육환경을 구성하는 여러 가지 요소들을 고려해야 한다.

– (주요 요소) 공간, 학습활동, 주제, 강사, 학습분위기 조성, 평가도구 등

- **(대상/종목)** 누굴 대상으로 할지를 먼저 선정해보자
  ex) 중고등학교 학생선수, 육상 국가대표, 프로농구선수, 국가대표 지도자 등
- **(주제(내용))** 세계도핑방지규약 내 핵심주제 11가지 중 한 가지를 먼저 골라보자.
- **(학습목표)** 학습목표는 크게 세 가지(알아야 할 것(know), 이해해야 할 것(understand), 할 수 있어야 하는 것(do))로 생각해볼 수 있다. 대상자의 교육이력에 따라 일부만 선택적으로 선정할 수도 있다
  ex) "교육이 끝나면, 학습자는 도핑검사과정을 기억하고 설명할 수 있다."
- **(강사)** KADA 소속 도핑방지교육 전문강사
- **(교육활동(방법))**
- **(시간 및 일정)** 최대 1시간
- **(모니터링 및 평가)** 학습이 잘 되었는지 어떻게 하면 확인이 될 수 있을까? 학습목표를 달성하였는지 확인할 수 있는 방법을 생각해보자.
  ex) 교육 만족도 조사, 도핑방지 퀴즈, 역할극 하기 등
- **(기타)** 해당 교육프로그램을 보다 원활하게 하기 위해 누구에게 협조를 구할 수 있을까? 예를 들어 학생이라면 학교나 교육당국(교육청), 특정 종목 국가대표 선수라면 대한체육회 회원종목단체, 실업팀 선수라면 소속 시도체육회 등이 될 수 있다.

※ (읽어볼만한 자료) 학습의 단계(levels of learning)

학습이란 기억하는 것이나 정보를 상기하는 것 그 이상의 활동이다. 보다 깊고 오래갈 수 있는 효과적인 학습은 아래 몇 가지 것들을 포함하고 있다.

- 해당 내용에 대한 이해
- 기존에 알고 있던 지식과 새롭게 배운 지식의 연결을 통한 새로운 아이디어 발굴
- 독립적이고 비판적인 사고를 해보는 것
- 가지고 있는 지식을 새로운 맥락 속에 적용해보는 것

전통적으로, 도핑방지교육은 주로 1단계(기억)의 학습단계에 초점을 맞춰왔다. 즉, 도핑방지교육은 선수들로 하여금 알아야 하고, 기억하야 하는 것들을 전달하는데 집중이 되었다. 이러한 교육은 도핑검사절차에 관한 자료 전달이나 일방적인 설명 등의 교육활동으로 실시되었다.

하지만, 교육 국제표준에서 명시하듯이 실제적인 행동변화를 이끌어 내기 위해서는 이해하기 단계, 적용하기 등 상위 단계의 목표를 달성할 수 있어야 한다. 즉 학습의 사다리(Bloom's

Taxonomy 아래 〈표〉참고)에서 위쪽으로 올라갈 수 있게 만들어주는 것이 교육의 목표가 되어야 한다. 운전면허증을 취득한 것만으로는 부족하다. 실제 도로현장에서 자신감을 갖고 운전을 할 수 있는 문제는 다른 문제이다. 이를 위해서는 자신이 갖고 있는 지식을 적용할 수 있는 연습이 필요하다.

예를 들어, 도핑검사 절차를 기억해내는 것을 넘어서, 실제 단계에서 선수로서 자신의 권리에 대한 이해와 적용과, 도핑방지규정위반(ADRVs)을 피하면서 검사 절차에 참여할 수 있어야 한다. 이를 위해서는 강사의 설명과 함께, 역할극이나 실제 모형을 갖고 실습을 해보는 참여활동, VR을 이용한 시료채취절차 체험 등 다양한 교육활동들에 대한 고민과 개발이 필요하다.

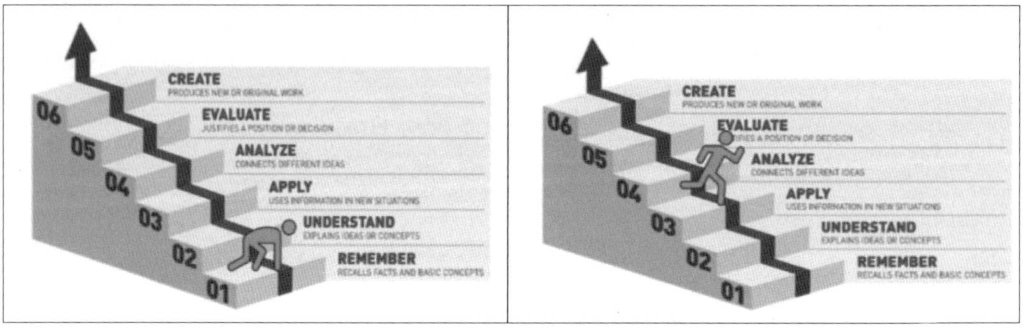

[〈표〉 블룸(Bloom)의 교육목표분류 사다리]

6. 교육 프로그램 모니터링 및 평가(Monitoring&Evaluation)

모든 사업과 활동들이 마찬가지이지만, 교육에서도 모니터링과 평가는 매우 중요하다. 이는 교육 프로그램들이 의도한 대로 잘 흘러가고 있는지를 확인하는 것으로, 교육 전후의 변화와 차이를 확인할 때 더 나은 교육계획을 수립할 수 있다. 교육이 성공적으로 진행되었는지 확인하는 간단한 질문도구(예시)는 다음과 같다.

Q1 각 질문에 대해 체크 표시를 하여 여러분이 동의하거나 동의하지 않는 정도를 표시한다.

	강하게 동의	동의	보통	동의하지 않음	강하게 동의하지 않음
교육장소는 학습하기 좋은 환경이었음					
교육자(강사)는 적당한 속도로 분명하게 내용을 전달히여 의사소통이 잘 되었음					
나는 내가 해당 교육에 적극 참여할 수 있었음					
교육의 길이는 적당했음					
전달된 정보는 나에게 유용하였음					

Q2 여러분은 자신이 다음 항목에 대해 해낼 수 있다는 자신감을 얼마나 느끼고 있는지를 표시한다.

	매우 자신이 있음	자신이 있음	보통	자신이 없음	전혀 자신이 없음
보충제의 위험성을 확인할 수 있는 것에 대한 신뢰할만한 정보를 찾기					
어떤 물질이 금지되어 있는지에 대해 믿을 만한 정보를 찾기					
도핑하지 않는 이유에 대해 다른 선수들에게 이야기하기					
다른 선수들에게 소재지정보 요건에 관해 설명하기					

교육을 통해 변화와 차이를 만들어 낸다는 것은, 교육받은 대상들(주로 선수)이 스스로 깨끗한 스포츠에 참여할 기회와 동기가 생겨 행동의 변화를 만들고 있는지, 이를 통해 의도적인 혹은 비의도적인 도핑방지규정위반(ADRVs) 위험을 낮추고 잠재적 도핑에 대한 제보(report) 의지를 높인다거나, 이를 통해 사회적으로 건강한 스포츠 환경에 대한 신뢰가 생겨 스포츠 시장이 확대되는 등의 변화를 말한다. 결국 교육의 힘, 중장기적 효과는 단순히 문제(대표적으로 규정위반)가 안 생기는 것을 넘어 기대되는 행동이 나타나는 것이다. 문제가 일어나지 않는 것과 긍정적인 변화가 나타나는 것은 다른 이야기이다. 이러한 변화와 차이를 만들어내기 위해서는, 교육 하나 하나에 대한 평가 뿐만 아니라 중장기적인 모니터링 및 평가가 반드시 따라와야 한다.

단 계	설 명	추진 주체	추진 시기	주요 지표(예)
모니터링	교육의 목표 달성을 위한 진행상황을 알아보기 위해 정기적으로 그리고 오랜 시간에 걸쳐 정보를 수집하고 자료를 모음	도핑방지교육 담당기구	상시 (월간 모니터링 회의)	교육 참여 인원수 교육 활동건수
▼				
학습 내용의 평가작업	교육 참가자들이 무엇을 학습하였는지를 판단하고 학습경험이나 상호작용의 질을 결정하기 위한 피드백을 수집함	전문강사 등 교육자	교육활동 중 및 종료 시점 (상시)	도핑방지교육 만족도 조사 도핑방지 인지도 조사
▼				
교육프로그램 평가	한해 교육프로그램의 목표를 달성하였는지 평가함	도핑방지교육 담당기구	연말(12월)	교육목표인원 및 횟수 대비 달성률 등
▼				
영향에 관한 판단	교육대상에 대한 교육프로그램이 가져온 변화와 차이를 확인함	대학 등 연구기관	1~2년 주기	도핑방지 실태조사 등 연구(조사)

도핑방지교육을 비롯한 도핑방지활동의 효과를 확인하기 위한 모니터링 및 평가는 도핑방지기구를 비롯하여 대학 등 연구기관과 연구자들의 관심을 필요로 한다. 다만 현재로서는 국내에 관련 연구가 부족한 상황이다. 우리는 금연 프로그램, 마약 및 알코올 중독 등 도핑방지와 그 성격의 유사함이 있는 분야들에서 쌓인 연구들에 비추어, 금지되어야 할 행동을 보여주는 것보다 사전 예방을 위한 상담 등이 효과가 더 크다는 점에 주목할 필요가 있다. 결국 필요한 것은 효과적인 예방 정책과 프로그램을 구분해낼 수 있는 신뢰성 있는 자료이다. 도핑방지정책에 대한 효과분석과 개선사항 도출을 통해 예방 전략의 5가지 전략요소(교육, 규정, 억제, 적발, 제재) 간 균형을 이뤄내야 한다.

도핑에 대한 선수들의 인식과 실태는 어떠한가? 이들에 대한 교육은 효과적으로 진행되고 있는가? 중장기적으로 스포츠 내에서 도핑에 대한 인식의 변화가 나타나는가? 국내 스포츠 환경 속에서 선수들이 도핑에 취약해지는 지점은 어디인가? 이들에게는 누구(학부모, 지도자)의 도움이 필요한가?

던져야 할 질문들은 많고 해야 할 연구들은 많다.

※ (읽어볼만한 자료) 효과적인 도핑방지를 위한 세계도핑방지기구의 노력 – 사회과학연구 지원(WADA Social Science Research Grant Program)

사회과학(Social Science)은 개인과 사회의 관계에 대해 연구한다. 다양한 사회과학연구들은 도핑방지 뿐만 아니라 교통사고, 비만, 흡연, 낙태 등 많은 공공 정책분야에서 사회적 현상들을 예방하기 위한 프로그램의 효과적인 시행과 개선에 기여하고 있다. 결국 효과적인 정책은 신뢰성있는 연구결과와 그에 기반한 데이터를 필요로 한다.

도핑의 영역에서도 마찬가지이다. 도핑이 '선수가 금지약물을 사용한 것'이라는 단순한 분석을 넘어서 도핑 행위에 대한 보다 종합적이고 맥락적인 이해와 분석을 추구하여, 선수와 선수를 둘러싼 선수지원요원 및 시스템 등 환경의 영향력을 파악하고, 더 나은 도핑예방을 위한 정책과 프로그램을 만들어가는데 사회과학연구는 중요한 역할을 하고 있다.

결국 효과적인 예방은 적발과 제재만으로는 한계가 있다. 선수를 둘러싼 복잡한 시스템에 대한 이해를 바탕으로 누가 도핑에 취약하고, 언제 취약함을 보이게 되는지에 대한 이해를 바탕으로 적절한 교육과 개입이 이뤄질 때 가능하다.

세계도핑방지기구 역시 보다 효과적인 도핑방지 예방정책 수립을 위해 매년 전 세계 연구자들을 대상으로 도핑의 실태, 도핑관리 프로그램의 효과 및 교육의 예방효과를 확인하고 개선점을 도출해내는 다양한 연구과제들에 대한 지원을 매년 실시하고 있다. 세계도핑방지기구에서 주요 연구분야로 삼고 있는 것은 아래와 같다.

영 역	연구 우선순위	조사영역
선수(Athlete)	선수 생애주기 및 경험 (Athlete pathway and experience)	- 선수 생애주기의 단계별로 어떤 요인들이 도핑에 취약하게 만들거나 혹은 예방효과를 가질 수 있는가? - 도핑방지 프로그램 및 시스템에 대한 선수의 경험은?
	깨끗한 스포츠 행동 (Clean a sport behaviors)	- 깨끗한 스포츠를 만드는 행동들은 무엇이 있는가?

선수지원요원 (Athlete Support Personnel)	선수지원요원의 역할과 영향력 (Role and influence of ASP)	- 선수 생애주기 단계별로 깨끗한 스포츠 행동이나 도핑에 선수지원요원들의 역할과 역향력은 어떠한가?
	깨끗한 스포츠에서 선수지원요원의 경험(Experience of ASP in clean sport)	- 선수지원요원들은 도핑방지 프로그램을 어떻게 경험하고 있는가? 그리고 그들의 역할 속에서 상호작용은 어떻게 이뤄지고 있는가?
교육 프로그램 (Education Program)	도핑방지를 위한 인재개발 (People investment in anti-doping)	- 도핑방지 업무를 맡는 인력들에 대한 지원과 투자의 효과는 어떠한가? - 도핑방지 업무를 보다 효과적으로 하려면 어떤 지원이 필요하며, 과제는 무엇인가?
	도핑방지의 효과 (Effectiveness of anti-doping/clean sport)	- 깨끗한 스포츠 행동의 개발과 확산에 도움을 줄 수 있는 교육프로그램과 적절한 개입의 요인들은 무엇이 있는가?
세계도핑방지프로그램 (World Anti-Doping Program)	세계도핑방지기구 도핑예방모델(WADA Doping Prevention Model)	- 도핑방지 프로그램을 통한 세계도핑방지기구의 도핑예방모델의 다섯가지 전략(교육, 규정, 억제, 적발, 제재)의 효과적인 실행을 위한 방법은 무엇인가?
	도핑방지 정책의 효과 (Anti-Doping Policy Impact)	- 도핑방지 시스템 단계별로 도핑을 예방 정책의 효과는 무엇인가?
스포츠 환경 (Sport Environment)	스포츠 정책(Sport Policy)	- 스포츠 예산지원 구조, 법령 및 규정변화, 스포츠중재재판소의 판결 등 깨끗한 스포츠 행동과 관련한 스포츠 문화에 영향을 주는 스포츠 정책들은 무엇이 있는가?
	스포츠의 변화(Evolution of sport practices)	- 기술, 의료, 상업화 등에 따른 스포츠의 변화는 도핑방지정책에 어떤 영향을 주는가?
사회 (Society)	환경탐색 (horizon scanning)	- 다른 사업이나 분야에서 도핑방지에 적용될 수 있는 부분은 없는가?
	스포츠 이외의 영향 (Non-sport influences)	- 깨끗한 스포츠에 미치는 사회적, 정치적, 지리적, 문화적인 변수나 영향은 어떤 것들이 있는가?

[출처: 2020-2024 Social Science Research Strategy]

※ (읽어볼만한 자료/생각해보기) 골드만딜레마(Goldman Dilemma)

1984년 로버트 골드만이라는 의사 겸 생화학자는 198명 엘리트 선수들에게 한 가지 질문을 던졌다. “약물 검사에서 발각되지 않고 금메달을 보장해주는 약물이 있다. 그런데 이 약을 먹을 경우 5년 후 부작용으로 사망한다. 당신은 이 약을 먹겠는가?” 이 질문에 52%가 먹겠다고 대답하였다. 그 후로 10년 동안 2년마다 이 설문을 반복했고 그 결과는 조금도 달라지지 않았다. 이것이 바로 ‘골드만 딜레마(Goldman Dilemma)’이다.

→ 선수들은 다양한 환경과 조건 속에서 선택을 한다. 중요한 것은 이러한 환경과 조건에 대한 이해가 필요하다는 점이다. 도핑방지를 위해 도핑방지규정을 위반하지 말아야 함을 강조하면서 동시에 선수들이 보다 안전하고 공정한 스포츠 환경 속에 있을 수 있도록 만드는 것이 중요하다.

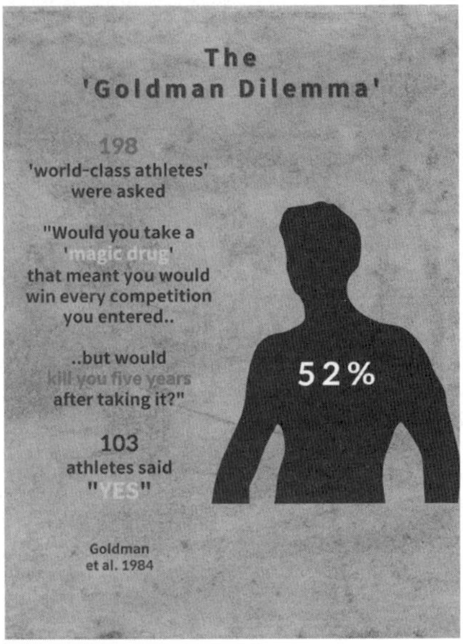

7. 한국형 도핑방지 교육프로그램

가. 한국형 도핑방지 교육프로그램(Korea Anti-Doping Education Program, KADEP) 소개

도핑방지의 실질적인 성과를 위해서는 효과적인 도핑방지교육 프로그램의 마련이 중요하다. 이를 위해 크게 세 가지를 고려해야 한다. 첫째는 국가/사회문화적인 관점으로 각 국가의 법, 문화 등에 대한 고려이다. 둘째는 교육 국제표준의 준수이다. 전세계를 무대로 이뤄지는 스포츠 환경 속에서 선수들이 같은 내용의 교육을 접할 수 있어야 한다. 이를 위해 WADA와 그 가맹기구들은 세계도핑방지규약을 중심으로 각종 국제표준을 준수해야 할 의무를 갖는다. 마지막으로 연구결과에 기반한 프로그램 구성이다. 실시하는 교육의 효과에 대한 확인과 개선을 위해 연구에 기반한 신뢰할 수 있는 자료들의 생산이 필요하다.

한국도핑방지위원회는 국내 환경에 적합한 교육프로그램을 만들기 위해 중장기 전략(비전 2030)을 수립하고 이에 맞는 교육프로그램과 교육과정을 구성하였다. 이는 다양한 조사 및 연구에 기반하여 그 효과와 성과를 확인해가면서 동시에 환경의 변화에 맞춰서 지속적으로 개선, 변경될 수 있다.

1) 교육 전략체계

KADA 미션	도핑으로부터 선수 건강 보호, 공정한 스포츠 기여		
KADA 비전	국민과 소통하는 도핑방지 환경조성의 중심		
교육비전	전문적(가치기반) 도핑방지교육을 통한 공정한 스포츠 문화 조성		
중장기 전략	**교육 방향 및 내용** 공정한 스포츠를 위한 교육 방향 및 내용 수립	**교육자** 교육 실행을 위한 우수한 도핑방지교육 강사 양성	**교육체계** 도핑방지교육의 체계적 관리 및 협력적 거버넌스 구축

2) 교육프로그램 목표

한국도핑방지위원회 도핑 방지 교육 프로그램의 목표는, ① 교육대상자 명부 내의 모든 선수들이 스포츠에서 정정당당하게 훈련하고 경기에 참여할 수 있도록 준비하는 것이고, ② 교육대상자 명부 내의 선수들이 깨끗한 스포츠 환경조성에 있어 윤리적이고, 책임감이 있으며, 전향적인 참여자가 될 수 있도록 돕는 것이다.

선수 경로에 따른 주요 목적

- **(유소년 및 청소년)** 스포츠 가치와 윤리적인 스포츠 행동을 개발하는 것 ex) 초중고 학생선수
- **(재능있는 선수)** 깨끗한 스포츠와 도핑방지의 기초사항을 소개하는 것 ex) 국가대표 이하 우수선수
- **(국가수준)** 국제수준의 도핑방지를 준비하고, 비고의적인 도핑 예방을 돕는 것 ex) 국가대표
- **(국제수준)** 주요 대회에 참가할 수 있도록 준비시키고, 비고의적인 도핑 예방을 돕는 것

3) 교육대상

① 선수

<table>
<tr><th>구분</th><th colspan="2">연령(생애주기)</th><th>교육대상</th></tr>
<tr><td rowspan="6">선수</td><td colspan="2">학생선수(초 · 중 · 고)</td><td>· 초등선수(13세 이하)
· 중고등선수(14~19세 이하) [체육중고 포함]</td></tr>
<tr><td colspan="2"></td><td>· 국가대표 이하 우수선수 [후보, 청소년(중 1~3학년), 꿈나무]</td></tr>
<tr><td rowspan="3">성인 선수
(19세 이상)</td><td>일반</td><td>· 대학선수 · 직장운동부 선수</td></tr>
<tr><td>국가수준 선수</td><td>· RTP/TP 포함 선수
· 국가대표 [국가대표 또는 선발전 참가 선수]</td></tr>
<tr><td>프로선수</td><td>· 프로스포츠 단체 등록선수 또는 가입 회원</td></tr>
<tr><td colspan="2">제재 후 복귀선수</td><td>· 제재 기간 만료 후 등록한 선수</td></tr>
</table>

② 선수지원요원

구분	교육대상	세부대상
선수 지원 요원	**지도자**	· 학교운동부 및 스포츠클럽 지도자 등
	체육지도자 연수생	· 전문(1,2급) · 생활(1,2급) · 장애인(1,2급) · 유소년 · 노인스포츠지도사 및 건강운동관리사 [총 9개 과정]
	스포츠행정가	· 체육단체 도핑관리 관련 담당 임직원
	기타	· 학부모 등

4) 대상별 내용체계(교육과정): ❶ 가치기반 교육 + ❷ 도핑방지 교육

구분	대상	❶ 가치기반 내용		❷ 도핑 관련 정보*
학생선수	**초등학생**	건강	협동	· 도핑의 결과(신체적, 정신적, 사회적, 경제적 영향) · 보충제 사용의 위험성 · 깨끗한 스포츠와 관련된 원칙과 가치
		정직	타인 존중	
	중학생	페어플레이	자기조절	· ADA 도핑방지규정위반과 결과 조치 〈개발 교안 예시〉  (가치) 스포츠에서의 공정이란? (도핑방지) 검사 절차 알아보기
		즐거움	책임	
		공정	자기 존중	
	고등학생	헌신	선수의 권리	
		용기	자존감	
		공동체 의식	탁월성 추구	
성인선수	**일반 (대학, 실업 등)**	공정	사명감	· KADA 도핑방지규정위반과 결과 조치 · 프로스포츠 도핑방지규정
	국가대표			· 국가대표 선수로서 준수해야 하는 도핑 관련 정보
프로선수		즐거움	탁월성 추구	· 프로스포츠 도핑방지규정
지도자		교육의 가치		· 선수 대상 도핑방지교육 방법
체육지도자 자격연수 과정		교육의 가치		· 스포츠 참여자 대상 도핑방지교육 방법

스포츠행정가		교육의 가치	· 도핑방지교육 및 도핑관리 절차
기타	**학부모 등**	부모로서 해야 할 역할, 좋은 가치 증진하기	· 도핑의 위험요인, 선수가 도핑에 취약한 시기 · 우리 아이가 도핑한다면 무엇을 해야 하나?
제재 후 복귀선수		· 대상자 연령 등에 따라 별도 구성	

*** 세계도핑방지규약 및 교육 국제표준 핵심주제(11가지) 기반**

- 도핑의 결과(신체적, 정신적, 사회적, 경제적 영향)
- 보충제 사용의 위험성
- 깨끗한 스포츠와 관련된 원칙과 가치
- 도핑방지규정위반
- 규약에 따른 선수와 선수지원요원 및 기타 그룹의 권리와 책임
- 엄격한 책임의 원칙
- 금지목록에 명시된 성분과 방법
- 약물 사용 및 치료목적사용면책
- 소변, 혈액, 선수생체수첩 등 도핑관리 프로세스
- 소재지 정보와 ADAMS 이용 등 검사대상명부의 요건
- 도핑 관련 의심사항 제보

5) 교육활동

구성요소	구분	주요내용
가치기반교육		개인 가치관/원칙의 발달을 강조하는 활동
인식제고		깨끗한 스포츠 관련 주제/이슈 강조
정보제공		깨끗한 스포츠 관련 정확한 최신 정보 제공
도핑방지교육		도핑방지 주제에 대한 교육

교육활동	설명	
대면교육 	· **(정의)** KADA 전문강사의 대면강의로 대상에 따라 가치기반 및 도핑방지교육을 구성하여 진행 · **(구성)** 도핑방지교육 전문강사 강의, 토의/토론, 역할극, 게임, 시나리오(사례)	
현장교육 	· **(정의)** 학교 및 대회 현장에 직접 찾아가는 아웃리치 · **(구성)** 도핑방지 퀴즈, VR체험, 리플렛 배부, 서약서 작성 등 대상 및 대회(행사)에 적합한 다양한 프로그램 구성	
온라인교육 	· **(정의)** KADA 온라인 도핑방지 교육시스템을 통해 상시 제공되는 교육프로그램 · **(구성)** 대상별, 주제별 도핑방지 온라인 콘텐츠(15~30분 내외)	
소셜미디어 	· **(정의)** 인스타그램, 페이스북 등을 통해 도핑방지 인식을 제고하고 중요한 변경 사항에 대한 공지 · **(구성)** 도핑방지 최신 소식, KADA 및 관련기관 소식, 이벤트 등	
워크숍 및 세미나 	· **(정의)** 도핑방지 세미나, 세계 도핑방지의 날(Play True Day) 등을 통한 도핑방지 정보전달 및 인식 제고 · **(구성)** 대상 및 행사별 프로그램 구성	
리플렛 등 자료 	· **(정의)** 도핑방지 가이드북 등 각종 리플렛 제작 및 배포를 통한 도핑방지 정보전달 · **(구성)** 대상 및 주제별 핵심 내용 수록	

각각의 교육활동은 대상, 주제, 활동의 성격에 따라 세계도핑방지기구 교육 국제표준에 따른 교육의 4요소(가치기반교육, 인식제고, 정보제공, 도핑방지교육)가 다양한 비율로 반영될 수 있다.

「도핑예방과 도핑방지교육」 저자

신문규 스포츠는 사회를 반영하기도 하지만, 스포츠를 통해 더 나은 사회를 만들어갈 수 있다고 믿으며, 더 나은 '스포츠'를 고민하는 스포츠팬이다. 대학교에서 스포츠와 인류학을 공부하고 〈나는 축구선수다: 한국의 하부리그 축구선수 정체성에 관한 민족지적 연구〉(2016)로 석사학위를 받았다. 2018년부터 지금까지 한국도핑방지위원회에서 일하고 있다. 2023년부터는 세계도핑방지기구(WADA) 교육위원회 위원으로도 활동하며, 현재 동료들과 함께 한국형 도핑방지교육 프로그램(Korea Anti-Doping Education Program)을 개발하고 선수의 생애주기에 따른 효과적인 도핑방지교육을 만들고 있다.

집필보조 **황의현**(국민대학교 스포츠산업레저학과), **진유연**(국민대학교 영어영문학부)

05

도핑검사 프로그램

Doping control program

자주 등장하는 약어, 용어

검사 및 조사 국제표준(ISTI):
International Standard for Testing and Investigations

도핑방지행정관리시스템(ADAMS):
Anti-Doping Administration and Management System

–

선수수첩관리단(APMU): Athlete Passport Management Unit
수첩관리기관을 대신하여 선수생체수첩을 ADAMS에서 적시에 관리할 책임이 있는 관계자 또는 관계자들로 구성된 조직

선수생체수첩(ABP): Athlete Biological Passport
「검사 및 조사 국제표준」과 「분석기관 국제표준」에 따라 보고된 데이터를 수집, 대조하는 프로그램 및 방법

05장

도핑검사 프로그램

Doping control program

1. 도핑검사의 정의

세계도핑방지규약은 도핑검사를 '검사계획 수립, 시료채취, 시료관리, 분석기관으로의 운송을 포함하는 도핑관리절차의 일환'이라고 정의할 수 있다.

효과적인 검사 전략과 계획을 세우고, 시료의 완전성을 보장하는 시료채취를 실시하고, 인진하게 시료를 분석기관에 수송하는 일련의 모든 과정이 '도핑검사'의 정확한 의미라고 할 수 있다.

그리고 도핑검사의 모든 과정과 절차는 '검사 및 조사 국제표준(ISTI)'에 의거하여 실시된다.

2. 도핑검사의 권한과 관할

모든 선수는 도핑검사권한이 있는 주관기구로부터 시간과 장소를 불문하고 시료제공요청을 받을 수 있다.

가. 국가도핑방지기구(National Anti-Doping Organizations)

국가도핑방지기구(NADO)는 각 국가의 내국인, 거주자, 국가스포츠단체에 등록된 자 등 소속 국가의 모든 선수에 대해 도핑검사를 실시할 권한을 갖는다. 한국도핑방지규정 제29조(검사권한)는 경기단체 또는 그 산하단체의 자격을 가진 선수, 경기단체 또는 그 산하단체에서 주관, 소집, 승인 또는 인정하는 대회나 경기 그 밖의 활동에 참가하는 모든 선수, 도핑방지활동과 관련하여 승인, 자격부여 또는 그 밖에 계약상 합의 등에 따라 경기단체 또는 그 산하단체의 권한 하에 있는 모든 선수, 은퇴 후 복귀 예정인 선수, 자격정지중인 선수, 레크레이션 선수 등에 대하여 한국도핑방지위원회가 검사권한을 갖는 것으로 규정하고 있다.

나. 국제경기연맹(International Federation)

각 국제경기연맹(IF)은 국제대회 참가선수, 국제연맹의 규정에 따라 운영되는 대회의 참가선수, 국제연맹 또는 그 가맹단체의 회원 또는 자격을 가진 선수를 포함하여 해당 국제연맹 규정의 적용을 받는 모든 선수에 대해 도핑검사를 실시할 권한을 갖는다.

다. 주요경기대회 조직위원회(Major Event Organizations)

국제올림픽위원회(IOC), 국제패럴림픽위원회(IPC)를 비롯한 각 주요경기대회 조직위원회는 해당대회의 참가선수와 참가예정인선수, 향후대회의 검사주관권한에 포함되는 모든 선수에 대해 도핑검사를 실시할 권한을 갖는다.

라. 세계도핑방지기구(World Anti-doping Agency)

WADA는 도핑검사를 직접 수행하는 기관은 아니지만 관련 기구에서 제기된 문제에 대해 해당 도핑방지기구가 적절히 대처하지 못하는 예외적인 경우에는, 사무총장의 지시에 따라 주도적으로 또는 다른 도핑방지기구와 협력하여 검사를 실시할 수 있다.

3. 도핑검사 프로그램의 구성

가. 정보수집(위험도 평가)

각 도핑방지기구는 권한을 가지고 있는 선수에 대해 도핑의 위험도에 따라 도핑을 효과적으로 적발 및 억제할 수 있는 지능적인 검사를 계획하고 시행해야 한다. 검사배분계획은 신중하게 고려된 위험도 평가로부터 시작되며 이러한 평가 시에는 최소한 다음의 정보가 고려되어야 한다.

a) 관련 종목/세부종목의 생리학적 요건들을 포함하여 관련 종목의 경기력 관련 요소

b) 선수가 관련 종목/세부종목에서 경기력 향상 효과가 가장 높다고 생각하는 금지성분 및/또는 금지방법

c) 다양한 수준의 종목/세부종목에서 및 종목/세부종목에 참가하는 국가에 대해 얻을 수 있는 보상 그리고/또는 도핑으로 인한 잠재적인 보상

d) 종목/세부종목, 국가 그리고/또는 경기대회에서의 도핑 이력

e) 도핑 추세에 대해 입수 가능한 통계 및 연구 자료

f) 잠재적인 도핑에 대해 입수된 정보/전개된 정보활동 인텔리전스

g) 지난 검사전략을 포함하여 이전 검사배분계획 주기의 성과

h) 해당 종목/세부종목에서 선수가 선수생활을 하는 동안 금지성분 그리고/또는 금지방법의 효과를 가장 많이 볼 수 있는 시점

I) 해당 종목/세부종목의 시즌 구조(일반적인 경기 스케줄 및 훈련 패턴)를 고려할 때, 연중/주기중 선수가 금지성분 그리고/또는 금지방법의 효과를 가장 많이 볼 수 있는 시점

나. 검사배분계획(종목 그리고/또는 세부종목 간의 검사 우선순위 정하기)

다음으로 도핑방지기구는 검사권한을 가진 특정 종목 또는 세부종목 또는 국가에게 검사 자원

을 다른 종목 또는 국가보다 우선하여 배분해야 할 요소가 있는지 고려한다. 이것은 다음과 같은 도핑의 상대적 위험도를 평가했다는 것을 의미한다.

a) 국제경기연맹의 경우, 경기대회 일정에 기초하여 자신의 관할권에 속한 종목 내 서로 다른 세부종목 및 국가 간에 검사를 배분하는 것

b) 국가도핑방지기구의 경우, 검사 권한을 가진 다른 종목들 간에 검사를 배분하는 것뿐만 아니라, 특정 종목을 다른 종목보다 우선시하도록 하는 국가의 도핑방지 정책을 고려하여 검사를 배분하는 것

c) 주요 경기대회 주관단체의 경우 경기대회와 관련이 있는 서로 다른 종목 그리고/또는 간에 검사를 배분하는 것

다. 검사대상 선수 선정 및 시료채취 우선순위 정하기

우선순위 종목/세부종목/국가가 정해지고 나면, 지능적인 검사배분계획은 표적검사를 사용해 전체 대상 선수 풀에서 가장 필요한 부분에 검사 자원이 집중될 수 있도록 해야 한다. 도핑방지기구는 다음과 같은 범주의 선수들에게 표적검사를 실시하는 것을 고려해야 한다.

a) 국제경기연맹의 경우, 순위나 다른 적절한 기준에 따라 결정되어 정기적으로 최고 수준의 국제 경기에서 경쟁하는 선수(예를 들어, 올림픽이나 패럴림픽, 세계선수권대회 메달 후보 선수)

b) 국가도핑방지기구의 경우, 우선순위 종목에 속한 다음의 선수들

- 주요 경기대회 (예: 올림픽, 패럴림픽, 세계선수권 및 기타 종합경기대회)나 국가적 우선순위가 높은 기타 종목의 국가대표팀에 속한 선수 (또는 해당 팀에 선발될 수 있는 선수)
- 개인적으로 훈련하지만 주요 경기대회 (예: 올림픽, 패럴림픽, 세계선수권 및 기타 종합경기대회) 수준에서 경쟁하고 있거나 해당 경기대회 참가자로 선발될 수 있는 선수
- 국가의 지원금을 지원받는 선수
- 국외에서 거주, 훈련 또는 경쟁하는 상위권 선수

– 다른 국적이지만 해당 국가도핑방지기구의 국가에 있는 (거주 중, 훈련 중, 경기 중 등) 상위권 선수

c) 관련 검사 권한을 가진 모든 도핑방지기구들의 경우

– 자격정지나 임시 자격정지 중인 선수

– 어떤 종목에서 은퇴하기 전에 검사 우선순위에 해당했었고 다시 해당 종목선수로 복귀를 원하는 선수

라. 도핑검사(시료채취)

시료채취는 검사 및 조사 국제표준(ISTI) 및 WADA 시료채취가이드라인에 따라 시료의 완전성, 안정성의 유지를 위해 절차에 따라 철저히 실시된다. 시료채취는 다음과 같은 절차로 이루어진다.

– 선수소재지 파악 및 접촉
– 검사대상선수 통지 활동
– 도핑관리실로 동반 및 관찰
– 선수정보 기입 서류작업
– 소변 그리고/또는 혈액시료 채취
– 검사정보 기입 서류작업
– 도핑검사서 작성 완료 및 서명
– 시료의 안전한 보관
– 시료전달체계보고서 작성
– WADA인증 시료분석기관으로 시료 발송

마. 검사 후 관리

시료채취 후 검사주관기구 및 시료채취기구는 관련문서를 수령하고 다음과 같은 조치를 취한다.

– 절차상 위반사항 및 문서상 오류 확인
– 선수의 시료채취활동 중 모든 특이사항 검토 및 확인

- 시료채취요원의 활동을 검토 및 모니터링
- ADAMS 프로그램에 검사정보 입력
- 시료채취 및 도핑관리 규정위반과 관련된 문서를 사생활 및 개인정보 보호 국제표준에 따라 보관

바. 시료 분석, 보관 전략 및 추가 분석

도핑방지기구는 추후에 시료의 추가 분석이 가능하도록 하기 위해 시료의 보관과 해당 시료 채취와 관련된 문서화된 전략을 포함시켜야 한다. 이 같은 전략은 다음의 요소들을 고려해야 한다.

a) 분석기관 및 선수생체수첩관리단(APMU) 권고사항

b) 선수생체수첩 프로그램과 연계된 소급 분석의 필요성

c) 선수 그리고/또는 종목, 세부종목과 관련되어 있고 미래에 도입될 새로운 적발 방법

d) 도핑방지기구 재량으로 장기보관 또는 시료 추가분석이 필요하다고 판단하게 하는 기타 다른 정보

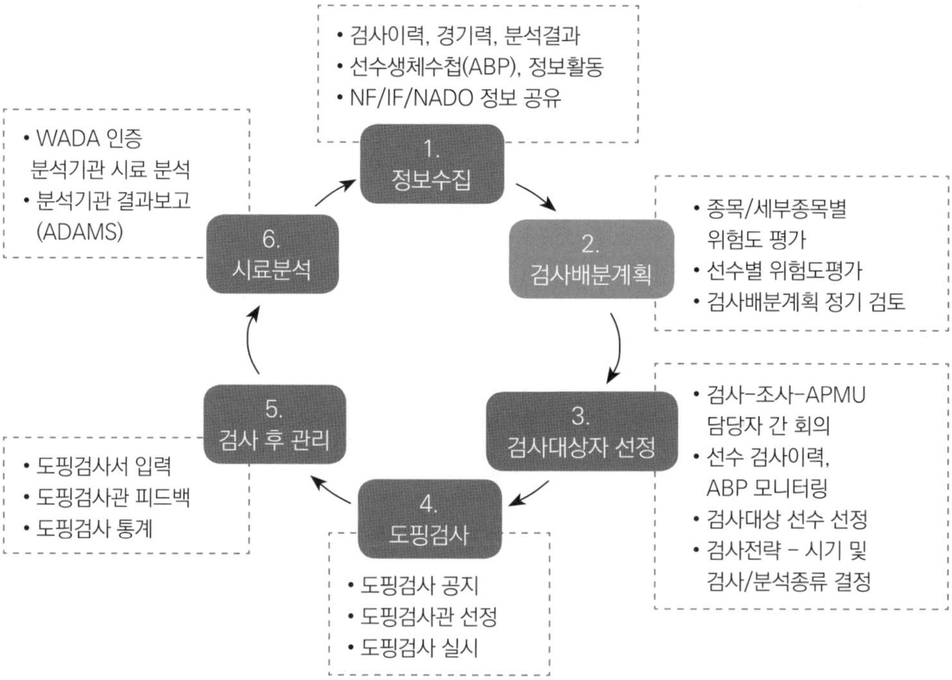

4. 도핑검사의 종류

도핑검사는 검사를 실시하는 시기에 따라 경기기간 중/경기기간 외 검사, 채취하는 시료의 종류에 따라 소변시료검사/정맥혈시료검사/건조혈반검사, 그리고 검사대상자 선정방식에 따라 무작위선정/등위선정/표적선정 검사로 구분할 수 있다.

가. 시기에 따른 도핑검사 구분

1) 경기기간 중 검사(In-Competition Testing)

선수가 참가하기로 예정된 경기의 전일 오후 11:59부터 해당 경기와 그 경기와 관련된 시료 채취가 끝나는 시점까지 기간에 실시하는 검사를 말한다.

단 WADA가 합리적인 사유로 인정하여 승인한 경우에 한하여, 각 국제연맹과 주요 국제대회 주관단체는 별도로 정의한 바에 따라 경기기간을 정할 수 있다.

경기기간 중으로 분류되어 채취한 시료는 금지목록 국제표준이 정하는 상시금지약물과 경기기간 중 금지약물이 모두 적용되어 분석된다.

2) 경기기간 외 검사(Out-of-Competition Testing)

경기기간 중이 아닌 모든 검사를 말한다. 선수는 자택, 훈련장소, 직장 또는 기타 장소에서 경기기간 외 검사를 받을 수 있다. 경기기간 외로 분류되어 채취한 시료는 금지목록 국제표준이 정하는 상시금지약물이 적용되어 분석된다.

나. 시료종류에 따른 도핑검사 구분

1) 소변시료 검사(Urine sample)

경기기간 중 검사	경기기간 외 검사
• 참가 예정 경기의 전일 오후 11:59부터 해당 경기와 관련된 시료채취절차가 끝나는 기간을 의미 • 이 기간 동안 선수의 체내에 경기기간 중 금지약물이 존재하여서는 안됨	• 경기기간 중이 아닌 기간을 의미 • 사전 예고 없이 불시에 선수를 방문하여 시행 • 도핑검사를 받는 장소는 훈련장과 집 등을 비롯하여 선수의 위치가 파악되는 기타 모든 장소가 될 수 있음
예) 올림픽대회, 아시아경기대회, 전국체육대회 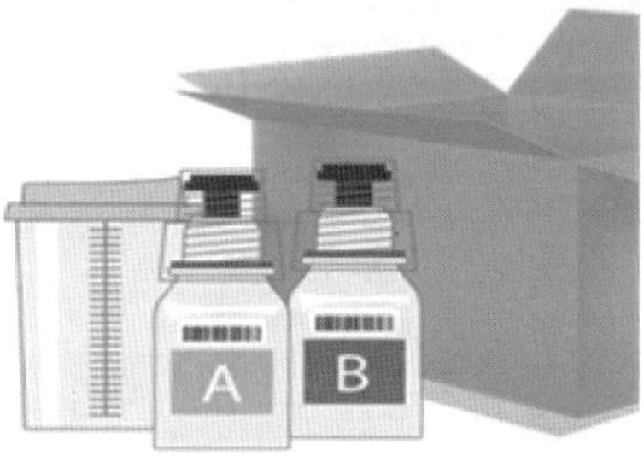	예) RTP/TP 선수, 국가대표(후보) 선수 등 

가장 일반적으로 널리 쓰이는 도핑 시료이다. 금지성분의 대부분은 소변시료에서 검출할 수 있기 때문이며, 일반적인 분석 이외에도 에리스로포이에틴수용기작용제(ERAs), 성장호르몬방출인자(GHRFs), 선수생체프로그램 스테로이드모듈(ABP steroidal module)등의 분석에 사용된다.

2) 정맥혈시료 검사(Venous blood sample)

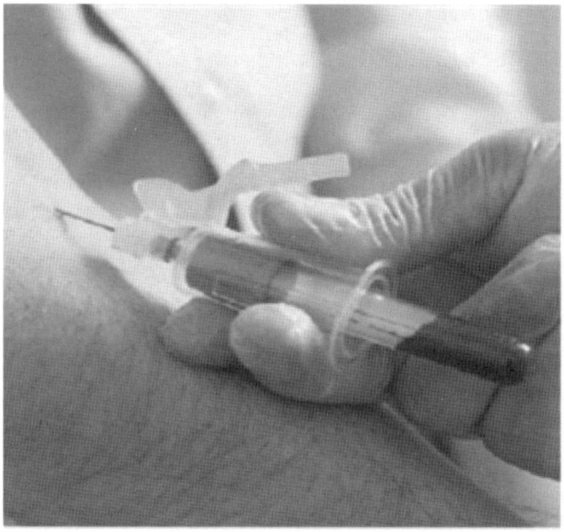

정맥채혈을 통해 채취하는 혈액시료를 뜻한다. 일반적으로 성장호르몬(Growth Hormone), EPO-기반 구성체(CERA), 수혈(Blood Transfusion), 선수생체수첩프로그램 헤마톨로지컬모듈(ABP hematological Module)등의 분석에 사용된다.

3) 건조혈반검사(Dried Blood Spot sample)

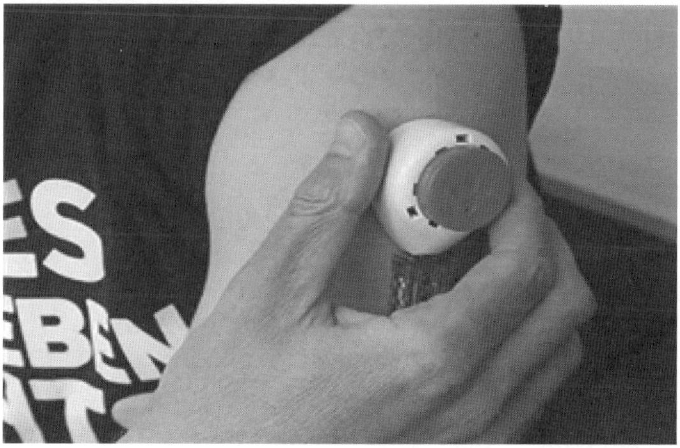

소량의 모세혈(capillary blood)을 채취하는 시료를 뜻한다. WADA에서 2021년 9월 처음으로 시료의 한 종류로 승인되었으며, 채취가 쉽고 빠르다는 장점이 있는 시료이다. 향후 검출 가능 범위와 적용에 지속적인 연구가 활발히 진행될 예정이다.

다. 검사대상자 선정방식에 따른 도핑검사 구분

1) 무작위 선정(Random selection) 검사

검사대상자를 사전 선정 절차 없이 선수들 가운데서 임의로 선정하는 방법으로 무작위 선정은 검사 대상자를 예측할 수 없게 함으로써 통해 선수들의 경각심을 높이는 전략으로 사용된다.

2) 등위 선정(Rank based selection) 검사

경기의 결과에 따라 등위에 해당하는 선수를 검사대상자로 선정하는 방법이며 주로 경기기간 중 검사에 사용되며, 대회 출전선수 중 경기력이 높은 선수에게 검사를 실시하기 위한 전략으로 사용된다.

3) 표적 선정(Target selection) 검사

검사 및 조사 국제표준에서 정한 기준(선수 경기력 및 생체지표 검토결과, 또는 신뢰도가 검증된 제보 등의 정보)를 기반으로 하여 검사대상자를 사전에 선정하는 방법이며, 과학적이고 지능적인 분석을 통해 효과적으로 검사대상자를 선정하기 위한 전략으로 사용된다.

무작위 선정	선위 선정	표적
선수 중 누구든 무작위로 선정될 수 있음	상위원 순위에 포함된 선수가 선정될 수 있음	특정 선수가 특정 이유로 선정될 수 있음

라. 검사절차

1. 검사대상자 통지 및 동반

a 도핑검사관(DOC : Doping Control Officer) 또는 샤프롱(Chaperone)으로부터 검사대상자로 선정 되었음을 통지받습니다.

b **선수는** 합당한 사유가 없는 한 **즉시 도핑관리실로 이동**합니다.

〈시료채취요원〉
도핑검사관(DCO : Doping Control Officer)
혈액채취요원(BCO : Blood Collection Officer)
샤프롱(Chaperone)

2. 시료제공

소 변

a 도핑검사관의 안내에 따라 한 개의 시료채취 용기(Vessel)를 선택합니다.

b 동성의 도핑검사관 또는 샤프롱과 함께 화장실로 이동하여 관찰 하에 90ml 이상의 소변을 용기 안에 제공합니다.

3. 시료봉인

소 변

a 시료키트 중 하나를 선택하여, 개봉 흔적이 없는지, 오염이나 파손은 없는지 직접 확인합니다.

b 확인 후 자신의 소변시료를 키트에 나누어 담고 직접 봉인합니다.

혈 액

a 선수는 혈액시료가 담긴 튜브를 보관용기에 넣고 직접 봉인합니다.

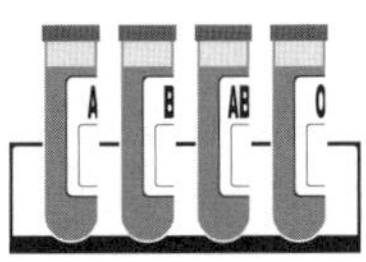

※ 부득이한 경우 선수 요청에 따라 도핑검사관 또는 선수대리인이 도움을 줄 수 있습니다.

4. 서류작성

a 검사서 내용에 오류 또는 빈칸이 있는지 확인한 후 최종 서명을 합니다.

b 도핑검사관으로부터 검사서 선수 사본을 수령하고 도핑관리실을 나갑니다.

혈 액

a 선수는 도핑관리실 도착 후 시료채취 제공 전까지 발을 바닥에 대고 앉은 채 10분간의 휴식시간을 갖습니다.

b 도핑검사관의 안내에 따라 한 개의 혈액시료키트를 선택합니다.

c 선수가 키트를 직접 개봉하고, 혈액채취요원이 혈앨을 채취합니다.

「도핑검사 프로그램」 저자

서민정 2009년 도핑방지업무를 시작한 이후 평창동계올림픽 및 패럴림픽대회 조직위원회 도핑관리팀장, 국제도핑검사기구(ITA) 메이저대회 매니저 등을 거쳐 현재 한국도핑방지위원회 도핑검사부장으로 활동하고 있으며, 도핑검사 프로그램의 설계, 도핑검사계획의 수립 및 모니터링, 대외협력 등의 업무를 통해 공정하고 깨끗한 우리나라의 스포츠환경을 만들기 위해 노력하고 있다.

집필보조

장태용(국민대학교 스포츠산업레저학과), **허수빈**(국민대학교 스포츠산업레저학과), **진유연**(국민대학교 영어영문학부)

06

효과적인 도핑검사계획 및 도핑방지행정관리시스템

Implementing Effective Test Planning and Anti-Doping Administration Management System(ADAMS)

자주 등장하는 약어, 용어

검사 및 조사 국제표준(ISTI):
The International Standard for Testing and Investigations

도핑방지기구(ADO): Anti-Doping Organizations

에리스로포이에틴(EPO): Erythropoietin

성장호르몬(GH): Growth Hormone

성장호르몬방출인자(GHRF): growth hormone-releasing hormone

–

스포츠특정분석 기술문서(TDSSA):
Technical Document for Sport Specific Analysis
특정 종목 및 세부종목 분야에서 악용될 가능성이 가장 높은 특정 금지성분 및 금지방법에 대하여 도핑방지기구가 적용해야 하는 최소 분석기준을 수립한 기술문서

06장

효과적인 도핑검사계획 및 도핑방지행정관리시스템

Implementing Effective Test Planning and Anti-Doping Administration Management System(ADAMS)

1. 위험도평가(Risk Assessment)

효과적인 도핑검사 프로그램은 세밀하고 철저한 '위험도평가'를 기반으로 하며, 연간 검사배분계획(TDP)의 개발, 시료 보존 및 추가 분석을 포함한 도핑검사 전략 수립 등의 모든 절차는 효과적인 위험도평가에서 시작된다.

1) 위험도평가의 목적

도핑 위험에 대한 종합적 평가는 검사 및 조사 국제표준(ISTI)의 의무 요건일 뿐만 아니라 도핑방지기구(ADO)가 정보에 입각한 결정으로 제한된 자원을 최적으로 사용하도록 돕는다. 특히 위험도평가의 목적은 다음과 같다.

- 도핑 행동 가능성이 높은 세부 종목, 스포츠 부문, 경기대회 및 국가(해당하는 경우) 유형에 대해 정확하고 객관적인 정보 획득
- 종목 또는 세부 종목에서 사용 가능성이 가장 높은 금지 약물 및 방법에 대해 신뢰할 수 있는 정보 획득
- 도핑 행위에 관여할 가능성이 높은 선수 또는 선수 집단에 대한 지식 증진
- 특정 선수 또는 선수 집단에 특정 도핑검사 유형(분석 포함)을 수행할 최적의 시간 활용

도핑방지기구(ADO)가 위험의 종류와 소재를 파악한 뒤엔 정보에 입각한 결정과 다음을 설명할 수 있다.

- 특정 종목에 다른 종목보다 더 많은 도핑검사 배정의 이유
- 경기기간 중 검사 및 경기기간 외 검사 배분 방식
- 시료 채취 대상 선수 및 해당 선수로부터 채취할 시료(예: 소변, 혈액) 결정
- 연중 특정 시간(또는 계절)에 대한 시료 채취 및 채취 시료의 유형 방법과 그 이유
- 채취한 시료에 대한 분석 유형 결정

도핑방지기구(ADO)는 특정 종목, 세부 종목 또는 특정 선수 집단과 관련된 위험 요소를 식별하여 도핑의 위험도가 더 높은 개인, 종목 및 세부 종목, 국가 및 또는 경기대회를 대상으로 하는 효과적인 도핑검사 프로그램을 구축할 수 있다.

2) 위험도평가 의무 적용 기준 9가지

① 신체적 및 생리학적 위험도 요건

각 종목과 세부 종목에서 필요로 하는 신체적 및 생리학적 요인은 도핑 위험도가 더 높은 종목과 각 종목 및 세부 종목에서 가장 많이 사용될 수 있는 도핑의 종류 및 유형을 예측할 수 있게 한다. 따라서 각 기관은 관리하는 종목과 세부 종목에서 선수들이 유리하게 이용할 수 있는 금지 약물과 방법을 파악 및 이해하기 위해 이에 해당하는 신체적 및 생리학적 특성을 철저히 평가해야 한다.

이 기준에 대해 가장 이상적인 평가를 실시하기 위해서는 아래 명시된 두 범주를 고려하여 각 종목 및 세부 종목을 평가하도록 권고한다.

- 심폐지구력: 중강도에서 고강도의 힘을 장시간 유지할 수 있는 능력
- 힘, 근력 및 근지구력: 최대한의 체력을 발휘해 체중을 신속히 움직일 수 있는 능력 및 제한된 시간 동안 최대한의 힘을 발휘할 수 있는 능력

스포츠특정분석 기술문서(TDSSA)*는 이 평가의 출발점이 될 수 있으며 신체적 및 생리학적 요건 평가에 도움이 될 수 있다.

SPORT	DISCIPLINE	EPOs %	GH %	GHRFs %
Cyling	Artistic	5	5	5
Cyling	BMX	5	10	10
Cyling	Cyclo-Ball	5	5	5
Cyling	Cyclo-Cross	30	10	10
Cyling	Mountain Bike - Down Hill	10	10	10
Cyling	Mountain Bike - Cross Country	30	10	10
Cyling	Road	60	10	10
Cyling	Track Endurance	30	10	10
Cyling	Track Sprint	5	10	10
Cyling	Trials	5	5	5

예를 들어, 위 표와 같이 스포츠특정분석기술문서에서 에리스로포이에틴(EPO)의 최소분석수준이 30% 이상인 종목(예: Cycling-Road 또는 Cycling-Track Endurance 등)은 높은 수준의 심폐지구력이 요구되는 종목이므로 해당 영역에서 '위험도 점수'가 높아야 한다. 이처럼 성장호르몬(GH) 또는 성장호르몬방출인자(GHRF)의 최소분석수준(Minimum Level of Analysis)이 30%인 종목의 경우(예: 역도 등) 힘, 근력 및 근지구력이 높아야 하는 종목이므로 이 영역에서 '위험도 점수'가 높아야 한다.

WADA의 위험도 평가와 검사배분계획은 스포츠특정분석 기술문서를 지침으로 하여 신체적 및 생리학적 위험도를 평가한다. 아래의 표는 스포츠특정분석 기술문서의 최소분석수준(MLA)이 다음과 같은 종목 및 세부종목에서 근력, 근지구력 및 심폐지구력을 점수화(1점부터 5점 기준)하는데 어떻게 사용될 수 있는지를 보여준다.

Risk category	Physiological and physical requirements	
	Cardiovascular Endurance (Ability to maintain high intensity for a long period of time) BMX	**Power, Strength & Muscular Endurance** (Ability to generate maximum force, accelerate the body over a short distance as quickly as possible)
Score		
5 High	TDSSA EPOs MLA of 30% & 60%	TDSSA GH/GHRFs MLA of 30%
4 Medium High	TDSSA EPOs MLA of 15%	TDSSA GH/GHRFs MLA of 15%
3 Medium	TDSSA EPOs MLA of 10%	TDSSA GH/GHRFs MLA of 10%
2 Medium low	TDSSA EPOs MLA of 5%	TDSSA GH/GHRFs MLA of 5%
1 Low	TDSSA EPOs MLA of 0%	TDSSA GH/GHRFs MLA of 0%

Sport	Discipline	Physiological requirements & physical demands	
		Cardiovascular Endurance	Power, Strength & Muscular Endurance
		Score 1-5	Score 1-5
Skating	Figure Skating	3	3
Skating	Short Track	4	3
Skating	Speed Skating 1500m or less	4	3
Skating	Speed Skating greater than 1500m	3	3
Skating	Synchronized Skating	3	2

※ 스포츠특정기술문서는 230개의 종목 및 세부종목을 포함하며, WADA의 위험도평가 및 검사배분계획에 대한 종목 및 세부 종목을 포함하기 위한 기준으로 사용된다. 단, 일부 종목이나 세부종목이 스포츠특정기술문서에 포함되지 않는 경우가 발생할 수 있다. 도핑방지기구가 위험도 평가에 이와 같이 "누락된" 종목이나 세부종목을 포함해야 하는 경우, 스포츠특정기술문서의 지침 없이 전반적인 생리학적 및 신체적 평가를 실시하거나 스포츠특정기술문서 상 유사한 종목 및 세부 종목의 최소분석수준을 기준 삼을 수 있다.

② 경기력 향상 가능성이 높은 약물 또는 방법

각 종목 있어서 경기력 향상 가능성이 가장 높은 금지 약물과 방법을 평가하고 반영한다. 이와 같은 평가에서는 시즌 또는 비시즌 중에 경기력을 직접적으로 향상시키거나 회복에 도움이 되는 약물이 쓰일 가능성, 단체종목의 경우 포지션의 특성에 따라 경기력 향상 가능성이 높은 약물을 평가하여 위험도에 반영한다.

③ 도핑에 대한 보상 및 잠재적 동기

금전적 또는 비금전적 보상은 선수들이 도핑을 감행하는 동기가 될 수 있다. 특정 종목 및 대회에 많은 상금이 보상으로 주어지는 경우, 소속팀의 재계약을 앞둔 경우, 스폰서십 및 주변의 기대로 인해 경기 결과에 많은 압박이 주어지는 경우 등 도핑의 유혹에 빠질 수 있는 상황에 대해서 평가하고 위험도에 반영한다.

④ **도핑이력**

각 종목 또는 경기대회 도핑 이력, 특히 최근 경기대회에서의 도핑 이력은 현재 도핑 위험도가 높음을 나타내는 강한 지표가 될 수 있으므로 반드시 고려해야 하는 요소이다. 동시에, 도핑 이력이 없다면 종합적인 도핑검사 프로그램이 구축되어 있다는 전제 하에 도핑 위험도에 대한 신뢰 가능한 지표로 볼 수 있다.

위험도평가에서 도핑이력을 정량화할 수 있는 방법은 아래의 표를 참고한다.

왼쪽 표는 도핑이력의 점수화 기준(예: 해당 세부종목에서 5년간 5~9개의 비정상분석결과 또는 도핑방지규정위반이 발생했을 경우, 3점을 부여한다)을 설명하고 있고, 오른쪽 표는 해당 기준에 따라 종목 및 세부종목에 점수를 부여한 것을 보여준다.

Risk category Score	**History of doping**
5 High	High number of AAFs and ADRVs reported over the last 5 years at the national level (e.g, 20 AAFs/ADRVs and higher). Doping scandal uncovered.
4 Medium High	Some AAFs & ADRVs reported over the last 5 years at the national level (e.g, between 10 - 19 AAFs/ADRVs).
3 Medium	Some AAFs & ARDVs reported over the ;ast 5 years at the national level (e.g, between 5 and 9 AAFs/ ARDVs).
2 Medium low	No AAFs & ADRVs reported at national level but no robust testing program in place.
1 Low	No AAFs & ARDVs reported at national level and good testing program in place with IC & OOC

Sport	Discipline	**History of doping** Score 1-5
Basketball	Basketball	3
Basketball	Wheelchair Basketball	3

⑤ 도핑 동향에 대한 통계 및 연구

WADA는 위험도평가에 사용할 수 있는 다수의 통계 보고서를 발행하고 있다. 특히 매년 발행하는 연간보고서는 WADA 인증 분석기관에서 실시한 경기기간 중 및 경기기간 외 소변, 혈액 선수생체수첩(ABP) 분석 데이터를 포함하며, 도핑방지규정 위반 및 비정상분석결과 및 비분석적 도핑방지규정위반 통계 등이 포함되어 위험도평가에 유용하게 사용된다. 또한, WADA는 사회과학적, 의학적 그리고 과학적 관점 등 다양한 관점에서의 도핑에 대한 연구를 지원한다. 각종 보고서나 연구 결과, 그리고 동향에 대한 정보는 아래의 표와 같이 정리될 수 있고 각 내용들은 위험도평가 시 활용될 수 있다.

Sport	Discipline	Statistics/Research on doping trends
Skating	Figure Skating	Studies found that athletes may use diuretics to keep their weight down.
Skating	Short Track	Studies found that athletes may use stimulants before races and stroids to build muscle during the off season and/or to recover from injury.
Skating	Speed Skating 1500m or less	Studies found that athletes may use stimulants before races and stroids to build muscle during the off season and/or to recover from injury. Stats have shown and increase in ABP related ADRVs.
Skating	Speed Skating greater than 1500m	Research demonstrated that EPO could help with building endurance and that steroid use could assist in muscle development and/or recovery from injury.
Skating	Synchronized Skating	Studies found that athletes may use diuretics to keep their weight down.

⑥ 정보(인텔리전스)수집 및 개발

위험도평가 개발 시 종목, 세부 종목, 개인 선수 또는 선수 집단에 대한 아래와 같은 관련 정보를 고려해야 한다.

- 특정 세부 종목에서 보다 보편적으로 발견될 수 있는 비정상적 생물학적 매개 변수 (혈액 매개변수, 스테로이드 분석표 등)을 포함한 이전 도핑방지규정위반 /도핑검사 이력

- 대상 국가에서 급격한 경기력 향상을 포함한 스포츠 경기력 기록 및/또는 정기적인 검사를 거치지 않은 상태에서 높은 경기력을 유지하는 경우에 대한 정보
- 반복적인 소재지 요건 준수 불이행 또는 수상한 소재지 제출 양상(예: 거의 매번 한 번 또는 두 번의 현재 소재지 불이행 선수 또는 정기적 소재지 업데이트를 기한 직전에 완료하는 선수)
- 원격지이거나 정치적 또는 문화적 요인으로 인해 위험도가 높다고 판단되는 장소로 이동하거나 훈련하는 팀
- 제3자의 신뢰 가능한 정보(예: 도핑검사관 보고서, 도핑방지기구 핫라인, 내부고발자 등) 또는 특정 스포츠 세부 종목에서 선수 또는 선수 집단이 금지 약물을 사용할 수 있는 가능성에 대하여 도핑방지기구가 개발하거나 공유한 정보

위 나열된 요소들은 그 자체로 도핑의 지표라 볼 순 없지만, 조합된 요인들은 선수, 특정 선수 집단, 특정 스포츠 부문 또는 국가에 더 높은 위험으로 간주해야 한다. 이와 같은 정보는 위험도 평가에서 '양적' 또는 '질적' 요인에 포함될 수 있다.

⑦ 이전 검사배분계획(TDP) 결과

다음 연도 위험도평가에는 반드시 전년도 도핑검사 결과가 반영되어야 한다. 예를 들어, 특정 종목에 대해 전년도 도핑검사 결과 두 건의 비정상분석결과가 도출되었고, 두 건 모두 중요한 선수권 대회 직전 경기기간 외 도핑검사에서 발생한 경우, 이는 해당 종목의 중요한 선수권 대회 기간 중에는 그 위험도가 더 높음을 나타낼 수 있다.

위험도평가에 도움을 줄 수 있도록 상시 도핑방지행정관리시스템(ADAMS) 데이터를 검토 및 분석해야 한다. 예를 들어, 도핑검사 보고서를 이용하여 특정 종목에 대해 경기기간 외 도핑검사 시행 시기를 결정했다고 가정한다. 모든 도핑검사를 4월에서 8월 사이 주중 화요일과 금요일 내에 실행했다면, 먼저 그 이유를 정하고 다음 연도 또는 주기에 대하여 이 같은 경기기간 외 도핑검사가 더 나은 방식으로 배분될 수 있는 방법 또는 다른 방법으로의 배분 여부를 고려해야 한다.

또한, 연중 빈번한 표적 검사를 시행하는 종합 도핑검사 전략이 종목 혹은 세부 종목 또는 특정 선수 집단에 대해 시행되었으며 분석된 도핑검사 데이터에서 파악된 도핑 의심 사례가 없다면, 자원을 다른 종목 또는 선수 집단을 위해 이용할 수 있다. 이를 기록하여 차후 의사 결정을 위한 과거 데이터로 사용할 수 있다.

⑧ 선수 경력에서의 잠재적 도핑 양상

각 선수의 경력에서 여러 요인의 조합으로 인해 선수가 도핑을 고려하게 만들 위험을 증대시키는 기간이 존재한다. 이와 같은 기간은 종목 또는 세부 종목에 따라 달라진다. 예시는 다음과 같다.

- 엘리트급 경기에 참가하거나 프로 선수 계약을 체결을 확실히 하고자 하는 시점에서 본인의 기량을 끌어올리려는 유소년 선수
- 올림픽/패럴림픽 경기 또는 기타 주요 경기대회 참가 자격을 얻으려는 선수
- 선수 생활이 거의 끝나고 있거나 마지막 프로 계약을 체결을 성사시키고자 노력하거나 미지막으로 주요 경기대회 참가 자격을 얻으려는 선수
- 선수가 중상을 입어 몇 달 동안 경기에 참가할 수 없는 기간

이는 선수들이 도핑에 노출될 위험이 더 높음을 의미하며 해당 항목들에 대한 정보는 아래의 표와 같이 정리하여 위험도평가 요소로 기록 및 반영해야 한다.

Sport	Discipline	Sport/discipline career patterns
Basketball	Basketball	A few athletes on national team are getting older. Pay attention to up and coming athletes.
Basketball	Wheelchair Basketball	National team includes fairly new players at the prime of their careers.

⑨ 경기 시즌 내 잠재적 도핑 양상

각 종목 및 세부 종목 내 시즌의 구조에 따라 선수가 도핑을 시도하는 시기를 확인할 수 있다. 한 종목에서 하나의 시즌은 중요한 대회 또는 경기대회 또는 일련의 경기대회로 구성될 수 있으며, 선수의 생활은 해당 종목에 대한 최적의 컨디션을 유지하도록 설계된다. 이는 선수의 훈련, 경기, 재활 및 회복 전략에 영향을 준다. 반면, 다수의 프로팀 선수들은 시즌이 길고 이에 따라 반드시 9~10개월 간 최적의 컨디션을 유지해야 한다. 몇몇 선수는 그 후 비시즌 동안 국제 경기대회에 참여하고, 이는 곧 다음 대회 시즌을 위한 회복 및 준비 기간을 줄이게 된다.

시즌별 잠재적 도핑을 계산하기 위해서는 아래의 표와 같이 국내 및 국제대회 일정을 검토하여 잠재적인 위험을 파악하고 주요 일정 및 위험도평가에 기타 정보를 구분할 수 있도록 한다.

Sport	Discipline	Seasonal patterns
Skating	Figure Skating	Season from October to March with main competitions in February/March.
Skating	Short Track	Season from October to April with main national competition in January and main International competition in April.
Skating	Speed Skating 1500m or less	Season from October to April with new major competition in February with higher prize money.
Skating	Speed Skating greater than 1500m	Season from October to April with new major competition in February with higher prize money.
Skating	Synchronized Skating	Season from October to March with no International competition this year. Only National Champs in February.

2. 검사배분계획(Test Distribution Plan)

1) 검사배분계획 수립

위험도평가 결과 도출 후에는 국가도핑방지기구(NADO)의 우선순위에 대해 일련의 정보에 입각한 결정을 내려야 한다. 예를 들어 국가도핑방지기구(NADO)는 비교적 더 많은 도핑검사가 수행될 필요가 있는 종목 및 또는 스포츠 세부 종목, 검사 대상 선수와 도핑검사의 유형, 그리고 채취할 시료를 결정할 필요가 있다. 모든 국가도핑방지기구(NADO)는 자원이 한정되어 있으므로 이와 같은 자원이 집중되어야 하는지 결정해야 한다.

검사배분계획 개발 시 위험도 평가 결과를 사용하여 어떤 측면에 있어서 우선순위를 정하는 방법을 반영하는 것이 중요하다. 우선순위 선정에 필요한 사항은 다음과 같다.

① 선수 수준 구분 "국제수준 선수" 및 "국가수준 선수"

첫 번째로는 국가도핑방지기구(NADO)의 전체 도핑방지 프로그램(예: 교육, 치료목적사용면책 요건, 도핑검사 등)의 적용을 받는 전체 선수의 Pool을 규정하는 것이다. 이는 각 국가도핑방지기구(NADO)의 관할 범위가 다르기 때문이다. 예를 들어, 일부 국가도핑방지기구(NADO)는 레크리에이션 수준(Recreational Level)의 경기에만 참가하는 선수일지라도 해당 국가의 도핑방지 프로그램에 연결되는 스포츠 클럽 멤버십 계약을 통해서 수백만명의 선수를 관리하게 될 수 있다.

이 같은 이유로 규약과 검사 및 조사 국제표준(ISTI)에 따라 국가도핑방지기구(NADO)가 "국가수준 선수"를 구분하고, 국제경기연맹(IF)가 "국제수준 선수"로 구분하는 정의를 수립할 수 있다. 이를 통해 국제경기연맹(IF)와 국가도핑방지기구(NADO)가 자원을 필요한 곳에 이용할 수 있으며 도핑검사와 같은 의무사항의 중복을 줄일 수 있다.

② 우선순위 선정 – 종목/세부종목 및 국가

도핑방지기구(ADO)가 도핑검사 프로그램을 집중적으로 수행할 선수 수준을 정의한 뒤 다음 단계로는 종목, 세부종목 또는 검사 권한이 있는 국가 사이에서 우선순위를 정해야 한다. 이때 위험도평가의 결과는 핵심적이며 도핑방지기구(ADO)의 객관적 결정의 토대가 될 수 있다.

국제경기연맹(IF)는 다양한 종목, 세부종목 및 관할 국가 사이에서 우선순위를 선정할 필요가 있다. 본인이 속한 기관의 위험도평가로 모든 스포츠 세부 종목과 국가를 분석했으며, 결과적으로 이것과 관련해 전반적인 도핑 위험도에 따른 총 도핑 위험도 점수를 산출했을 것이다. 이는 평가 기반이 된 정량적 요인에 기인한다. 이와 같은 점수는 본 기관의 관할 하에 있는 세부종목 및 국가 간 우선순위 선정을 위해 사용해야 하는 점수에 해당한다. 위험도가 높을수록, 관련 부문 또는 국가의 선수(자체 또는 관련 NADO와의 협력 하에)에게 할당할 도핑검사 횟수가 증가한다.

국가도핑방지기구(NADO)는 위험도평가에 포함된 다양한 종목과 세부 종목 사이에서 우선순위를 선정할 필요가 있다. 위험도평가로부터는 정량적 위험도 요인 분석에 기초한 총 도핑 위험도 점수를 알 수 있다. 이후 총 위험도 점수는 종목과 세부 종목을 전체 위험도 수준 별 "높음"에서부터 "낮음"까지의 분류에 사용되었다. 이 수준은 본인이 속한 기관의 관할 하에 있는 종목과 세부 종목 사이 우선순위 선정을 위해 사용해야 한다. 위험도가 높을수록, 관련 종목 또는 세부 종목에 더 많은 도핑검사를 할당할 가능성이 높아진다. 세부종목 간 우선순위 선정의 세부적인 내용은 아래의 표에서 확인할 수 있다.

Sport	Discipline	Physiological requirements & physical demands		Rewards/ Incentives	History of doping	Available Intelligence	Total Risk Score	Risk Level High (22-25) Medium high (18-21) Medium (13-17) Medium low (9-12) Low(5-8)
		Cardiovascular Endurance	Power, Strength & Muscular Endurance					
		Score 1-5	Score 1-5	Score 1-5	Score 1-5	Score 1-5		
Skating	Speed Skating greater than 1500m	5	3	5	4	4	21	Medium high
Skating	Synchronized Skating	3	2	2	2	1	10	Medium low

③ 우선순위 선정 – 선수

먼저 본인이 속한 기관의 전체 선수 명부를 설정하고, 국제수준 혹은 국가수준 선수를 정의하며 종목, 스포츠 세부 종목 또는 국가별로 우선순위를 선정한 다음, 도핑 위험도가 더 높은 선수에게 본 기관의 도핑방지 프로그램이 집중될 수 있도록 우선순위를 정하는 것이 필요하다.

도핑방지 프로그램의 계획 및 검사배분계획 수립에 있어서 우선순위 대상이 되는 선수를 결정할 때 다음과 같은 여러 기준을 고려할 수 있다.

국제경기연맹(IF)는 최소한 올림픽 또는 패럴림픽, 세계선수권, 월드컵 및 기타 주요 경기대회(예: Commonwealth Games, Asian Games, African Games 등)에서 정기적으로 메달을 획득하고자 경쟁하는 개인 선수 또는 팀(특히 우선순위 대상 세부 종목 및 국가)를 우선순위로 선정해야 한다.

국가도핑방지기구(NADO)는 우선순위 대상 종목 및 세부 종목 내에서 다음과 같은 선수에 초점을 맞춰야 한다.

- 올림픽, 패럴림픽 또는 국가 우선순위가 높은 기타 종목에서 국가대표팀의 일부 또는 국가대표팀 선발 가능성이 높은 선수. 추가적으로 국가도핑방지기구(NADO)는 다음을 고려할 수 있다.
  - 지난 올림픽 또는 패럴림픽 참가자
  - 다음 올림픽 또는 패럴림픽에 참가 자격을 얻거나 참가 자격을 얻고자 하는 선수
  - 지난 세계 경기의 메달리스트 및 다음 세계 경기 참가 자격을 갖춘 선수
  - 지난 대륙 경기(예: Asian Games, African Games, European Games 등), Commonwealth Games, 또는 대륙 선수권대회의 메달리스트
  - 마지막 엘리트 또는 유소년 경기대회(예: 세계 선수권)의 메달리스트
- 독립적으로 훈련하되 주요 경기대회(예: 올림픽 또는 패럴림픽 경기, 세계 선수권 또는 대륙 경기) 및 또는 해당 경기대회에 선발될 수 있는 자
- 공공 자금 지원을 받는 자
- 해외에 거주, 훈련 또는 경쟁하는 높은 수준의 선수
- 국적은 다르나 국가도핑방지기구(NADO) 국가 내에(거주, 훈련, 경쟁 또는 기타) 상주하는 높은 수준의 선수
- 국제수준선수(IF의 긴밀한 협력으로 최적의 도핑검사 전략 수립 필요)
- 엘리트 유소년 선수 또한 국제경기연맹(IF) 및 국가도핑방지기구(NADO)는 다음에 해당하는 선수의 우선순위 선정을 고려해야 한다.
  - 현재 자격정지 조치를 받은 선수
  - 은퇴 전 높은 우선순위 대상이었던 선수이자 현재 다시 경쟁하고자 하는 선수

또한 해당 우선순위를 부여받은 선수에 대해 경기기간 외 사전 미통지 검사를 수행할 수 있도록 소재지 명부(Whereabouts Pools)를 결정해야 한다. 소재지정보는 다양한 출처(예: 선수의 특별 요청, 국가 연맹 제공, 팀 제공 등)로부터 이용 가능하며 모든 도핑방지기구는 선수에 대한 도핑검사 수행에 필요한 모든 소재지 정보를 자유롭게 이용할 수 있다.

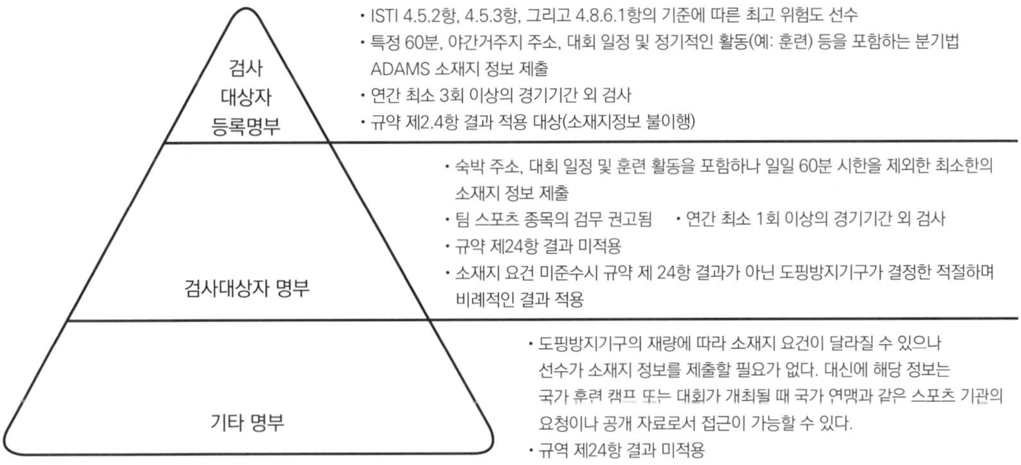

검사 및 조사 국제표준(ISTI) 4.8.4항은 국제경기연맹(IF)과 국가도핑방지기구(NADO)가 "피라미드" 또는 "구분식" 접근법을 채택하도록 권고하며, 선수는 각기 다른 소재지 요건에 따라 각기 다른 소재지 명부에 배정된다.

도핑방지 프로그램의 성공에 있어서 중요한 역할을 하는 검사대상명부(RTP) 또는 검사대상후보명부(TP) 및 모든 기타 소재지 명부를 수립하는 모든 도핑방지기구는 이를 면밀히 관리하기 위해 다수의 관리 요건이 있다는 점을 상기해야 한다. 해당 요건은 검사 및 조사 국제표준(ISTI) 4.8.항에 자세히 설명되어 있지만 부록B – 소재지 명부 관리 절차에서 추가 지침을 찾을 수 있다.

3. 우선순위 시료 유형

검사배분계획을 개발 및 수립 과정에서 고려해야 할 여러 유형의 시료가 있다. 소변, 혈액, 그리고 선수생체수첩 혈액 시료가 이에 해당한다. 모든 도핑검사가 반드시 동일한 목표를 갖는 것은 아니며, 도핑 탐지 확률을 최대화하고 관련 위험을 효과적으로 처리하기 위해 "적절한" 시간 동안 "적절한" 도핑검사를 계획(및 시행)해야 한다.

1) 소변

적혈구형성인자(EPO)와 성장호르몬방출인자(GHRF)를 포함한 대부분의 금지 약물은 소변에서 검출 가능하다. 또한 소변 시료는 선수생체수첩의 스테로이드 모듈의 토대가 된다. 소변 시료는 혈액 시료와 달리 혈액 채취에 필요한 관련 자격 및 실무 능력을 갖춘 채혈 전문의가 필요하지 않으며 분석기관으로 이송 요건이 혈액보다 덜 복잡하기 때문에 채취가 가장 쉬운 시료에 해당한다. 혈액 또는 혈액 선수생체수첩 시료를 채취할 때 소변을 채취하지 않는 특별한 이유가 없는 한 모든 도핑검사에는 소변 시료가 포함되어야 한다.

2) 혈액

특정 금지 약물과 방법은 전혈, 혈장, 혈청 등 혈액을 통해서만 검출할 수 있다. 일반적으로 혈액은 성장호르몬(GH), 수혈, 수용체 촉진제(CERA)와 같은 특정 유형의 에리스로포이에틴(EPO), 그리고 헤모글로빈 기반 산소운반체(HBOC)를 검출할 수 있는 유일한 모체이다. 위험도 평가에 따라 일부 선수 집단(일부 종목 또는 스포츠 세부 종목)에서 더 드물게 사용하며 혈액에서만 검출되는 약물 또는 방법을 파악할 수 있다.

3) 혈액_선수생체수첩(ABP)

선수생체수첩의 혈액학적 모듈에는 검사 및 조사 국제표준(ISTI) 부록 I에 명시된 요건을 충족하는 특정 유형의 혈액 시료가 필요하다. 이는 시료 채취 조건, 운반 및 분석과 관련된다. 검사대상자등록명부 내에 지구력을 요하는 종목 또는 스포츠 세부 종목 선수가 있다면(스포츠특정분석기술문서에 따라 에리스로포이에틴(EPO)의 최소분석수준(MLA)이 30% 이상인 경우) 해당 선수를 포함하는 혈액 선수생체수첩 프로그램이 반드시 수립되어 있어야 한다. 선수생체수첩 프로그램에 포함된 모든 선수에 대해 일 년 간 최소한 세 개의 선수생체수첩 시료 채취를 계획해야 한다. 이는 본인이 속한 기관의 검사배분계획에 적절히 반영되어야 한다. 의무 사항은 아니지만, EPO의 최소분석수준이 15%인 종목 및 스포츠 세부 종목의 검사대상자등록명부 내 선수 또한 선수생체수첩 프로그램에 포함시킬 것을 강력히 권고한다.

4) 건조혈반(DBS)

건조혈반(DBS) 검사 범위는 현재 최소 보고 수준(MRL)이 없는 비임계 물질의 검출만을 포함한다. 현재 건조혈반(DBS) 시료 분석이 모든 WADA 인증 분석기관의 의무사항이 아니므로 건조혈반(DBS)를 검사배분계획에 포함하기 전 관련 분석기관과의 사전 협의가 중요하다.

4. 검사 전략 - 검사대상자 선정, 시기와 장소의 선택 전략

검사 대상 선수선정 및 해당 선수에 대한 검사 시기와 장소를 결정하는 것은 효과적인 도핑검사 전략을 수립하는 데 매우 중요한 부분이다. 따라서 위험도 정보를 지속적으로 모니터링하고 이에 따라 도핑검사 일정을 조정하며, 다른 도핑방지기구와 협력하여 검사 일정을 변경하고, 개별 선수의 시료에 대해 특정 분석을 추가할 수 있다. 또한 시료분석결과 및 선수생체수첩 전문가그룹 권고 사항에 기초하여 선수에 대해 단기간 내에 수 차례의 도핑검사를 계획할 수 있으며 최대한 선수가 도핑검사에 대한 예측 불가능성을 보장하는 방법으로 검사의 시간 및 장소 패턴을 변경하는 것을 우선 고려한다.

1) 검사배분계획 내 경기기간 외 검사 배분

도핑방지기구가 경기대회 이외의 시간에 선수에게 도핑검사를 실시할 수 있음은 경기기간 외 도핑검사를 통해서 선수의 훈련 주기에 대해 특정 위험도 요소와 기간을 표적으로 정할 수 있음을 의미한다. 이전에 논의된 대부분의 위험 요소(중요한 대회 또는 경기대회를 준비하고 있는 선수, 부상 후 또는 긴 시즌 동안 경기 사이 기간을 보내고 있는 선수, 의심스러운 소재지 양상을 보이는 선수 등)는 경기기간 외 검사를 통해서만 적절히 파악할 수 있다. 특히 도핑 약물의 간헐적 사용, 극소량 투약 또는 검출 기간이 짧은 기타 도핑 행동과 관련된 위험 요소를 확인했을 때

상시 검사할 수 있는 역량이 중요하다.

경기기간 외 검사의 핵심은 예측 불가능하게 수행하는 것이다. 위험도평가를 통해 각 종목 또는 스포츠 세부 종목에서 선수들이 복용할 가능성이 더 높은 금지 약물뿐만 아니라, 복용 가능성이 더 높은 스포츠 시즌 기간을 파악할 수 있다. 세부 종목별 경기대회 일정과 더불어, 이는 대회 기간 전 부상으로부터의 회복 등과 관련된 위험 요소를 해결하기 위한 도핑검사 계획에 영향을 줄 수 있다.

2) 검사배분계획 내 경기기간 중 검사 배분

경기기간 중 검사의 목적은 도핑을 시도할 가능성이 높은 사람들을 보호하고 이에 해당하는 선수들을 관찰함으로써 경기대회와 대회의 공정성을 보호하는 것이다. 각 종목과 세부 종목에 대해 경기대회와 대회의 연간 또는 계절별 일정이 제공된다. 또한 위험도평가에서 대회 기간이 소수의 경기대회만을 중심으로 진행되는 종목에서는 주요 경기대회를 확인할 수 있다.

경기기간 중에만 금지되는 몇 가지 금지 약물이 있다. 각성제, 마약성 약물, 대마초, 글루코코르티코이드가 이에 해당한다. 위험도평가에서 특정 종목에서 이용될 가능성이 있는 것으로 확인되었다면, 이를 도핑검사 계획에 반영해야 한다.

경기기간 중 검사 횟수의 대부분을 위험도가 높다고 평가했거나 경기기간 중 도핑의 위험도가 더 높은 종목 및 세부 종목에 집중하되, 연중 또는 시즌을 거쳐 제재를 유지할 수 있도록 각기 다른 수준의 종목과 세부 종목(예: 엘리트, 유소년 등)에 있어서 열릴 다양한 경기대회 및 대회에 대한 도핑검사 또한 실시해야 한다. 예를 들어 본인이 속한 기관은 경기대회 일정을 기준으로, 전국 선수권 대회, 올림픽 예선 토너먼트, 프로 국내 리그 경기와 같이 우선순위가 높은 선수가 정기적으로 경쟁하는 경기대회 및 대회에서 도핑검사를 실시한다. 단, 일부 유소년 경기대회, 일부 위험도가 낮은 종목 및 세부 종목, 그리고 위험도가 높은 세부 종목의 일부 소규모 경기대회를 추가할 수도 있다.

3) 제보 및 정보

제3자의 신뢰성 있는 정보(예: 도핑검사관 보고서, 도핑의심제보 등)의 수집 또는 특정 종목에서 선수 또는 선수 집단의 금지 약물을 사용 가능성에 대하여 타 도핑방지기구가 공유한 정보,

반복적인 소재지 요건 준수 불이행 또는 수상한 소재지 제출 양상 등의 정보는 검사대상자를 선정하고 시기와 장소를 결정하는 데 중요한 요소로 작용한다.

5. 도핑관리시스템의 활용

도핑방지기구는 효과적인 도핑검사와 다른 도핑방지기구 간의 유기적인 협력을 위해 적절하고 안전한 IT 도구를 사용하는 것이 필요하다.

1) ADAMS(Anti-Doping Administration Management System)

WADA의 도핑방지행정시스템(ADAMS)은 도핑검사 관할권이 중첩되는 도핑방지기구 간의 보안 정보 교환을 가능하게 하고, 도핑검사 프로그램의 주요 영역을 관리 및 모니터링하는 기능을 갖춘 프로그램이다. 각 도핑방지기구는 검사결과 데이터를 도핑방지행정시스템(ADAMS)에 입력하고, 소재지정보의 관리, 선수생체수첩(ABP) 프로그램의 관리, 검사배분계획 및 특정분석 요구사항을 관리하는 등 여러 유용한 기능을 활용하여 효과적으로 데이터를 보관 및 활용한다.

2) 기타 시스템

효과적인 도핑관리를 위한 IT 도구의 활용은 지속적으로 발전되고 있다. 종이로 이루어진 도핑검사양식을 태블릿PC를 이용한 전자문서의 형태로 변경하여 문서작성 소요시간 및 정확도를 효율화하는 종이 없는 도핑검사 시스템(paperless sample collection system), 팬더믹 상황에서 제한적으로 비대면 샘플채취를 가능하게 하는 버추얼 도핑검사 시스템 (Virtual sample collection system) 등 여러 IT 도구들이 개발 및 활용되고 있다. 또한 각 기관은 기관별 실정에 맞게 데이터를 관리할 수 있는 시스템을 개발하여 사용하고 있다.

예시 화면

① ADAMS	② 기타 시스템
	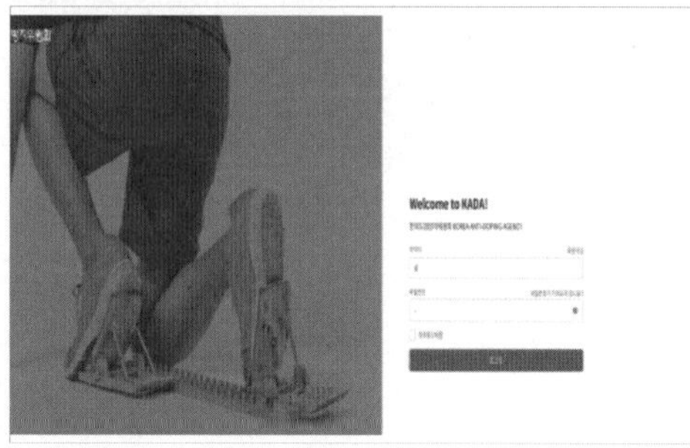

[통합도핑관리시스템(KADAMS): 한국도핑방지위원회 검사 관리(데이터 등) 시스템]

「효과적인 도핑검사계획 및 도핑방지행정관리시스템」 저자

김지훈 2017년부터 한국도핑방지위원회에 재직 중이다. 2018 평창동계올림픽 및 패럴림픽대회 조직위원회 도핑관리팀, 국제패럴림픽위원회(IPC) 도핑관리팀 매니저 등을 거쳐 현재 한국도핑방지위원회 도핑검사부에서 경기기간 외 검사 업무를 담당하고 있다.

집필보조 **허수빈**(국민대학교 스포츠산업레저학과), **장태용**(국민대학교 스포츠산업레저학과), **진유연**(국민대학교 영어영문학부)

07

시료채취절차와 도핑검사현장

Sample Collection and Doping Test

자주 등장하는 약어, 용어

국제검사기구(ITA): International Testing Agency

세계도핑방지기구(WADA): World Anti-Doping Agency

도핑방지행정관리시스템(ADAMS):
Anti-Doping Administration and Management System

도핑검사관(DCO): Doping Control Officer

혈액채취요원(BCO): Blood Collection Officer

–

독립관찰프로그램(IO): Independent Observer Program
세계도핑방지기구의 감독에 따라 특정한 경기대회 전 또는 대회 기간에 도핑관리 과정을 감독하고 지침을 제공하며, 세계도핑방지기구의 준수 모니터링 프로그램의 일환으로 관찰 결과를 보고하는 관찰단 또는 감시단

07장

시료채취절차와 도핑검사현장

Sample Collection and Doping Test

1. 시료채취요원(Sample Collection Personnel)

도핑검사 계획이 수립되면 대상 선수에게 지정된 시기와 장소에서 훈련된 시료채취요원(SCP)이 국제표준 절차에 따라 시료채취를 실시한다. 시료채취요원(SCP)은 도핑방지기구로부터 적절한 교육 및 인증을 받고 권한을 위임받아 시료채취활동을 수행하는 요원으로 도핑검사관(DCO), 혈액채취요원(BCO) 및 샤프롱(Chaperone)을 포함한다.

시료채취요원(SCP)이 수행하는 임무는 다음과 같다.

가. 도핑검사관(Doping Control Officer)

도핑검사관(DCO)은 『검사 및 조사 국제표준』에 명시된 검사관의 임무를 수행하도록 교육 및 인증받은 공식 요원이다.

[#도핑검사SSUL] 직원들이 알려주는 도핑검사관의 모든 것!

○ **임무**

- 관련 도핑방지규정과 절차의 준수 및 시행
- 시료채취 관련 모든 용품과 서식의 준비와 확인
- 경기대회 또는 훈련시설 담당자와 연락
- 도핑관리실의 최소요건 확인 및 평가
- 시료채취요원(팀)에게 검사 지시사항(MO) 설명

- 시료채취요원의 이해충돌 여부 확인 및 조치
- 샤프롱의 임무수행을 위한 역량 확인 및 교육
- 선수의 권리와 의무가 적절히 설명되었는지 확인
- 선수 또는 선수대리인에게 시료채취과정을 설명
- 선수의 소변시료 제공과정 입회(선수와 동성인 경우)
- 추가시료 채취 중단 여부 판단 및 이에 대한 보고
- 시료의 올바른 채취, 완전성 및 동일성 유지, 봉인 확인
- 도핑관리 서식 작성 및 정리
- 시료 및 서류의 안전한 보관과 운송
- 선수 및 선수지원요원 등의 비정상적 행동을 포함한 모든 정보 수집, 기록 및 보고
- 재난이나 그 밖의 각종 사고 등으로부터 시료채취요원과 시료의 안전 확보를 위한 시료채취 임무의 중단 또는 축소 및 이에 대한 보고
- 필요시 샤프롱 업무 수행
- 시료채취과정의 무결성을 유지하며 문제를 효과적으로 해결
- 필요시 제재위원회 및 항소기구에 진술

나. 혈액채취요원(Blood Collection Officer)

혈액채취요원(BCO)은 선수로부터 정맥혈(venous blood)시료를 채취하기 위한 자격을 갖춘 공식 인증을 받은 요원으로, 정맥채혈을 수행하는 데 필요한 기술을 가지고 있어야 한다.

○ **임무**

- 정맥혈채취절차에 관한 선수 질문에 대해 답변
- 정맥혈시료 채취를 위한 정맥채혈(Venipuncture) 준비 및 수행
- 사용한 정맥혈채취용품의 적절한 폐기
- 선수에게 사후관리절차에 대해 설명 및 필요시 선수에게 응급처치 수행
- 비정상적 행동을 포함한 모든 정보 수집 및 도핑검사관(DCO) 보고
- 도핑검사관(DCO)의 안내에 따라 관련 서류 작성 및 확인

다. 샤프롱(Chaperone)

샤프롱은 도핑검사 대상 선수 통지, 동반, 관찰 및 입회 등 시료채취과정의 특정 임무를 수행하도록 교육되고 인증된 요원으로 만 18세 이상의 성인이어야 한다.

○ **임무**

- 선임 도핑검사관(DCO)의 지시에 따라 지정된 선수에게 통지
- 통지한 선수를 도핑관리실까지 동반 및 관찰
- 도핑관리실 출입 관리
- 적격한 교육 훈련을 받은 경우, 소변시료 제공과정 입회 및 입증(선수와 동성인 경우)
- 선수 및 선수지원요원의 비정상적인 행동을 포함한 모든 관련 정보를 도핑검사관(DCO)에게 보고
- 도핑검사관(DCO)의 지시에 따라 관련 서류 작성 및 확인

2. 도핑관리실(Doping Control Station)

선수는 선수통지를 받고 난 후 즉시 도핑관리실에 도착해야 한다. 예외적인 경우에 한하여 도핑검사실 도착 연기가 허용되지만 이러한 연기기간 중에도 도핑검사관 또는 샤프롱이 동반하여 직접적인 동반 및 관찰이 가능해야 한다.

가. 도핑관리실 필수 요건

도핑관리실(DCS)은 행정실, 선수대기실, 시료채취 화장실이 기본으로 구성되어야 한다.

- 행정실: 도핑검사관(DCO) 1명당 탁자 1개 및 의자 3개, 개인정보 및 사생활 보호를 위한 파티션(필요시)
- 선수대기실: 검사 대상 선수 1명당 의자 2개
- 시료채취 화장실: 소변시료채취에 적절한 화장실(급수 및 배수)
- 기타 필요 사항: 음료 및 시료 보관 냉장고, 개별 포장 음료수, 휴지통 등

나. 도핑관리실 보안 관리

선임 도핑검사관(DCO)은는 도핑관리실의 보안에 대한 책임이 있다. 선임 도핑검사관(DCO)이 업무상 부재하면 선임 도핑검사관(DCO)으로부터 위임받은 시료채취요원이 보안책임자가 된다. 도핑관리실은 항상 선수의 개인정보 및 사생활 보호와 시료채취용품, 시료 및 서류 보관의 안전성이 보장되어야 한다. 공개된 장소에서 감시자 없이 방치하지 않는다. 시료채취팀이 도핑관리실을 비울 경우, 선임 도핑검사관(DCO)은 출입문을 잠그고 본인 또는 보안책임자가 열쇠를 보관한다. 도핑검사관(DCO)은 도핑관리실의 상황이 외부에 노출되지 않도록 관리한다. 어떤 경우에도 언론 관계자의 도핑관리실 출입은 금지되며, 시료채취와 관련된 촬영 또는 취재는 불가하다.

다. 도핑관리실 출입통제

도핑관리실은 출입이 가능한 대상은 아래와 같다.

- 해당 검사에 배정받은 도핑검사관(DCO) 및 혈액채취요원(BCO)
- 해당 검사에 모집된 샤프롱(샤프롱 서약서 작성자에 한함)
- 선수 및 선수대리인(선수당 1인)과 (필요시)통역인
- WADA, 국제경기연맹의 독립감시단 및 검사주관기구 관계자
- 기타 출입이 필요하다고 선임 도핑검사관(DCO)이 판단하는 경우

3. 통지 및 동반

선수통지는 '사전미통지 방식'이어야 한다. 따라서 검사 대상자로 선정된 선수의 위치를 사전에 확인하고 접근계획 및 통지시간을 미리 정해야 하며, 경기 또는 훈련 일정 등의 상황에 따라 공공장소가 아닌 장소에서 미디어의 시선을 끌지 않는 방법으로 가능한 한 신속하게 통지를 시도해야 한다.

가. 통지대상자 확인

시료채취 대상으로 선정되었음을 가장 처음으로 통지받는 사람은 선수여야 한다. 그러나 다음과 같은 경우 시료채취요원은 선수와 제3자가 동시에, 또는 제3자에게 먼저 통지할 필요가 있는지 고려한다.

- 선수가 미성년자인 경우
- 선수의 장애로 인하여 도움이 필요한 경우
- 통지하기 위해 통역인이 필요한 경우
- 선수가 통지사항을 이해할 수 없거나, 통지를 받을 수 없는 경우

나. 통지 절차

통지 대상 선수에게 접근하여 선수의 성명과 신분을 확인한다. 선수에게 신분을 밝히고 도핑검사관증'(성명, 사진 및 유효기간 포함) 또는 '샤프롱증' 과 「도핑검사권한서」를 선수에게 제시한다. 선수에게 '도핑검사 대상자로 선정'되었음과 '소변 및/또는 혈액 검사의 유형'을 설명한다. 시료채취요원은 선수에게 통지하는 즉시 선수의 신분증을 확인한다. 시료채취요원은 선수에게 '선수의 권리와 의무'를 빠짐없이 설명하고 이해시키며, 선수는 도핑검사 통지 이후의 첫 소변을 제공해야함과 도핑관리실에 도착할 때까지 시료채취요원의 직접적인 관찰을 받아야 하고, 시료채취요원의 시야에서 의도적으로 벗어나려는 행위, 시료채취과정에 대한 거부, 회피 또는 부정행위를 한다면 도핑방지 규정위반으로 제재 받을 수 있음을 알린다. 시료채취요원은 선수가 '만 18세 미만'의 미성년자 또는 절차의 조정이 필요한 장애인 선수인지 확인해야 한다. 샤프롱이 선수를 찾을 수 없는 상황이라면 즉시 선임 도핑검사관(DCO)에게 보고하고, 선임 도핑검사관(DCO)

은 경기단체 관계자에게 협조를 요청하여 선수를 찾도록 한다. 이러한 상황의 발생과 경과를「도핑검사관보고서」에 요약하여 기록하고,「추가보고서」에 자세히 작성한다.

다. 도핑관리실 도착 연기 허가 사유

경기기간 중 검사에서 선수가 '통지서 사본' 수령 후 도핑관리실 도착 연기를 요청 시, 시료채취요원은 다음과 같은 합리적인 사유에 해당하는 경우에만 허가할 수 있다.

- 시상식 참석
- 언론과의 인터뷰
- 후속 경기참가
- 훈련이나 정리운동
- 필요한 의료조치
- 대리인 또는 통역인 찾기
- 사진이 있는 신분증 가져오기
- 옷 갈아입기
- 기타 정당한 예외적인 상황

경기기간 외 검사에서 도핑검사관(DCO)은 다음과 같은 합리적인 사유가 없는 한 선수에게 즉시 도핑관리실에 도착할 것을 요구해야 한다.

- 훈련이나 정리운동
- 필요한 의료조치
- 대리인 또는 통역인 물색
- 사진이 있는 신분증 가져오기
- 옷 갈아입기
- 기타 정당한 예외적인 상황

라. 동반절차

검사관은 선수에게 통지 후 '첫 번째 소변시료'를 채취해야하므로, 도핑관리실 도착 전에 목욕이나 샤워 등의 행위가 허용되지 않음을 선수에게 설명한다. 동반 시 시료채취요원은 선수를 관찰할 수 있는 시야가 확보되는 곳에 위치해야 한다. 시료채취요원은 시료채취과정이 종료될 때까지 항상 선수와 동반하여 관찰한다. 지속적인 관찰이 불가능한 경우 반드시 다른 시료채취요원에게 인계하여 동반 관찰이 계속될 수 있게 조치한다. 선수가 통지나 동반 과정에서 시료채취요원의 관찰을 피해 의심스러운 행동을 하거나 어떤 약물을 복용하는 등 도핑검사 절차상 '잠재적 비준수' 행위가 의심된다면, 더욱 신중하게 선수를 관찰하고 모든 의심 행위를 선임 도핑검사관(DCO)에게 즉시 보고한다. 선임 도핑검사관(DCO) 및 시료채취요원은 관련 잠재적 비준수 행위를 「추가보고서」에 자세히 작성한다.

4. 소변시료 채취절차

가. 시료채취용기(Vessel)의 선택

선수가 소변을 제공할 준비가 되면, 도핑검사관(DCO)은 선수에게 개별 포장된 3개 이상의 시료채취 용기 중 1개를 선택하도록 한다. 검사 진행 중 시료채취용기 및 시료채취에 필요한 단위 용품의 잔여 수량이 3개 미만이라면 이는 검사를 중단할 수 있는 예외적인 사유에 해당한다. 선수는 선택한 시료채취용기의 밀봉, 청결 및 훼손 여부를 확인해야 한다. 선수 또는 도핑검사관(DCO)이 선택된 시료채취용기의 상태가 부적합하다고 판단하는 경우, 선수는 다른 키트를 선택한다.

나. 소변시료 제공 중 입회

도핑검사관(DCO)은 선수가 시료를 제공하는 장면을 방해받지 않고 분명하게 눈으로 관찰해야 함을 선수에게 설명하고, 상의는 가슴 중간까지, 소매는 팔꿈치까지 걷어 올리고 바지와 속옷 은 무릎까지 내리도록 요청한다. 소변이 선수의 신체에서 배출되어 시료채취용기에 담기는 것을 직접 관찰하는 것은 매우 중요하므로 도핑검사관(DCO)은 시료제공과정을 정확하게 관찰하기 위해 충분히 시야가 확보되는 위치에서 관찰한다. 화장실 내에 선수와 시료채취요원이 들어가 문을 닫는 것이 최적의 상황이나, 공간이 충분치 않으면 문을 열고 관찰하되 시야는 확보되어야 한다. 이때 외부인이 들어오지 않도록 사전에 통제한다. 도핑검사관(DCO)은 선수에게 시료를 제공하기 전에 이물질로 인해 시료가 오염되지 않도록 비누 등의 세정제를 사용하지 않고 손을 깨끗하게 씻은 후 건조하도록 안내한다. 도핑검사관(DCO)은 선수에게 포장된 시료채취용기를 뒤집어 하단부의 세로 점선을 따라 포장을 뜯은 후 나머지 봉인상태의 뚜껑은 보이는 곳에 놓도록 안내한다. 이때 선수에게 시료채취용기 안쪽에 손가락을 넣거나 이물질이 들어가지 않게 주의하도록 요청한다. 도핑검사관(DCO)은 선수가 최소한 90mL 이상의 소변시료를 제공하도록 안내하며, 선수에게 가급적 최대 180mL까지 시료채취용기를 가득 채우도록 권장한다. 시료를 용기에 가득 채운 후 에는 선수가 방광을 비울 때까지 변기에 소변을 흘려보내도록 한다. 다만, 90mL 이상 채취되지 않는 경우, 도핑검사관(DCO)은 부분시료 채취절차를 진행한다. 시료채취 이후에 도핑검사관(DCO)은 선수에게 시료채취용기를 안전한 곳에 놓도록 한 후, 시료채취용기 상단부의 세로 점선을 따라 포장을 뜯고 뚜껑을 꺼내어 닫히는 소리가 날 때까지 눌러 닫도록 요청한다. 선수가 손 씻기를 원한다면 선수는 비누 등을 사용하지 않고 손을 깨끗하게 씻고 건조시켜야 한다. 단, 손을 씻는 동안 채취된 시료는 도핑검사관(DCO)과 선수가 볼 수 있는 안전한 곳에 놓아야 한다. 선수가 손을 비누로 씻기 원하는 경우, 시료가 봉인이 된 후에(병을 닫은 후에) 가능 함을 안내하고 일단 시료나누기 및 봉인 절차를 완료한 후 손을 비누로 씻을 수 있도록 조치한다. 90mL 이상의 소변시료가 채취되거나, 90mL 미만의 부분시료를 제공하고 추가적인 시료를 제공하기 어려울 경우, 도핑검사관(DCO)은 선수를 동반하여 도핑관리실로 돌아온다. 시료병이 봉인될 때까지 시료채취용기와 제공된 시료는 선수 본인만 만질 수 있다. 도핑검사관(DCO)은 항상 시료채취용기를 확실히 관찰할 수 있어야 한다.

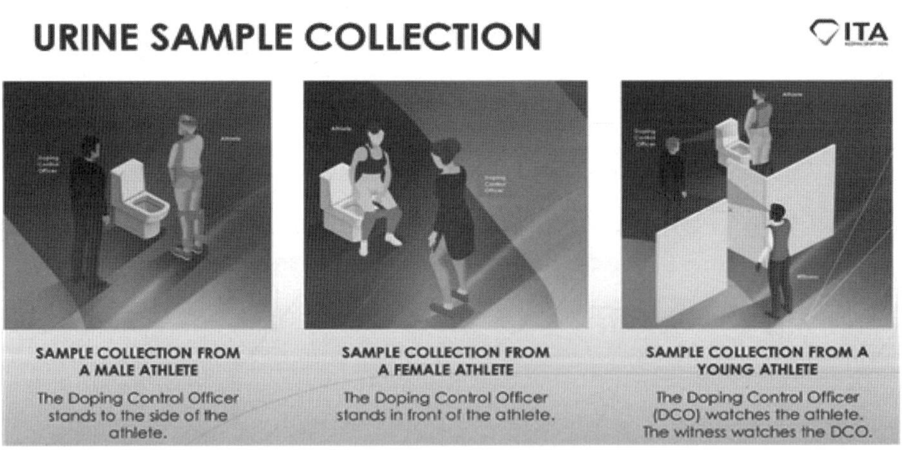

[그림 1. 소변시료 제공 중 입회(출처: ITA)]

다. 소변시료키트 선택 및 확인

도핑검사관(DCO)은 선수에게 개별 포장된 3개 이상의 소변시료키트 중 1개를 선택하도록 한다. 선수는 선택한 소변시료키트의 청결 및 훼손 여부를 확인한다. 선수 또는 도핑검사관(DCO)이 선택한 소변시료키트의 상태에 만족하지 않으면, 선수는 다른 키트를 선택한다. 소변시료키트가 선택되면 도핑검사관(DCO)은 선수에게 소변시료키트를 개봉하도록 요청한다. 소변 시료키트는 A병과 B병, 비닐백 및 방습제로 구성되어 있다. 선수가 직접 모든 내용물을 상자 밖으로 꺼내도록 한다. 선수와 도핑검사관(DCO)은 '소변시료키트 박스'와 'A병, B병의 몸체와 뚜껑'에 있는 모든 '고유번호' 가 일치하는지 확인한다. 고유번호가 일치하지 않으면 도핑검사관(DCO)은 선수에게 다른 소변시료 키트를 선택하도록 요청한다. 고유번호를 확인하고 기재하면, 선수에게 A병과 B병의 포장 비닐을 제거하도록 요청한다. 비닐포장재를 벗겨내면 뚜껑과 시료병이 분리되므로 시료병을 떨어트리지 않도록 주의해야 한다. 뚜껑이 잠기는 것을 방지하기 위한 '빨간색 링'은 시료의 봉인 전까지 시료병에서 제거하지 않는다.

[그림 2. 소변시료키트 선택 및 확인(출처: KADA)]

라. 소변시료 나누기

도핑검사관(DCO)은 선수에게 직접 시료채취용기를 들고 먼저 B병에 30mL의 소변을 붓도록 요청한다(B병 라벨 하단의 흰색 표시선까지). 이후, B병의 뚜껑을 닫지 않고 탁자 위 안전한 곳에 놓아두도록 한다. 선수에게 시료채취용기에 남은 소변을 직접 A병의 어깨선까지 붓도록 한다. 그래도 소변 시료가 남는 경우 다시 B병의 어깨선까지 붓도록 요청한다. 이때 비중측정을 위해 약 1~2mL의 소변시료를 용기에 남겨두어야 한다.

[그림 3. 소변시료 나누기(출처: KADA)]

마. 시료병 봉인 및 확인

도핑검사관(DCO)은 선수에게 A병과 B병을 봉인하도록 요청한다. 시료병에 걸쳐있는 '빨간색 링'을 제거하고, 뚜껑을 시계방향으로 돌려서 '따르륵' 소리가 더 이상 안 날 때까지 닫으면 봉인된다. 도핑검사관(DCO)은 선수에게 반대로 돌리게 하여 봉인을 확인시킨다. 이때 과도하게 힘을 가하면 병이 파손될 수 있으므로 선수에게 주의하도록 설명한다. 도핑검사관(DCO)이 직접 봉인(잠금)상태를 확인하고 거꾸로 뒤집어 세워서 시료가 새지 않음을 확인한다. 봉인 중에 시료병의 파손이나 이상이 발생하면 시료의 완전성이 훼손되지 않는 방법으로 다른 키트로 대체하고 그 내용을 기록한다. 선수가 시료병을 봉인하는 중 문제가 발생하면, 선수의 요청에 따라 대리인 또는 도핑검사관(DCO)이 봉인과정을 대신할 수 있다. 대리인 또는 도핑검사관(DCO)이 봉인되지 않은 시료의 처리와 관련된 절차에 도움을 준 경우에는 반드시 기록한다.

바. 비중측정

시료 봉인 후, 시료채취용기 뚜껑을 열고 스포이드를 이용하여 잔여 시료를 전자비중계 상단 원형측정구의 절반 높이까지 채운다. 스포이드가 없으면 시료채취용기를 기울여 뚜껑의 배출구로 한 두 방울을 떨어뜨린다. 측정용 시료와 원형측정구의 온도가 같아지도록 30초 동안 대기한다. 채취량이 90mL 이상 150mL 미만 시료는 전자비중계 1.005 이상 또는 시약스틱 1.010 이상, 채취량 150mL 이상 시료는 전자비중계 1.003 이상의 비중이 나와야 한다.

[그림 4. 비중측정(출처: KADA)]

5. 정맥혈시료 채취절차

가. 선수 건강상태 확인

시료채취요원은 선수에게 선수통지 절차에 따라 혈액검사 대상으로 선정되었음을 통지하고, 정맥혈시료를 제공할 수 없는 특별한 사유가 있는지 확인해야 한다. 선수가 혈액 관련 질병으로 인해 시료를 제공할 수 없는 경우, 정상적으로 통지절차를 진행하고 이를 혈액채취요원(BCO)에게 알리며, 혈액채취요원(BCO)은 선임 도핑검사관(DCO)과 협의하여 한국도핑방지위원회에 보고하고 지시 사항에 따른다.

나. 정맥혈시료키트 선택 및 조립

혈액채취요원(BCO)은 선수에게 개별 포장된 3개 이상의 정맥혈시료키트 중에서 1개를 선택하도록 요청한다. 선수는 선택한 키트의 청결 및 훼손 여부를 확인해야 한다. 선수 또는 도핑검사관(DCO)이 선택된 키트의 상태에 만족하지 않으면, 선수는 다른 키트를 선택한다. 혈액채취요원(BCO)은 선수로부터 '진공혈액튜브', '주사바늘' 등 혈액시료채취 용품을 받아 선수가 보는 앞에서 용품을 조립해야 한다.

다. 정맥혈시료 채취

혈액채취요원(BCO)은 시료채취에 가장 적합한 팔을 정한다. 선수가 특정한 팔을 사용하도록 요청하거나 혈액채취요원(BCO)이 다른 팔이 더 적절하다고 판단하는 경우를 제외하고, 선수의 경기력에 영향을 미치지 않도록 주로 사용하지 않는 팔에서 정맥혈시료를 채취한다. 선수가 원하거나 혈액채취요원(BCO)이 필요하다고 판단하는 경우, 팔 이외의 다른 신체부위에서 정맥 혈시료를 채취할 수 있다. 혈액채취요원(BCO)은 필요시 선수의 팔 위쪽에 지혈대를 채운다. 만약 선수에게 피부 질환이 있는 경우에는 옷 위 혹은 종이수건 위에 지혈대를 채운다. 혈액채취요원(BCO)은 정맥채혈 부위를 알코올 솜으로 닦아서 깨끗하게 하고, 주사바늘을 삽입하기 전 피부가 건조되었는지 확인한다. 혈액채취요원(BCO)은 정맥혈관 속에 주사바늘을 삽입하고 요구량의 정맥혈을 채취하기 위해 첫 번째 진공혈액튜브를 주사바늘에 부착한다. 채혈이 시작되면 즉시 지혈대를 풀어야 한다. 첫 번째 진공혈액튜브에 요구량의 정맥혈시료가 채취되면 튜브를 분리하고 두 번째 진 공혈액튜브를 주사바늘에 부착하여 두 번째 요구량의 혈액을 채취한다. 요구되는 양의 정맥혈시료가 모두 채취되면, 혈액채취요원(BCO)은 주사바늘이 정맥에 삽입된 상태에서 부착된 진공혈액튜브를 분리한 후 정맥에서 주사바늘을 제거한다. 진공혈액튜브는 선수가 항상 볼 수 있어야 한다.

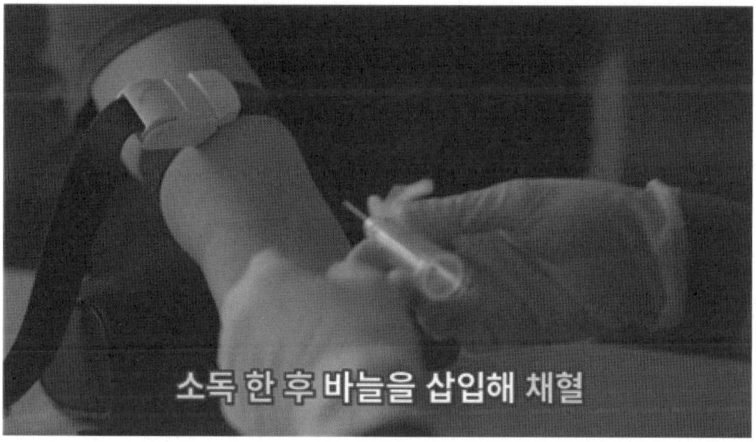

[그림 5. 정맥혈시료 채취(출처: KADA)]

라. 사후처리 절차

혈액채취요원(BCO)은 선수의 팔에서 주사바늘을 제거한 후 바늘을 삽입한 부위에 소독면을 대고, 선 수에게 채혈부위를 문지르지 말고 2~3분 동안 지그시 누르도록 안내한다. 지혈밴드가 있는 경우 필요시 관련 사용방법에 따라 사용한다. 혈액채취요원(BCO)은 선수에게 최소한 30분 동안 팔을 사용하는 격렬한 신체활동을 자제하도록 권고한다. 선수가 잘 이해할 수 있도록 채혈 후 주의사항과 생길 수 있는 부작용 등을 설명한다. 혈액채취요원(BCO)은 필요시 응급처치를 수행할 수 있는 준비 및 비상연락체계를 갖추어야 한다.

[그림 6. 사후처리 절차(출처: KADA)]

마. 시료봉인

채혈이 완료되면 선수에게 시료병을 개봉하여 각각의 병과 뚜껑을 탁자 위에 놓도록 요청한다. 이때 뚜껑 잠김을 방지하기 위해 '빨간색 링'은 봉인 전까지 제거하지 않도록 설명한다. 혈액채취요원(BCO)은 선수에게 A병과 B병을 봉인하도록 요청한다. 시료병에 걸쳐있는 '빨간색 링'을 제거하고, 뚜껑을 시계방향으로 "따르륵" 소리가 멈출 때까지 돌려서 봉인하도록 한다. 선수에게 반대로 돌려보도록 하여 봉인을 확인한다. 과도하게 힘을 가하면 병이 파손될 수 있으므로 선수에게 주의하도록 설명한다.

[그림 7. 시료봉인(출처: KADA)]

6. 서류작성 및 사본교부

도핑검사서 작성 및 서명: 선수는 최근 7일 이내에 복용한 약물이나 보조제를 '약물복용'란에 기재한다. 정맥혈시료 역시 채취된 경우, 추가적인 문서의 기재가 필요할 수 있다. 도핑검사서의 이상 유무를 최종 검토한 후 도핑검사서의 '검사절차 확인'을 의미하는 서명을 한다. 도핑검사관이 도핑검사서의 선수용 사본을 분리하여 선수에게 교부하는 것으로 도핑검사가 마무리된다.

7. 시료의 보관

소변시료는 잠금장치가 있는 냉장고 등에 보관된 경우를 제외하고, 항상 시료채취요원이 관찰할 수 있어야 하며 시료의 취급은 허가된 시료채취요원으로 제한되어야 한다. 냉장고가 준비되지 않았다면 시료는 반드시 서늘한 곳에 보관되어야 하다. 정맥혈시료는 선임 도핑검사관(DCO)이 혈액시료의 완전성, 안전성이 보장되는 방법으로 보관해야 한다. 선임 도핑검사관(DCO)은 봉인된 혈액시료를 운반할 때까지 잠금장치가 있는 냉장고 또는 보냉가방 등에 넣어 적정 온도가 유지되도록 보관해야 한다. 시료를 잠금장치가 없는 냉장고 등에 보관하는 경우, 시료채취요원이 항상 관찰해야 하며 시료의 취급은 허가된 시료채취요원으로 제한되어야 한다. 시료가 냉동보관 되어서는 안 된다. 시료는 정상 작동 중인 온도기록계가 동봉된 보냉가방 등에 보관 및 운송되어야 한다.

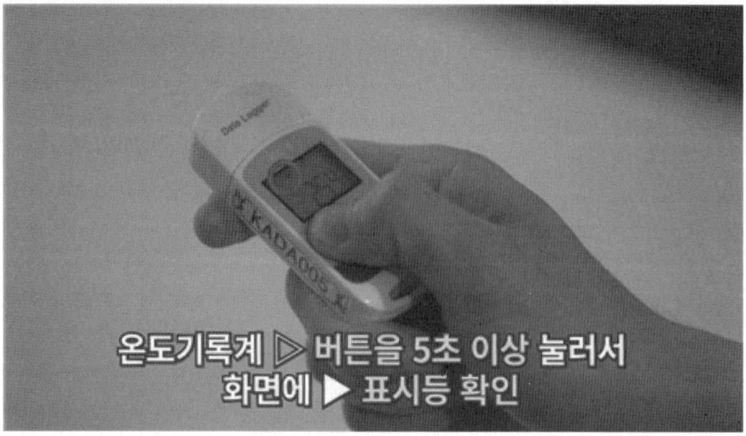

[그림 8. 시료의 보관(출처: KADA)]

8. 시료의 운반 및 발송

시료 및 관련 서류는 시료채취임무 완료 후 분석기관으로 조속히 발송 또는 운송되어야 한다. 도핑검사관(DCO)은 시료를 분석기관으로 직접 전달하거나 택배 또는 퀵서비스 등을 통해 발송할 수 있다. 도핑검사관(DCO)은 송장 번호를 반드시 기재한다.

9. 시료채취절차의 조정

가. 미성년 선수에 대한 절차의 조정

미성년 선수를 위한 절차의 조정은 '만 18세 미만'의 미성년 선수에게 적용된다. 미성년 선수는 시료채취과정 전반에 선수대리인을 동반하는 것이 권고된다. 선수대리인은 지도자, 부모, 경기단체 관계자 등 선수지원요원이 될 수 있으며, 선수지원요원이 없는 경우, 제2의 시료채취요원이 그 임무를 수행할 수 있다. 도핑검사관(DCO)은 가능한 경우 미성년 선수의 보호자(친권자, 교사 또는 지도자)에게 「미성년 선수 보호자 동의서」의 작성 및 서명을 요청한다.

나. 장애인 선수에 대한 절차의 조정

장애인 선수에 대한 통지와 시료채취절차의 모든 과정은 선수의 장애로 조정이 필요한 경우를 제외하고 일반적인 통지 및 시료채취절차에 따라 시행되어야 한다. 도핑검사관(DCO)은 정황상 필요하거나, 시료의 동일성, 완전성 또는 안전성을 훼손하지 않는 범위 내에서 통지 및 시료채취절차를 조정할 권한을 가진다. 이러한 모든 조정사항은 서류에 작성되어야 한다. 조정이 필요 한 선수는 다음과 같다.

- 행동에 제약이 있어 표준 시료채취절차의 시행이 어려운 선수
- 시각장애 선수
- 신경장애 또는 발달장애 선수
- 도뇨관 등 배뇨기구를 사용하는 선수

10. 메가스포츠이벤트 도핑검사프로그램

가. 국제올림픽위원회(IOC) 도핑관리 프로그램

국제올림픽위원회(IOC) 국제검사기구(ITA)에 도핑관리프로그램의 시행에 대한 권한을 위임한다. 국가올림픽위원회(NOC)로부터 자격을 받고 참가 등록된 선수는 대회 전과 대회기간 동안 장소와 상관없이 언제 어디서든 도핑검사 대상이 될 수 있다. 국제올림픽위원회(IOC) 규정에 따라 경기기간 중은 선수가 참가하기로 예정된 경기 전일 오후 11시 59분부터 해당 경기 및 그 경기와 관련된 시료채취절차가 끝나는 시점까지의 기간이며 경기기간 외는 경기기간 중이 아닌 기간을 뜻한다. 국제경기연맹(IF) 또는 국가도핑방지위원회(NADO)의 검사대상명부(RTP) 및 검사대상후보명부(TP)에 포함된 선수는 ADAMS를 통해 지속적으로 정확한 소재지정보를 제공해야 한다. 국가올림픽위원회(NOC) 올림픽대회 시작 전과 기간 동안 ADAMS에 정확하고 확실한 소재지정보를 제출해야 한다고 선수에게 반드시 알려야 한다. 국제올림픽위원회(IOC)를 대신하여 국제검사기구(ITA)는 올림픽 대회를 앞두고 국가올림픽위원회(NOC)의 교육활동을 관리한다. 세계도핑방지규약에 따라 국가올림픽위원회(NOC)는 도핑방지 교육을 계획, 실행, 평가 및 홍보할 의무가 있다. WADA 독립관찰(IO) 프로그램은 세계도핑방지규약 및 국제표준에 따라 주

요 경기대회의 도핑관리 과정의 전체 단계를 모니터링하고 보고함으로써 선수와 대중에게 신뢰를 높이는데 목적이 있다. 독립관찰단은 대회 기간 중에 다양한 도핑방지프로그램의 시행을 관찰하고 피드백을 제공하여 필요한 경우 운영과 절차를 개선할 수 있도록 지원한다. 독립관찰단은 프로그램 종료 후 대회 도핑방지프로그램의 모든 측면을 다루는 보고서를 발간하며 해당 보고서는 다음 대회의 개선 영역을 포함한다. 본 프로그램의 목적은 국제올림픽위원회(IOC), 국제검사기구(ITA) 및 조직위원회 그리고 WADA가 협력하여 대회의 효과적인 도핑방지프로그램을 제공하고 향후 개최 지역에서 대회를 위한 도핑방지 능력을 개발하는 것이다.

나. 국제축구연맹(FIFA) 도핑관리 프로그램

국제축구연맹(FIFA) 도핑방지 부서는 2022 FIFA 카타르 월드컵 예선 단계뿐만 아니라 대회 자체에 대한 강력한 도핑방지프로그램을 시행했다. 국제축구연맹(FIFA)은 축구의 도핑 위험 분석에 기초한 검사배분 계획을 개발했다. 이 계획은 WADA와 공유 및 합의되었으며 인텔리전스 기반 테스트 프로그램이다. 독립적인 전문가로 구성된 국제축구연맹(FIFA)의 선수생체수첩(ABP) 관리 부서는 잠재적인 편차를 감지하기 위해 지속적으로 선수생체수첩을 검토한다. 이는 FIFA 월드컵에 참가하는 모든 선수에게 적용된다. 참가 팀들은 2022년 2월부터 대회가 끝날 때까지 자신들의 소재 정보를 공유하도록 지시 받았다. 소재지정보는 팀이 소집될 때마다 국제축구연맹(FIFA)에게 선수들의 정확한 위치와 일정을 제공했다. 국제축구연맹(FIFA)은 청소년 선수, 전문 선수, 선수 지원 인력 등 3명의 독자를 위한 3가지 학습 모듈을 특징으로 하는 새로운 도핑 방지 e-러닝 플랫폼을 구축했다. 코스는 도핑방지 시스템에 대한 소개와 선수의 엄격한 책임 원칙에 대해 초점을 맞춘 콘텐츠가 특징이다. 또한 모든 학습자는 치료목적사용면책(TUEs)를 얻는 방법, 소재지정보 프로세스가 어떻게 생겼는지, 도핑검사 절차에 대한 모든 정보를 맞춤형 과정으로 접근할 수 있다. 과정은 현재 14개 언어로 제공된다. 또한, 국제축구연맹(FIFA)의 권한 하에 도핑 관리가 충분히 높은 수준으로 이루어지도록 하기 위해 국제축구연맹(FIFA)은 도핑검사관을 대상으로도 반복적인 워크숍을 개최한다.

「시료채취절차와 도핑검사현장」 저자

황다빈

스포츠가 '각본 없는 드라마'라고 불리는 것처럼 경기가 끝나기 전까진 누구도 결과를 장담할 수 없는 것이 스포츠의 가장 큰 매력이라고 생각하고, 이러한 스포츠의 예측불가한 특성은 도핑방지를 통해 지켜질 수 있다는 믿음을 바탕으로 스포츠의 수호자가 되기 위해 한국도핑방지위원회에 입사했다. 위원회에서는 국가대표 도핑검사와 도핑검사관 관리를 담당하고 있다.

국내에서는 1988년 서울 올림픽에서 벤 존슨의 도핑 적발을 시작으로 랜스 암스트롱의 도핑, 러시아 국가대표팀 도핑 스캔들 등을 통해 도핑의 개념이 대중들에게도 널리 퍼져있다. 하지만 언제, 누가, 어떤 기준으로 대상자를 선정해서 도핑 검사가 이뤄지는지는 여전히 많은 이들의 궁금증을 자아내면서도 생소하다. 본 교재를 통해 그동안 잘 알려지지 않은 도핑검사의 절차를 소개하고자 한다.

집필보조

장태용(국민대학교 스포츠산업레저학과), **허수빈**(국민대학교 스포츠산업레저학과), **진유연**(국민대학교 영어영문학부)

08

금지목록과 치료목적사용면책

Prohibited List and Therapeutic Use Exemption

자주 등장하는 약어

도핑방지행정관리시스템(ADAMS):
Anti-Doping Administration and Management System

세계도핑방지기구(WADA):
World Anti-Doping Agency

치료목적사용면책위원회(TUEC):
Therapeutic Use Exemption Committee

08장

금지목록과 치료목적사용면책

Prohibited List and Therapeutic Use Exemption

1. 금지목록(Prohibited List)

1) 발간과 개정

- 정의: 스포츠에서 금지되는 약물과 방법을 명시한 목록이다.
- 개정: WADA는 연간 1회 금지목록을 정기 개정하고, 필요하면 수시 개정할 수 있다.
  - WADA는 개정 금지목록 발효 3개월 전에 개정안을 각 가맹기구에 배포하고 웹사이트에 게재하며, 이는 추가 조치 없이 다음 해 1월 1일부터 적용된다.
- 금지목록 전문가 자문단(Prohibited List Expert Advisory Group)
  - 역할: 금지목록의 출판, 관리 및 유지에 관한 전문가 자문, 권고 등을 제공한다.
  - 구성: 의 · 과학 전문가, 약사 등

2) 금지목록 등재기준

- 세계도핑방지기구는 어떠한 약물이나 방법에 대해 다음 세 가지 기준 중 두 가지 이상을 충족한다고 판단하면 금지목록에 포함한다.
  - 경기력을 향상시키거나 경기력을 향상시킬 수 있는 잠재력을 가지고 있는 경우
  - 선수의 건강에 실제로 또는 잠재적 위험이 되는 경우
  - 스포츠 정신에 위배되는 경우

3) 금지목록의 구성

– 금지목록의 구성

구성	경기기간 중	경기기간 외
S0. 비승인약물 Non-approved substances	금지	금지
S1. 동화작용제 Anabolic agents	금지	금지
S2. 펩티드호르몬 성장인자, 관련 약물 및 유사제 Peptide hormones, growth factors, related substances, and mimetics	금지	금지
S3. 베타-2 작용제 Beta-2 agonists	금지	금지
S4. 호르몬 및 대사변조제 Hormone and metabolic modulators	금지	금지
S5. 이뇨제 및 은폐제 Diuretics and masking agents	금지	금지
M1. 혈액 및 혈액성분의 조작 Manipulation of blood and blood components	금지	금지
M2. 화학적, 물리적 조작 Chemical and physical manipulation	금지	금지
M3. 유전자 및 세포도핑 Gene and cell doping	금지	금지
S6. 흥분제 Stimulants	금지	허용
S7. 마약 Narcotics	금지	허용
S8. 카나비노이드 Cannabinoids	금지	허용
S9. 글루코코르티코이드 Glucocorticoids	금지	허용
P1. 베타차단제 Beta-blockers	특정종목만 금지	

– 용어 설명

- S: 금지약물(Prohibited Substance)
- M: 금지방법(Prohibited Methodist)
- 경기기간 외(Out-of-competition): 경기기간 중이 아닌 기간을 말한다.
- 경기기간 중(In-Competition): 일반적으로 선수의 출전 경기 전날 23시 59분부터 그 경기와 관련된 시료의 채취 절차가 끝나는 기간을 말한다. (프로종목의 경우 프로스포츠 단체가 주최 · 주관하는 공식경기의 리그기간)

4) 금지목록 톺아보기

– S0. 비승인 약물

- 금지유형: 상시금지(경기기간 중 + 경기기간 외)
- 주요 예시: BPC-157 등
- 특징: 각국 정부 산하 보건기구에서 사람의 치료를 위하여 사용하도록 현재 승인하지 않은 모든 약리적 물질을 말하며, 임상 전 또는 임상 개발 중 또는 생산이 중단된 약물, 합성 마약 및 동물용으로만 승인된 약물 등은 항상 금지된다.

– S1. 동화작용제

- 금지유형: 상시금지(경기기간 중 + 경기기간 외)
- 주요 예시: 테스토스테론(Testosterone), 볼데논(Boldenone), 스타노졸롤(Stanozolol) 등
- 특징: 대표적인 금지약물 분류로 동화작용남성호르몬 스테로이드(Anabolic Androgenic Steroids)을 포함한다. 동화작용을 하여 근육 성장을 돕고 결과적으로 강력한 경기력 향상 효과를 줄 수 있는 약물이 포함되어 있다. 남성의 생식샘 기능저하 등 치료목적으로 사용될 수 있는 약물도 일부 포함한다.

– S2. 펩티드호르몬, 성장인자, 관련 약물 및 유사제

- 금지유형: 상시금지(경기기간 중 + 경기기간 외)
- 주요 예시: Erythropoietins(EPO), Growth Hormone(GH) 등
- 특징: 에리스로포이에틴(EPO)과 적혈구 생성 작용제, 저산소증 유도인자, 부신피질자극호르몬 등이 포함된 분류로 가장 대표적인 금지약물은 에리스로포이에틴(EPO)와 성장호르몬(GH)이다. 일부 약물은 빈혈, 남성 생식선 기능 관련 질환, 성장호르몬

결핍 등의 치료과정에서 사용될 수 있다.

- S3. 베타-2 작용제
  - 금지유형: 상시금지(경기기간 중 + 경기기간 외)
  - 주요 예시: 히게나민(Higenamine), 살부타몰(Salbutamol), 살메테롤(Salmeterol), 빌란테롤(Vilanterol) 등
  - 특징: 교감신경의 베타수용체에 작용하여 기관지를 확장시키는 작용을 하는 금지약물이다. 일부 약물은 천식 및 호흡기 질환 치료과정에서 사용될 수 있다. 천식 치료제로 자주 사용되는 몇 가지 성분의 경우 치료용량 만큼의 사용은 이뇨제 또는 은폐제와 함께 사용하지 않는다면 예외적으로 허용하고 있다.

- S4. 호르몬 및 대사변조제
  - 금지유형: 상시금지(경기기간 중 + 경기기간 외)
  - 주요 예시: 인슐린(Insulin), 멜도니움(Meldonium), 트리메타지딘(Trimetazidine) 등
  - 특징: 경기력 향상을 일으킬 수 있는 호르몬과 대사조절인자 등이 포함된 분류로, 가장 대표적인 약물은 당뇨 치료제인 인슐린(Insulin), 유방암 치료약물로 사용되는 타목시펜(Tamoxifen) 등이 있으며, 그 외에도 여성의 불임 치료, 다낭성난소증후군 치료에 사용될 수 있는 약물을 포함한다.

- S5. 이뇨제 및 은폐제
  - 금지유형: 상시금지(경기기간 중 + 경기기간 외)
  - 주요 예시: 퓨로세마이드(Furosemide), 스피로노락톤(Spironolactone), 데스모프레신(Desmopressin) 등
  - 특징: 체수분을 조절하는 것으로 경기력 향상을 일으킬 수 있는 약물 분류이다. 특히 체급 종목(태권도, 유도, 레슬링 등)에서 악용될 가능성이 비교적 큰 약물 분류이다. 또한, 선수가 아닌 일반인 사이에서도 원래의 치료목적이 아닌 다이어트 목적으로 사용되기도 한다. 이 분류의 약물들은 심부전, 고혈압 등의 질병치료에 사용될 수 있는 약물을 포함한다.

- M1. 혈액 및 혈액성분의 조작
  - 금지유형: 상시금지(경기기간 중 + 경기기간 외)

- 예시: ① 혈액 및 혈액성분을 조작하여 경기력 향상을 의도하는 행위를 금지로 정의한 분류이다. 모든 분량의 자가혈액, 동종혈액 또는 이종혈액 및 모든 출처의 적혈구제제를 순환계에 투여 또는 재주입하는 행위 ② 흡입을 통한 산소보충을 제외한 산소의 섭취, 운반 또는 전달의 인위적 향상 등 ③ 물리적 또는 화학적 수단을 이용한 혈액 또는 혈액성분에 대한 모든 형태의 혈관 내 조작

– M2. 화학적, 물리적 조작

- 금지유형: 상시금지(경기기간 중 + 경기기간 외)
- 예시: ① 도핑검사과정에서 채취한 시료의 성분과 유효성을 변조하거나 변조를 시도하는 행위(예. 시료 바꿔치기 및 불순물 섞기) ② 100ml/12hr 보다 많은 양의 정맥투여 금지(의료기관에 의해 합법적으로 처치된 경우는 제외)

– M3. 유전자 및 세포도핑

- 금지유형: 상시금지(경기기간 중 + 경기기간 외)
- 예시: ① 경기력 향상 가능성을 가진 유전자 서열 변경, 유전자 발현을 변경시킬 수 있는 핵산 또는 핵산 유사물의 사용(예. 유전자 편집, 유전자 이식요법 등) ② 정상 세포 또는 유전적으로 조작된 세포의 사용

– S6. 흥분제

- 금지유형: 경기기간 중 금지
- 주요 예시: 코카인(Cocaine), 펜터민(Phentermine), 에페드린(Ephedrine)
- 특징: 중추신경계를 흥분시켜 심장박동과 호흡수 등을 늘리고 신체를 인위적으로 활성화하는 등의 경기력 향상 효과를 줄 수 있는 금지약물이다. 코카인(Cocaine), 암페타민(Amfetamine) 국내법상 마약류로 분류되는 성분 일부를 포함하고 있다. 일부 약물은 아나필락시스, ADHD(주의력결핍과잉행동장애), 감기 및 독감 증상 치료제로 사용될 수 있다.

– S7. 마약(Narcotics)

- 금지유형: 경기기간 중 금지
- 주요 예시: 몰핀(Morphine), 헤로인(Heroin), 옥시코돈(Oxycodone), 페치딘(Pethidine)
- 특징: 이 분류에 포함된 약물은 강력한 진통 작용을 하여 휴식 및 치료가 필요한 선수

를 경기에 출전시키기 위해 악용될 가능성이 있다. 이 분류에 포함되는 약물은 국내 법상으로도 마약류로 분류된다. 일부 약물은 마약성 진통제로 사용되는 분류이며, 암성 통증 등 중등도 이상의 급, 만성 통증 치료에 적용될 수 있다.

– S8. 카나비노이드(Cannabinoids)

- 금지유형: 경기기간 중 금지
- 주요 예시: 카나비스 함유물(해시시, 마리화나), 천연 및 합성 THC 등
- 특징: 대마와 같은 식물유래 화합물로 일부 국가에서는 합법인 경우가 있지만, 우리나라에서는 법적으로 금지하고 있는 약물로 의료용 사용 또한 허가되지 않는다.

– S9. 글루코코르티코이드(Glucocorticoids)

- 금지유형: 경기기간 중 금지(경기기간 중 + 경기기간 외)
- 주요 예시: 프레드니솔론(Prednisolone), 덱사메타손(Dexamethasone), 트리암시놀론(Triamcinolone) 등
- 특징: 스테로이드 구조를 가지고 있어 일반적으로 '스테로이드'라고 칭하기도 하는 약물로(상시금지약물인 S1 분류의 남성호르몬 스테로이드와 구분 필요) 강력한 항염증 작용을 하여 다양한 진료과(피부과, 내과 등)에서 광범위하게 사용되는 약물을 포함한다. 특히 근골격계 질환 통증 치료에 일명 '뼈주사'라는 이름으로 오랫동안 사용되어왔다. 일부 약물은 알러지, 아나필락시스, 천식, 염증성 장질환 등의 치료에 사용될 수 있다.

– P1. 베타차단제

• 금지유형: 종목별 상이

종목	경기기간 중	경기기간 외
양궁/장애인양궁	금지	금지
사격/장애인사격	금지	금지
수중·핀수영	금지	금지
골프(프로골프, 미니골프)	금지	허용
스키·스노보드/장애인 스키·스노보드	금지	허용
자동차경주	금지	허용
당구	금지	허용
다트	금지	허용
그 외 종목	허용	허용

• 주요 예시: 프로프라놀롤(Propranolol), 티몰롤(Timolol) 등

• 특징: 혈관을 확장을 통해 심장박동을 낮추는 약물이다. 또한 손과 미세한 떨림을 완화할 수 있는데 집중력과 침착함이 경기력과 직결되는 일부 종목에서만 금지되고 있다. 이 분류의 약물은 심부전, 고혈압 등의 치료약물로 사용될 수 있다.

5) 금지목록 관련 주요 FAQ/KADA 누리집

– (질문) 금지목록 내용에 반대 의견을 제시할 수 있을까?

• (답변) 금지목록은 WADA의 최종 결정사항이다. 이에 대하여 선수, 의료진 등 관계자가 다양한 근거를 들어 이의를 제기할 수 없다. (WADA Code 제4.3.3항)

– (질문) 금지목록은 변경될까?

• (답변) 금지목록은 세계도핑방지기구 홈페이지에서 확인할 수 있으며, 필요하면 언제든지 개정될 수 있다. 금지목록은 연 1회 정기개정 된다.

– (질문) 금지목록은 전 세계적으로 같을까?

• (답변) WADA 규약을 준수하는 전세계 모든 국가와 스포츠기구에 동일하게 적용된다.

– (질문) 의료진이 추천해 준 약물은 도핑에서 무조건 안전할까?

• (답변) 의료진은 질병 치료의 전문가지만, 스포츠에서 적용되는 금지목록에 대해 완벽히 숙지하고 있지 않을 수 있다. 따라서, 의약품 사용 전 '금지약물 검색서비스'를 이용하여 해당 의약품의 금지약물 포함 여부를 재확인해야 한다.

6) 부작용 사례

– (S1/동화작용제) 근육량을 늘리기가 얼마나 힘든지 짧게라도 헬스장에 다녀본 분들은 알고 있을 것이다. 열심히 땀 흘려 키워야 하는 근육을 약물로 키우는 것은 마치 게임에서 치트키를 사용하는 것처럼 경기력향상에 엄청난 도움이 될 수 있다. 이러한 부정적인 치트키는 금지해야 한다. 동화작용제는 경기력 향상뿐만 아니라 부작용도 만만치 않은 약물이다. 우리 몸은 필요한 양을 판단하여 호르몬의 생성을 조절할 정도로 똑똑하다. 이미 열심히 필요한 양을 만들어내고 있는데 수년간 남성호르몬을 인위적으로 투여한 보디빌더 A씨는 이 결과로 무정자증 진단을 받았다.

– (S5/이뇨제) 이뇨제는 말 그대로 화장실을 자주가게 하는 약물이다. 체내 수분량을 줄여주는 약물이라고 할 수 있다. 수분량과 경기력 향상이 무슨 관계일까? 체수분량이 줄어들면 체중도 함께 줄어든다. 한결 가벼워진 몸은 경기력 향상에 영향을 줄 수 있다. 이뇨제를 악용하여 2~3kg 정도 감량하는 것은 어려운 일이 아니기 때문에 태권도, 유도 등과 같이 체급에 따라 경쟁 상대를 달리하는 종목에서 악용의 소지가 있다. 이뇨제의 부작용 또한 상당하다. 체내 수분량을 인위적으로 줄이면 탈수 증상이 나타난다. 처음에는 갈증을 심하게 느끼고 피부가 건조해지는 등의 경한 부작용을 겪지만, 정도가 심해지면 정신이 흐려지고 혈압이 떨어지는 등 죽음에 이르게 할 수 있는 상태가 될 수도 있다. 절대 쉽게 사용해서는 안되는 무서운 약물이다. 체중감량 압박에 시달리던 체조선수 A씨는 이뇨제 무리하게 복용하기 시작했고, 훈련도중 시야가 흐려지고 어지러운 등 심각한 탈수 증상을 겪고 응급실에 실려가야 했다.

– (S6/흥분제) 흥분제 계열 약물을 복용하면 의지도 뿜뿜하게 되고, 기분도 좋아지고 한결 가벼워진 몸을 가지고 피곤한 줄도 모르고 경기에 참가할 수 있다. 물론 카페인은 금지약물이 아니지만, 커피와 같은 고카페인 음료를 많이 마셔서 밤에 잠들지 못한 경험과

비슷하다. 그것보다 훨씬 강한 효과를 준다고 생각하면 이 약물의 효과를 이해하기 쉬울 것이다. 다 좋아 보이는데 뭐가 문제일까? 이 약물은 혈관을 좁아지게 한다. 혈관이 좁아진 채로 갑자기 고강도 스포츠에 참여하면 극단적인 경우 선수가 경기 중에 쓰러져 사망할 수도 있다. 또한 뇌 또는 심장혈관 질환 위험도도 급증시키는 위험한 약물이다. 흥분제를 사용한 자전거 선수 B씨는 더운 날씨에 오래 자전거를 타야하는 투어 일정에 참가했다가 심장마비로 급사했다. 부검에서 다량의 흥분제가 검출되었는데 선수의 갑작스러운 사망과 연관이 있을 것으로 보인다.

2. 금지약물 검색서비스

1) 금지약물 검색서비스란?

- 세계도핑방지기구의「금지목록 국제표준」과 국내 의약품 정보를 결합하여 해당 의약품의 금지약물 정보를 제공하는 검색서비스이다.
- 종목별 금지 여부, 투여 경로 등의 금지약물 세부정보 및 예외사항 등을 검색서비스 형태로 제공한다.

2) 금지약물 검색서비스 바로가기

URL	https://www.kada-ad.or.kr/kada?where=drug/drug_search
QR	

3) 금지약물 검색 예시

– 검색 정보 입력

<table>
<tr><th>항목</th><th>예시화면</th></tr>
<tr><td>금지약물 검색
(상세검색)</td><td>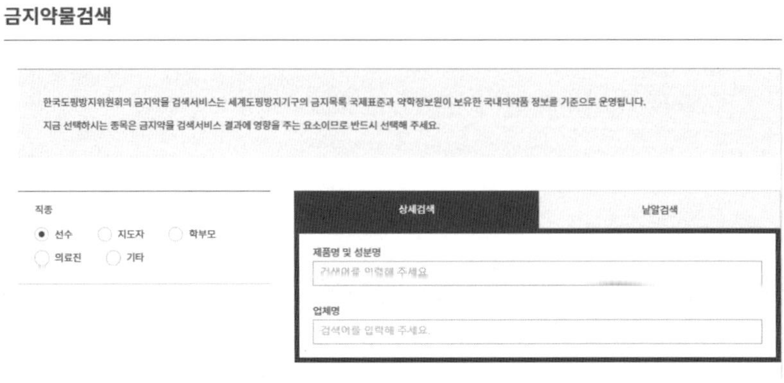

〈출처: KADA 금지약물 검색서비스〉</td></tr>
<tr><td>금지약물 검색
(낱알검색)</td><td>

〈출처: KADA 금지약물 검색서비스〉</td></tr>
</table>

– 금지약물 정보 제공 예시

항목	예시화면
허용 약물	**금지약물 정보** • **경기기간 중** ○ 허용 • **경기기간 외** ○ 허용 〈출처: KADA 금지약물 검색서비스〉
경기기간 중 금지약물	**금지약물 정보** **트리암시놀론아세토니드 [Triamcinolone Acetonide]** 동의어: 9α-Fluoro-11β,21-dihydroxy-16α,17α-isopropylidenedioxypregna-1, Acetonide, Triamcinoloni Acetonidum • **경기기간 중** ⊘ 금지 • **경기기간 외** ○ 허용 〈출처: KADA 금지약물 검색서비스〉
상시 금지약물	**금지약물 정보** **푸로세미드 [Furosemide]** 동의어: 4-Chloro-N-furfuryl-5-sulphamoylanthranilic acid, 푸로세미드, Frusemide, • **경기기간 중** ⊘ 금지 • **경기기간 외** ⊘ 금지 〈출처: KADA 금지약물 검색서비스〉

특정종목 금지약물

금지약물 정보

티몰롤말레산염 [Timolol Maleate]

동의어: (S)-1-tert-Butylamino-3-(4-morpholino-1,2,5-thiadiazol-3-yloxy)propan-2-ol maleate, Timololi Maleas

• 경기기간 중 ⚠정보확인 • 경기기간 외 ⚠정보확인

⚠ 정보확인

종목	경기기간 중	경기기간 외
양궁	⊘ 금지	⊘ 금지
장애인양궁	⊘ 금지	⊘ 금지
사격	⊘ 금지	⊘ 금지
장애인사격	⊘ 금지	⊘ 금지
수중/핀수영	⊘ 금지	⊘ 금지
골프(프로골프, 미니골프)	⊘ 금지	○ 허용
스키/스노보드	⊘ 금지	○ 허용
장애인 스키/스노보드	⊘ 금지	○ 허용
자동차경주	⊘ 금지	○ 허용
당구	⊘ 금지	○ 허용
다트	⊘ 금지	○ 허용
그 외 종목	○ 허용	○ 허용

〈출처: KADA 금지약물 검색서비스〉

생약성분

금지약물 정보

본 금지약물 검색서비스는 생약성분 및 생약성분을 원료로 하는 의약품에 대한 금지약물 검색서비스를 제공하지 않습니다.

〈출처: KADA 금지약물 검색서비스〉

검색어 오류 등

성분		금지약물 정보	
성분명(영문)	성분명(한글)	경기기간 중	경기기간 외
조회 결과가 없습니다. 이는 금지가 아님을 의미하는 것은 아닙니다. 검색어를 정확하게 확인하세요. 보충제(건강기능식품 등) 및 생약 성분 함유 의약품의 경우 금지약물 포함 여부를 확인할 수 없습니다.			

〈출처: KADA 금지약물 검색서비스〉

3. 치료목적사용면책

1) 치료목적사용면책(Therapeutic Use Exemption)

- 치료목적으로 금지약물 또는 금지방법의 사용이 필요한 선수는 해당 금지약물 또는 금지방법을 사용하거나 보유하기 이전에 치료목적사용면책(TUEs)을 신청하고 승인받아야 한다.
- 선수의 치료받을 수 있는 권리를 보호하는 제도로, 본 제도를 통해 승인받는 선수는 치료받으며 경기출전이 가능하다.
- 선수는 필요시 절차에 따라 치료목적사용면책(TUEs) 신청이 가능하며 심사에서 불승인 된 금지약물 또는 금지방법을 사용하는 경우 도핑방지규정위반으로 간주될 수 있다.

Lifecyle of a TUE Application Process

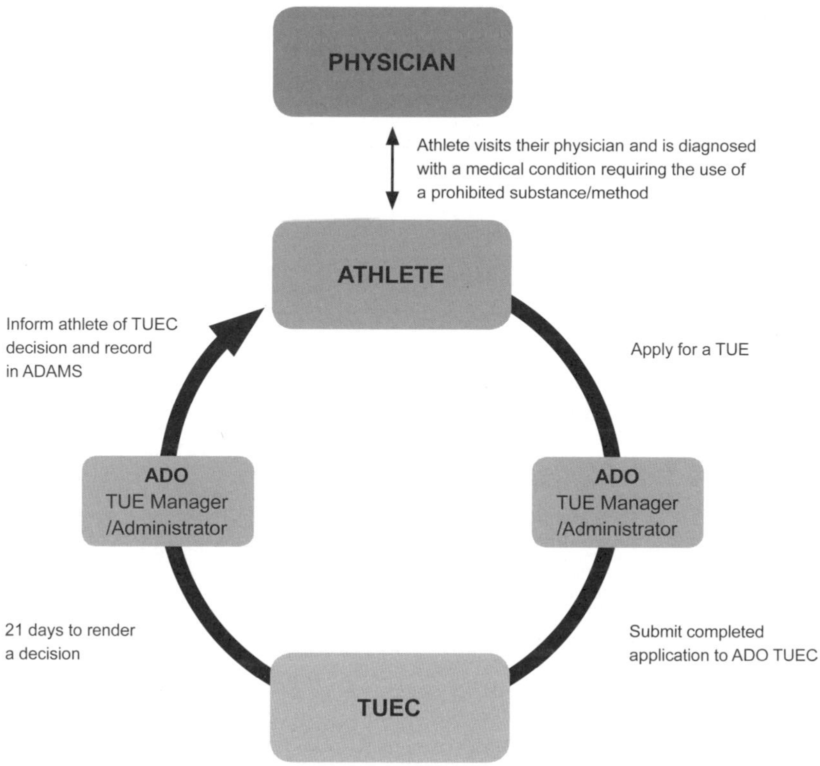

[출처: ISTUE Guideline 13page]

2) 치료목적사용면책 위원회(Therapeutic Use Exemption Committee)

– 도핑방지기구가 치료목적사용면책 심사를 위해 운영하는 기구로 결정의 독립성이 보장된다.

– 한국도핑방지위원회의 경우 정형외과, 재활의학과, 심장내과, 알러지내과, 흉부외과, 가정의학과 등 다양한 분야의 전문의로 구성한 치료목적사용면책 위원회(TUEC)를 운영하고 있다.

3) 신청 주의사항

경기기간 중	경기기간 외	안내
○ 허용	○ 허용	• 금지가 아니므로 TUE 신청이 필요 없음
⊘ 금지	⊘ 금지	• 사용 필요성이 발생한 즉시 TUE 승인을 받아야 함
⊘ 금지	○ 허용	• 선수의 경기기간 중이 아닐 때는 금지가 아님 • 단, 경기기간 외에 사용했더라면 경기기간 중 검사에서 검출되면 규정 위반이 됨 • 경기기간 중에는 금지되지만, 사용이 필요한 경우 TUE 승인을 받아야 함
▲ 정보확인	▲ 정보확인	• 정보 확인란에 제시된 정보에 따라 금지여부가 달라짐 • 금지 여부에 따라 TUE 신청 판단

4) 치료목적사용면책의 승인

– 선수의 의학적 상태가 다음의 조건을 충족하는 경우에 승인된다.

– 승인기준

- 해당 진단근거가 명확한가?
- 경기력 향상 효과는 없는가?
- 적절한 대체치료가 없는 경우인가?
- 기존의 승인 없이 사용한 것에 의한 것은 아닌가?

5) 치료목적사용면책의 사후승인

– 원칙: 사전신청

– 아래 조건에 해당하면 사후신청 가능

- 응급치료 또는 긴급한 의료조치가 필요했던 경우
- 기타 예외적인 상황(합리적 사유제시 필요)
- 사후신청 대상종목으로 안내받은 경우
- 도핑방지기구가 치료목적으로 금지약물 또는 금지방법을 사용하고 있는 국제수준도 국가수준도 아닌 선수로부터 시료 채취를 결정하는 경우
- 경기기간 중 금지약물을 경기기간 외에 치료목적으로 사용한 경우

6) 치료목적사용면책 사례(재구성)

사례 ①	세부사항
배경	10대 양궁선수, 1형 당뇨 투병 중
제출	TUE 신청서, 주치의 소견, 1형 당뇨 관련 과거력, 공복혈당 수치, 당화혈색소 검사 결과 등
대상 약물	Insulin(S4 / 상시금지약물)
검토사항	1형 당뇨의 경우 Insulin을 대체할 약물이 없으며, 선수가 제출한 의료자료 확인결과 명확한 진단기준에 따라 질병을 진단받았음을 확인할 수 있었음
심사결과	승인

사례 ②	세부사항
배경	30대 양궁선수, 최근 고혈압 진단
제출	TUE 신청서, 주치의 소견, 혈압 측정치
대상 약물	Propranolol(P1 / 양궁종목 상시금지약물)
검토사항	고혈압의 경우 시도해 볼 수 있는 대체치료가 많으며, 명확한 혈압측정치 이 외의 기타 소견이 제시되지 않음.
심사결과	불승인

7) 치료목적사용면책 관련 주요 FAQ / KADA 누리집

- (질문) 응급치료 또는 수술이 필요한 경우 어떻게 해야 할까?
  - (답변) 응급치료/상황이 종료된 후, 치료과정에서 금지약물/방법이 사용된 경우에는 사후 TUE 신청을 할 수 있다. 이를 위해 선수는 임상 검사, 진단, 치료 계획, 치료 중에 받은 약물 리스트가 기록된 모든 의무기록 사본을 병원에서 발급받아 사용된 약물의 금지약물 포함 여부를 확인해야 한다.
- (질문) 어디로 신청하면 될까?
  - (답변) 국제경기연맹(IF) 주관대회에 참가하거나 국제경기연맹의 검사대상자명부(RTP)에 속한 선수는 국제경기연맹으로 제출하고, 이에 해당하지 않는 선수는 한국도핑방지위원회로 신청해야 한다.
- (질문) 심사 시간은 얼마나 소요될까?
  - (답변) 신청서 제출 후 3 근무일 이내에 접수 여부를 안내하며, 심사결과는 일반적으로 7 근무일 정도 소요된다.

「금지목록과 치료목적사용면책」 저자

홍유진 / 금지목록과 치료목적사용면책을 담당해왔고, 현재는 보건의료인 대상 도핑방지활동 강화에 힘쓰고 있다.

도핑방지위원회와 여섯 번째 여름을 함께 보내고 있다.

금지약물은 선수, 의료진 등등 모두에게 어려운 주제라고 생각한다. 약 이름은 하나같이 모두 영어여서 낯설고 익숙하지 않다. 모든 어려움과 때로는 귀찮음을 완전히 없애 주지는 못하겠지만 최대한 덜어주는 것이 내 일이라고 생각하면서 일해왔다.

매일 유쾌하고 즐거운 일만 일어나는 것은 아니지만 스포츠의 가치를 지키는 일을 한다는 자부심은 매일같이 느끼려 노력한다.

집필보조 **허수빈**(국민대학교 스포츠산업레저학과), **장태용**(국민대학교 스포츠산업레저학과), **진유연**(국민대학교 영어영문학부)

09

도핑방지활동의 과학적 접근

A Scientific Approach to Anti-Doping Activities

자주 등장하는 약어, 용어

도핑방지기구(ADO): Anti-Doping Organization

–

비정상수첩결과(APF): Adverse Passport Finding
적용되는 국제표준에 따라 기재된 선수생체수첩의 기준에 위반되는 의심이 있다는 보고

결과관리: 「결과관리 국제표준」 제5조에 따른 통지 또는 경우에 따라 「결과관리 국제표준」 제5조에 명시된 통지 전 단계(예, 비정형분석결과, 선수생체수첩, 소재지정보 관련 의무 위반)부터 혐의제기, 해당 건의 최종 결과(1심 또는 항소를 통한 청문의 종료 포함)에 이르는 과정

선수수첩관리단(APMU): Athlete Passport Management Unit
수첩관리기관을 대신하여 선수생체수첩을 ADAMS에서 적시에 관리할 책임이 있는 관계자 또는 관계자들로 구성된 조직

09장

도핑방지활동의 과학적 접근

A Scientific Approach to Anti-Doping Activities

Why Science?

세계도핑방지기구(이하 WADA)에서는 도핑방지를 위한 주요도구로 검사, 교육, 조사, ABP 이상 4가지를 언급했다. 이 도구는 때로는 독립적으로 때로는 상호작용을 하며 도핑방지라는 하나의 목표를 향해 작용하게 된다.

특히 ABP 프로그램은 과학적 근거를 바탕으로 도핑방지활동을 수행하는 매우 중요한 도구 중 하나이다.

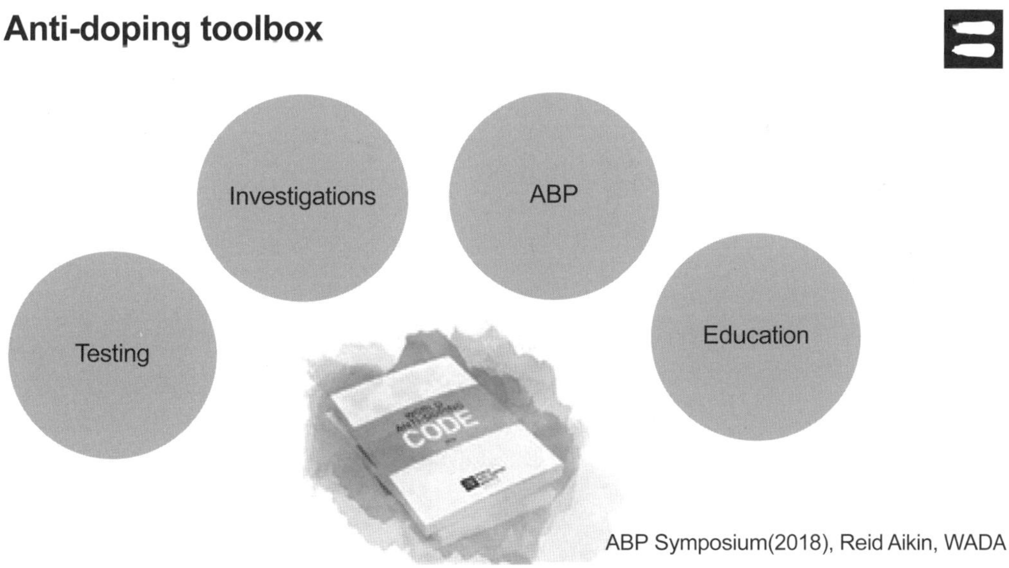

[그림1. 도핑방지의 주요 도구]

1. 선수생체수첩(Athlete Biological Passport)

선수생체수첩(이하 ABP)이란 용어는 2000년대 초 과학계에서 혈액학적 변량 모니터링을 통해 개인의 혈액 프로파일 상태를 규정할 수 있음을 발견하면서 처음 제안되었다. WADA에서는 이 개념을 이해관계자, 의료전문가 집단 등과 함께 발전시켰고, 타당성을 검증했다.

그 결과 2009년 선수생체수첩(ABP) 혈액학 모듈이 도입되었고, 2014년에는 소변검사를 통해 선수 스테로이드 변량의 프로파일을 측정하는 선수생체수첩(ABP) 스테로이드 모듈이 추가되었다.

선수의 관련 시료(ABP 혈액/일반소변)가 채취되어 분석이 완료되면 혈액 선수생체수첩(ABP)이, 일반소변 검사를 통해서는 스테로이드 수첩이 WADA 도핑방지행정관리시스템(이하 ADAMS) 내에서 자동으로 생성된다.

ABP의 기본 원칙은 첫째, WADA 국제표준에 따라 데이터를 수집 및 대조하는 프로그램 및 방법을 의미하고 둘째, 시료분석에 의한 도핑의 직접 검출과는 대조적으로 도핑의 영향을 간접적으로 드러내는 선택적 변수(바이오마커)를 시간 경과에 따라 모니터링 하는 것이다. 이러한 맥락에서 WADA에서는 선수생체수첩(ABP) 모니터링 선수를 대상으로 일반적으로 연간 최소 3회 이상의 검사를 실시해 의미 있는 기준점을 생성하길 권고하고 있다.

2. 선수생체수첩(ABP) 검토목적

첫째, 금지약물이 직접적으로 검출되지 않았더라도 선수생체수첩(ABP) 검토를 통해 세계도핑방지규약 제2.2항(금지약물 또는 금지방법 사용 또는 시도)에 따른 '비분석적'또는 '간접적(indirect)'도핑방지규정위반 적발이 가능하다.

둘째, 누적된 선수생체수첩(ABP) 데이터 검토를 통한 도핑검사 대상자 권고, 추가분석(IRMS), 시료장기보관, 정보활동 및 조사 등 과학적 근거 기반의 도핑방지프로그램을 추구하고 있다.

3. 혈액학 모듈(2009)

혈액학 모듈은 체내 산소 운반 또는 전달을 향상시키기 위해 금지약물 또는 금지방법의 사용 식별을 주요 목적으로 한다.

여기에는 적혈구생성자극제(ESA)의 사용과 모든 형태의 수혈 또는 혈액 또는 혈액성분의 조작이 포함된다. 또한 해당 데이터를 적시에 해석해 표적검사 또는 조사에 활용할 수 있다.

이러한 맥락에서 혈액도핑 위험이 높은 지구력을 요하는 종목의 선수(WADA TDSSA[1] EPO 최소분석수준 30% 이상)가 검사대상자등록명부에 포함되이 있다면 연간 최소 3개 이상의 선수생체수첩(ABP) 검사계획이 수립되어야 한다. 대표적인 종목으로는 조정, 자전거, 카누, 수영, 장거리 달리기 등이 있다.

선수생체수첩(ABP) 혈액학 모듈의 바이오마커는 헤모글로빈(HGB), 망상적혈구 비율(RET%), OFF-스코어, ABPs 이상 4가지로 구성되어 있다.(그림2) 그 중 헤모글로빈은 이 모듈의 주요 지표로 가장 중요하게 검토된다. 또한 해당 모듈에서 검토되는 주요 혈액지표는 다음과 같다.

1) 스포츠특정분석기술문서

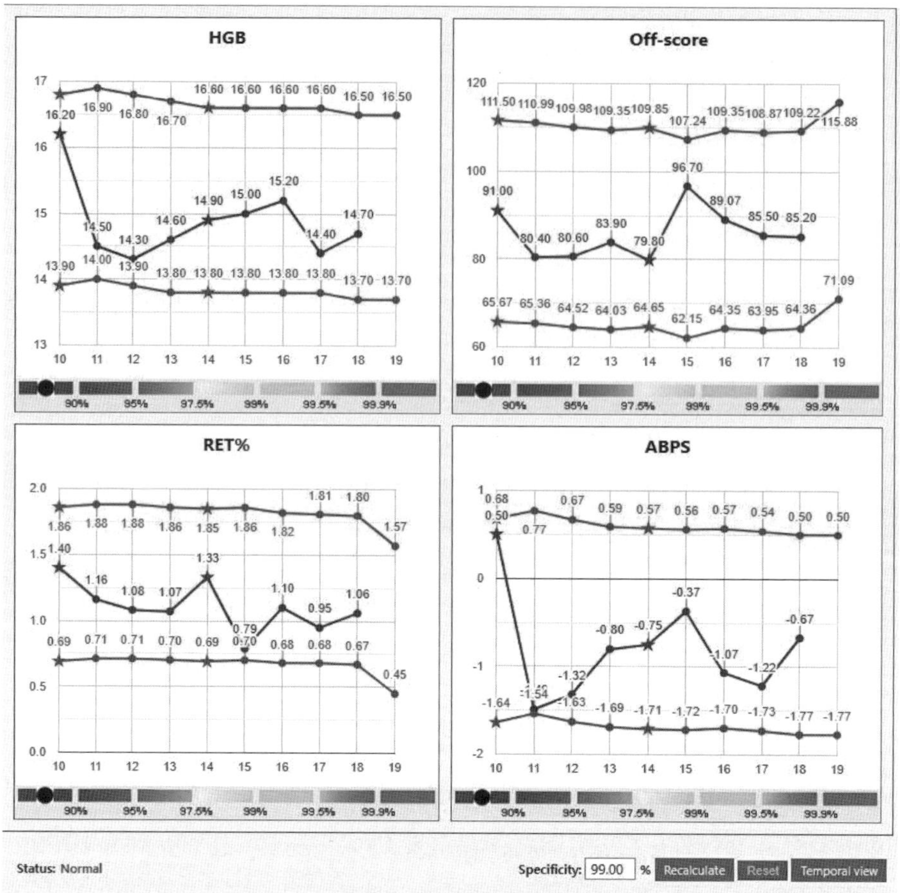

[그림2. ABP 혈액학 모듈 바이오마커(출처: WADA ADAMS)]

연번	약어(지표명) / 국문명
1	HCT (Hematocrit) / 헤마토크리트
2	HGB (Hemoglobin) / 헤모글로빈
3	IRF (Immature reticulocyte fraction) / 미성숙망상적혈구분율
4	MCH (Mean Corpuscular Hemoglobin) / 평균적혈구혈색소
5	MCHC (Mean Corpuscular Hemoglobin Concentration) / 평균적혈구내혈색소농도
6	MCV (Mean Corpuscular Volume) / 평균적혈구용적

7	PLT (Platelets) / 혈소판 수
8	RBC (Red Blood Cell Count) / 적혈구 수치
9	RDW-SD (Red Cell Distribution Width – Standard Deviation) / 적혈구 분포폭
10	RET# (Reticulocyte) / 망상적혈구
11	RET% (Reticulocyte Percentage) / 망상적혈구%
12	White Blood Cells / 백혈구

[표1. ABP 혈액학 모듈에서 사용되는 혈액지표]

1) 헤모글로빈(HGB)

적혈구에서 철을 포함하는 단백질로 체내 산소를 운반하는 역할을 한다. 따라서 임상적으로는 혈액의 산소 운반 능력을 확인할 때 헤모글로빈 수치 검사를 하게 되고 정상수치는 성별에 따라 달라진다. 헤모글로빈 수치 감소에 영향을 주는 요인으로는 자가 혈액 추출, 빈혈, 출혈, 림프종, 종양 등이 있고, 해당 수치 증가에 영향을 주는 요인은 자가 혈액 수혈, 적혈구 증가증, 고산지대 훈련, 고강도 운동 등이 있다.

2) 망상적혈구비율(RET%)

선수생체수첩(ABP) 혈액학 모듈 검토 시 헤모글로빈(HGB)과 함께 검토되는 모듈 중 하나다. 미성숙 적혈구로 골수에서 만들어진 후 1~2일 정도 후에 성숙한 적혈구로 분화한다. 해당 수치는 혈액도핑으로 인해 변화할 수 있다. 망상적혈구 비율의 감소는 골수에서 혈구 생성이 원활하게 이뤄지지 않는 빈혈일 경우 발생할 수 있다. 또한 EPO / ESA 처치, 활동성 출혈 등으로 인해서는 해당 비율이 증가할 수 있다.

3) OFF-score

체내 적혈구 생성과 관련된 다양한 혈액 마커의 조합의 계산식으로 혈액학 모듈 부수지표로 사용되고 계산식은 다음과 같다.

$$OFFs = Hb(g/L) - 60\sqrt{\square\square\square}\%$$

남성 OFFs 〉110, 여성 OFFs 〉 100인 경우에 혈액 모듈이 특이사항이 있다고 판단하지만, 이는 절대적인 기준이 아니기 때문에 주요 혈액학 지표를 포함해 종합적인 검토가 이뤄져야한다.

4) ABPs

혈액도핑을 판별하는 부수지표 중 하나로 HCT, HGB, RBC, RET, MCV, MCH 및 MCHC의 조합을 기반으로 ADAMS 내에서 자동으로 계산된다.

4. 스테로이드 모듈(2014)

스테로이드 모듈은 소변시료 채취를 통해 선수의 스테로이드 변수를 수집하고 모니터링하여 WADA 금지목록 S1에 속하는 내인성 아나볼릭 안드로겐성 스테로이드(EAAS; Endogenous Anabolic Androgenic Steroid)의 사용 식별을 목적으로한다. 또한, 이 모듈은 선택적 안드로겐 수용체 변조제(SARMs; Selective Androgen Receptor Modulators)와 같은 기타 동화작용제 물질을 탐지하기도 하고 이에 국한되지 않는 스테로이드 의약품, 시료조작 또는 시료 바꿔치기를 식별하는 데도 효과적이다.

스테로이드 모듈의 바이오 마커는 남성호르몬(안드로겐) 계열인 T/E, A/Etio, A/T, 5a-diol/5b-diol, 5a-diol/Etiol 비율 이상 5개로 구성되어 있고 남성호르몬인 테스토스테론(T)의 외부 투여에 따라 영향을 주는 T/E 비율이 주요한 지표로 검토되고 있다.

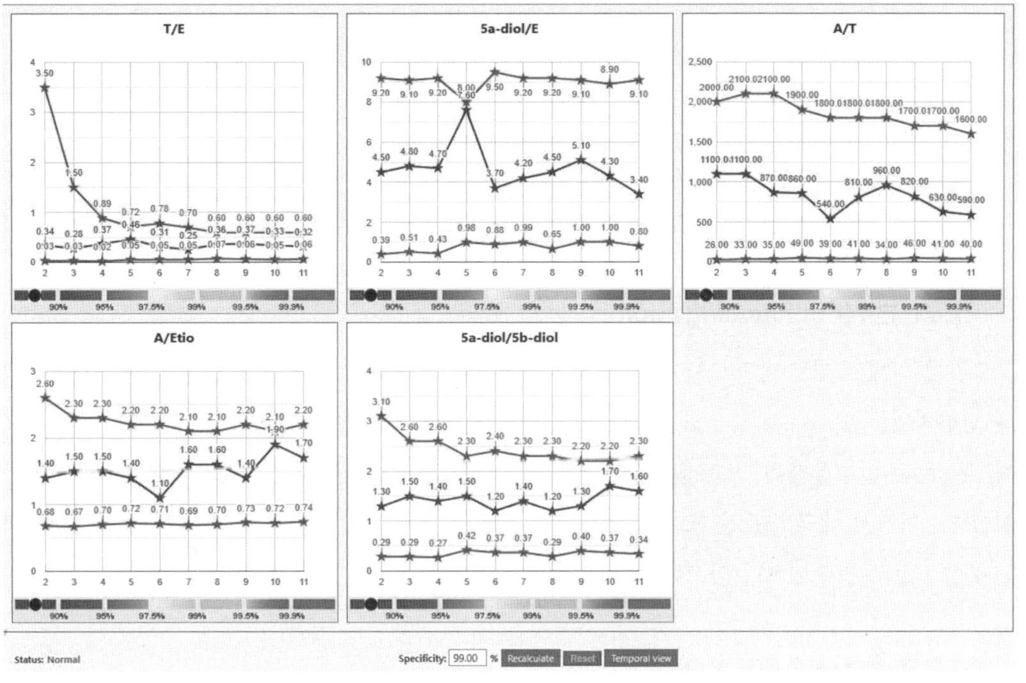

[그림3. ABP 스테로이드 모듈 바이오마커(출처: WADA ADAMS)]

1) T/E 비율

체내에 테스토스테론을 투여하게 되면 T 농도는 올라가는 반면 내인성 스테로이드인 에피테스토스테론(E)의 농도는 떨어지게 된다. 1983년 바이오마커로 구현되었고, 인구통계학적 연구에 기초해 해당 비율이 6을 초과할 때 도핑 관련 특이사항이 있다고 주장되었고 2004년에는 보다 많은 연구를 통해 그 비율이 〉4로 조정되었다. 하지만 일부 선수들은 선천적으로 4보다 높은 T/E 비율을 가지고 있기도 하고 특정 인종에서는 낮은 T/E 비율을 갖고 있기 때문에 기타 가용한 모든 정보를 바탕으로 검토 및 판단이 이뤄져야 한다.

2) 의심시료확인절차 요청 (SSP-CPR; Suspicious Profile Confirmation Procedure Request)

일반소변 검사를 처음 받는 선수의 시료 대상으로 ADAMS 내에서 발생하는 이 알림은 스테로이드 모듈의 비율 또는 농도가 다음 기준 중 하나를 충족하는 경우 발생하게 되고 검사주관기구(또는 수첩관리기구)는 APMU 권고에 따라 필요한 확인절차(IRMS 분석 등)를 이행한다.

① T/E 비율 〉4
② T 또는 E 농도 남성 〉200ng/mL, 여성 〉50ng/mL
③ A 또는 Etio 농도 〉10,000ng/mL
④ 5aAdiol 농도 남성 〉250 ng/mL, 여성 〉150ng/mL

3) 교란변수(Confounding Factor)

도핑에 의해 스테로이드 모듈 수치가 비정상적으로 변동하는 경우도 있지만, 외부 요인에 의해 정상범위를 벗어나는 경우도 있다. 이를 '교란변수'라 하는데 해당 모듈에 영향을 주는 대표적 사례로는 알코올섭취, 스트레스, 임신, 탈모약 복용, 시료채취 시간, IC/OOC 검사 유형 등이 있다. 따라서 해당 변수를 모두 고려하며 수첩검토가 이뤄져야한다. 관련 검토사례에 대해서는 붙임자료로 첨부했으니 참고바란다.

※ 참고사항(ABP 검토요령)

앞서 언급한 것처럼 단순히 ABP 지표가 정상 범위를 벗어났다고 해서 도핑이라고 단정 지을 수 없다. 개인마다 갖고 있는 선천적인 바이오 마커의 농도도 다를뿐더러 교란변수에 따라서도 얼마든지 변화할 수 있기 때문이다.

이를테면 T/E 비율이 4를 초과하고 해당 비율의 변동계수(CV)가 일정 퍼센티지(%)를 초과할 때는 도핑 시나리오를 추측해 볼 수는 있지만, 이는 단순 가정일 뿐 기타 가용한 모든 정보를 바탕으로 최종검토가 이뤄져야 한다.

따라서 선수생체수첩(ABP) 검토 시에는 ① 정상, ② 도핑 ③ 의학적 상태 이상 세 가지 분류에 의거해 평가 및 해당근거를 제시할 수 있어야 한다.

선수생체수첩(ABP) 전문가가 선수수첩 검토 시 해당 선수의 금지약물 또는 금지방법 사용 가능성이 개인 생체 및 의학적 상태, 선수해명의 논리 보다 도핑가능성 확률이 높다는 판정을 내려야 도핑유력(Likely Doping) 결론에 도달할 수 있다.

이러한 맥락에서 단순히 선수생체수첩(ABP) 바이오 마커의 정량적인 수치의 높낮음으로만 "도핑유력" 의견까지 도달하기에는 매우 어렵다.

5. 선수수첩관리단(Athlete Passport Management Unit)

WADA는 2020년 1월부터 모든 도핑방지기구(ADO)의 WADA 인증 선수수첩관리단(APMU) 분석기관을 통한 선수생체수첩(ABP) 관리를 의무화했다. 이는 날이 갈수록 치밀해지고 고도화 되고 있는 도핑수법에 대응하기 위한 과학업무 강화 기조라고 할 수 있다. 선수수첩관리단(APMU)란 도핑방지기구에서 지정한 관계자들이 ADAMS에서 선수수첩의 행정관리와 선수수첩관리단(APMU) 보고서를 통해 지능형 표적검사 조언, 외부 전문가와의 협력, 선수생체수첩(ABP) 문서철의 취합, 비정상수첩결과(APF) 보고를 담당하는 유닛이다. 선수수첩관리단(APMU)의 필수 구성요소는 아래 그림과 같다.

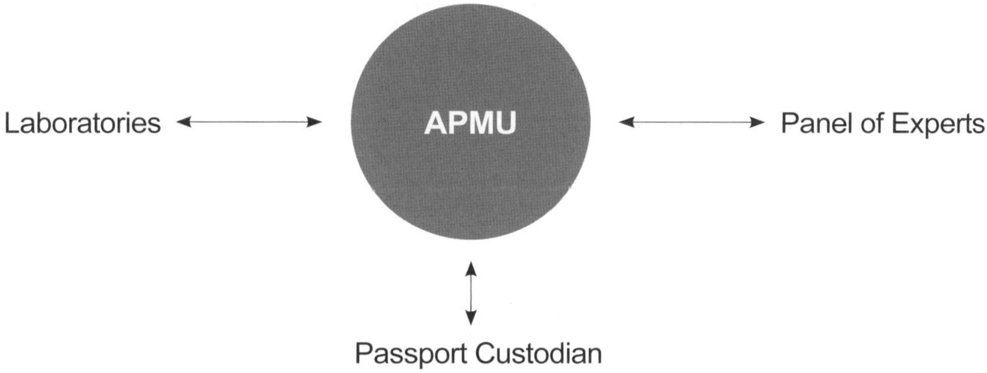

[그림4. APMU 필수 구성요소(출처: WADA ABP 가이드라인)]

1) APMU 인증 분석기관(Laboratory)

선수수첩관리단(APMU)의 주관기관(Host)으로 WADA의 승인을 받은 분석기관만이 해당 프로그램을 운영할 수 있다. 2023년 현재 16개의 분석기관이 WADA 승인을 받았고, 앞서 언급한 ABP의 주요업무에 대해 필요한 조치를 수행하고 있다.

2) 전문가패널(Panel of Experts)

주관기관인 선수수첩관리단(APMU) 분석기관에서 선정하고 WADA의 승인을 받은 선수생체수첩(ABP) 각 모듈(혈액학, 스테로이드)당 최소 3인 이상의 인원으로 구성되어 있고, 전문성 확보를 위해 전문가 1명이 1개의 모듈만 담당할 수 있다. 혈액학 모듈의 경우 혈액학, 스포츠의학 및 운동생리학 분야 중 한 가지 이상의 충분한 자격을 갖춘 전문가들로 구성되어야 한다. 스테로이드 모듈의 경우 스테로이드 도핑과 대사 또는 내분비학 분야에서 충분한 자격을 갖춘 전문가들로 구성되어야 한다.

전문가들은 ADAMS 내에서 선수생체수첩(ABP)을 검토한 후에 정상(Normal), 도핑의심(Suspicious), 도핑가능성 있음(Likely doping), 의학적 사유(Likely medical condition) 이상 4가지 항목 중 한 가지를 선택하고 구체적인 의견을 작성해야 한다. 선수생체수첩(ABP) 검토의 객관성 확보를 위해 각 모듈의 전문가들은 모두 동일한 국적이거나 기관 소속일 수 없다.

3) 수첩관리기구(Passport Custodian)

해당 선수수첩관리단(APMU)에 소속된 도핑방지기구(ADO)로서 선수생체수첩(ABP) 전문가들의 후속조치 이행, 모니터링, 전문가 요청에 따른 추가 자료 제공, 선수생체수첩(ABP)으로 인한 결과관리 등의 업무를 적시에 수행한다. 국가도핑방지기구인 한국도핑방지위원회도 수첩관리기구에 속한다. 한국도핑방지위원회는 2020년부터 호주 시드니 소재 WADA 인증 분석기관과 관련 업무를 수행하고 있다.

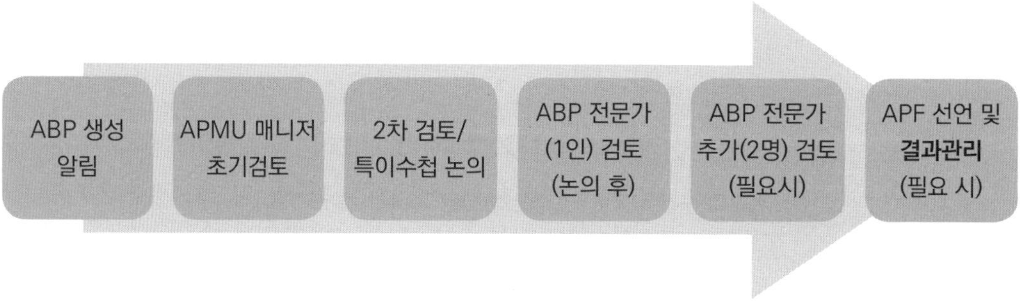

[그림5. APMU 업무 처리절차(출처: KADA)]

4) ABP 검토에 따른 후속조치

수첩관리기구는 전문가 패널의 ABP 검토의견에 따라 그에 상응하는 후속조치를 취하게 된다. 주로 시행하는 후속조치로는 시료 추가분석(IRMS 등), 시료장기보관요청, 표적검사 권고 등이있다.

- IRMS(동위원소 비율 질량분석법)

  분석소변시료의 단백동화 남성호르몬(EAAS)를 검출하는 분석법으로 WADA가 설정한 기준을 충족(SSP-CPR 등)하거나 검사주관기구나 선수수첩관리단(APMU) 요청으로도 해당 분석을 실시할 수 있다. 일반 소변검사로는 금지약물이 검출되지 않았더라도 이 분석을 통해 검출될 수 있다.

- 비정상수첩결과(이하 APF) 통보

  선수생체수첩(ABP) 최초 검토를 수행한 전문가의 의견이 "도핑 가능성이 있음(Likely doping)"인 경우 최초 검토를 수행 전문가를 포함한 3인의 전문가가 추가 검토를 수행한다. 이 과정에서 전문가들은 수첩관리기구에게 선수생체수첩(ABP) 데이터 이외에 검토 가능한 모든 정보에 대해 요청하게 된다.

  주요 요청 정보로는 선수 경기력 추이, 부상 또는 출혈이력, 소재지정보, 고지대 훈련 이력, 약물복용 이력 등이 있다.

  해당 정보를 종합 검토했을 때 전문가 3인의 의견이 모두 "도핑 가능성이 있음(Likely doping)"인 경우 전문가들은 해당 내용이 포함된 선수생체수첩(ABP) 종합문서를 작성하게 되고, 선수에게 통지된다.

  선수는 이러한 결과에 대한 설명 자료(약물복용이력, 수술, 기타 특이사항 등)일체에 대해 제출할 기회를 받고, 해당 자료 검토 후에도 전문가들의 의견이 동일한 경우 수첩관리기구는 선수에 대해 도핑방지규정위반 혐의를 제기하게 된다. 2021년 WADA 도핑방지규정위반(ADRV) 보고서에 따르면 도핑방지규정위반 발생 건수(1,537건) 대비 약 0.9%(14건)가 ABP 검토에 따른 세계도핑방지규약 제2.2항 위반으로 발생했음을 알 수 있다. 도핑방지규정위반의 대표적인 사례인 직접 검출(제2.1항)에 비하면 매우 낮은 비율이지만, 날이 갈수록 치밀해지는 도핑수법 적발에 대응하기 위한 가장 효과적인 프로그램 중 하나임은 부정할 수 없다.

6. 선수생체수첩(ABP)의 역할

1) 적발로서의 선수생체수첩(ABP)

- 앞서 언급한대로 금지약물 검출 여부와 관계없이 선수생체수첩(ABP) 검토만으로 도핑방지규정위반(ADRV)을 적용할 수 있다. 또한 뒤에 언급하겠지만, 선수생체수첩(ABP) 검토 특이사항을 보이는 선수시료에 대해 시료장기보관 및 재분석을 통해 당장 금지약물이 검출되지 않았더라도 추후에 도핑방지규정위반(ADRV)이 적용될 수 있다. 마지막으로 선수생체수첩(ABP) 검토를 통해 도핑검사 최적의 시기 및 검사유형 등을 선정해 보다 과학적인 도핑방지 업무를 수행할 수 있다.

2) 선수보호로서의 선수생체수첩(ABP)

- 때로는 선수생체수첩(ABP) 검토를 통해 선수의 현재 몸 상태나 질병여부를 판단할 수 있기 때문에 선수보호의 측면도 있다. 마지막으로 선수가 받은 모든 도핑검사(소변기준) 시료는 선수생체수첩(ABP) 그래프가 ADAMS에 자동으로 생성되어 지속 관리된다는 점에서 선수에게 도핑경각심을 제고하여 억제의 효과도 있다.

7. 시료장기보관(Long-term sample Storage) 및 재분석

WADA는 해당업무에 대한 중요성을 강조하며 모든 도핑방지기구(ADO)에게 관련 전략 수립을 권고하고 있으며 2004년부터 채취한 모든 올림픽 시료에 대해 장기보관을 실시하고 있다. 실제 올림픽 기간채취 시료의 재분석으로 인한 도핑방지규정위반(ADRV) 적발이 크게 증가했으며, 주요 도핑방지기구에서도 담당 업무를 확대 시행[2)]하는 추세다.

2) 영국 도핑방지기구(UKAD) 281건 시료 장기보관 및 재분석 시행('21년도 기준), 호주 도핑방지기구(SIA) 시료 장기보관 100건 시행('20년도 기준), 아일랜드 도핑방지기구 시료 장기보관 83건 시행('19년도 기준)

***검사 및 조사 국제표준 4.7조(시료분석, 보관 전략 및 추가분석)**

4.7.3조 도핑방지기구는 규약 제6.5조 및 제6.6조에 따라 추후에 시료의 추가 분석이 가능하도록 하기 위해 시료의 보관과 해당 시료 채취와 관련된 문서화된 전략을 포함시켜야 한다. 이 같은 전략은 분석기관 국제표준과 사생활 및 개인정보 보호 국제표준의 요건을 준수해야 하고 규약 제6.2조에 명시된 시료분석 목적과 다음의 요소들(여기에 한정되지 않음)을 고려해야 한다.

a) 분석기관 및 APMU 권고사항

b) 선수생체수첩 프로그램과 연계된 소급분석의 필요성

c) 선수, 종목, 세부종목과 관련되어 있고 미래에 도입될 새로운 적발 방법

d) 제4.5항(표적검사 관련)에 명시된 기준의 일부 또는 전부에 해당되는 선수로부터 채취된 시료

e) 도핑방지기구 재량으로 장기보관 또는 시료 추가분석이 필요하다고 판단하게 하는 기타 다른 정보

[출처: WADA 검사 및 조사 국제표준]

한국도핑방지위원회 역시 이러한 기조에 따라 2021년에 위원회 주도의 관련 업무 전략을 수립했다.

KADA 시료 장기보관 전략	1. 최고위험종목 검사시료 중심으로 장기보관 대상 시료 확대 2. KADA 검사배분계획 기준 최고/고위험 종목 장기보관 시료 확대 추진 3. 올림픽 사전검사 장기보관 대상시료 결정(위험도 평가 진행) 및 지속관리 4. 주요 국제대회(아시안게임, 월드컵대회 등) 사전검사 시료 장기보관 확대 5. 최신 과학 및 새로운 분석 정보 습득을 위한 관련 연구 지속 탐색 6. 전문기관(APMU) 지속협력을 통한 관련 업무 전문성 유지·강화 7. 매년 12월 시료장기보관 연장/종료 여부 결정을 위해 내부회의 개최

보관시료 재분석 결정기준	1. 선수생체수첩(ABP) 특이사항 또는 APMU 권고에 의거 해당 선수 및 시료에 대한 추가분석이 필요한 경우 2. 특정 분석 방법의 발전 또는 신규 도입 3. 최초분석 시 진행하지 않았던 특정성분 또는 방법의 분석이 필요한 경우 4. 시료 바꿔치기 또는 조작에 대한 관련 분석이 필요한 경우 5. 올림픽 및 주요 국제대회 관련 장기보관 시료 재분석은 별도의 결정이 없다면 장기보관 요청일 이후 4년 이내[3]에 재분석 실시(예: 2022년 1월 장기보관 요청시료 → 2026년 1월 재분석 요청)

[출처: KADA]

3) 올림픽 메달 획득 결과에 영향을 미친 시료 재분석으로 인한 ADRV 적발은 올림픽 종료 후 평균 4.8년~8.8년 소요

1) 표적검사(Target Testing)

검사 대상자를 선정하는 3가지 방법(표적검사, 무작위 선정, 등위에 의한 선정) 중 하나로 WADA「검사 및 조사 국제표준」(이하 ISTI)에서 언급하고 있는 고려 요인에 대상자를 선정한다. 3가지 검사방법 중 표적검사를 가장 우선으로 실시해야하고, 이에 따라 도핑방지기구는 특정 기준에 따라 표적검사 대상자를 선정해 검사를 진행해야 한다.「검사 및 조사 국제표준」(ISTI) 제 4.5.3항에 따른 표적검사 결정요인은 다음과 같다. 한국도핑방지위원회는 이러한 요인을 바탕으로 일부 종목/포지션별 평가지표 개발을 통해 객관적이고 과학적 근거기반의 표적검사 대상자를 선정 및 권고하고 있다.

4.5.3 해당 *도핑방지기구*는 *표적검사*의 대상 *선수* 결정과 관련된 기타 개별적 요소들을 고려해야 한다. 관련 요소들은 아래를 포함할 수 있다. (그러나 이에 국한되지 않는다.):

a) 비정상적인 생체 변수 (APMU에 의해 권고된 혈액 변수, 스테로이드 프로필 등)를 포함한 이전의 도핑방지규정위반, 검사 이력;

b) 경기력 이력, 경기력 패턴 그리고/또는 상응하는 *검사* 기록 없이 지속적으로 높은 경기 성적;

c) 소재지정보 요구사항을 반복적으로 준수하지 않음;

d) 의심스러운 소재지정보 제출 패턴 (예를 들어, 소재지정보를 기한 마지막에 업데이트 함);

e) (원격지)외딴 곳으로 이사하거나 훈련을 떠남;

f) 예상되는 *경기*에 기권하거나 출전하지 않음;

g) 도핑에 연루된 전력이 있는 제3자 (팀 동료나 코치, 팀닥터)와 연루;

h) 부상;

i) 연령/*선수*경력 단계 (예를 들어, 주니어 리그에서 시니어 리그로 이동, 계약 종료일 임박, 은퇴 임박 등);

j) 상금이나 스폰서 기회 등 경기력 향상에 따르는 금전적 보상;

k) 제3자로부터의 믿을 만한 정보 또는 제11조에 따라 *도핑방지기구*가 입수하거나 공유받은 정보

4.5.4 *표적검사*가 아닌 *검사*는 무작위 선정에 의해 결정되어야 하고 선정은 효과적인 검사프로그램 시행을 위한 지침에 있는 선정 절차에 따라 실시되며 문서화된 시스템을 사용하여 진행되어야 한다. 무작위 선정은 가중치 (선정 기회를 늘리거나 줄이기 위해 미리 정해진 기준을 사용하여 순위를 매기는 경우) 또는 완전히 무작위(선정 기준이 사전에 고려되지 않는 경우)로 정할 수 있으며, *선수*는 *선수* 명단이나 풀에서 임의로 선택될 수 있다.

[출처: WADA 검사 및 조사 국제표준]

2) 선수경기력 분석업무

2009년 일부 학자들에 의해 선수생체수첩(ABP) 검토뿐만 아니라 선수들의 경기력(기록, 순위 등)을 모니터링해 도핑 의혹선수를 선별하는데 활용할 수 있다고 주장되었다. 이들은 도핑의 주요 목적이 '경기력 향상'이므로 이를 분석해 도핑여부를 판단할 수 있다고 강조하고 있다.

실례로 에리스로포이에틴(EPO)이 상용화된 1989년 이후로 육상기록이 급격하게 향상되었다는 연구결과가 있고, 경기기간 외 검사(OOC)가 도입된 1988년 이후 선수들의 아나볼릭 스테로이드 사용이 감소해 경기력이 떨어졌다는 주장 역시 일부 학자들에 의해 제기되었다.

[그림6. EPO 상용화에 따른 경기력향상 연구 가설]

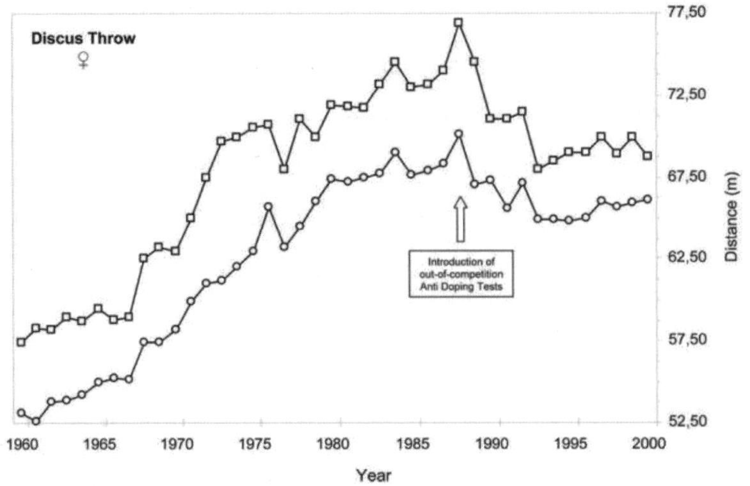

[그림7. OOC 도입에 따른 경기력 감소 연구 가설]
(출처: Schumacher, Y. O., & Pottgiesser, T. (2009). Performance profiling: a role for sport science in the f ight against doping?. International Journal of Sports Physiology and Performance, 4(1), 129-133.)

또한 선수의 선수생체수첩(ABP) 지표와 경기력을 상호 비교, 대조를 통해 선수의 도핑을 적발할 수 있다는 연구결과 역시 존재한다.

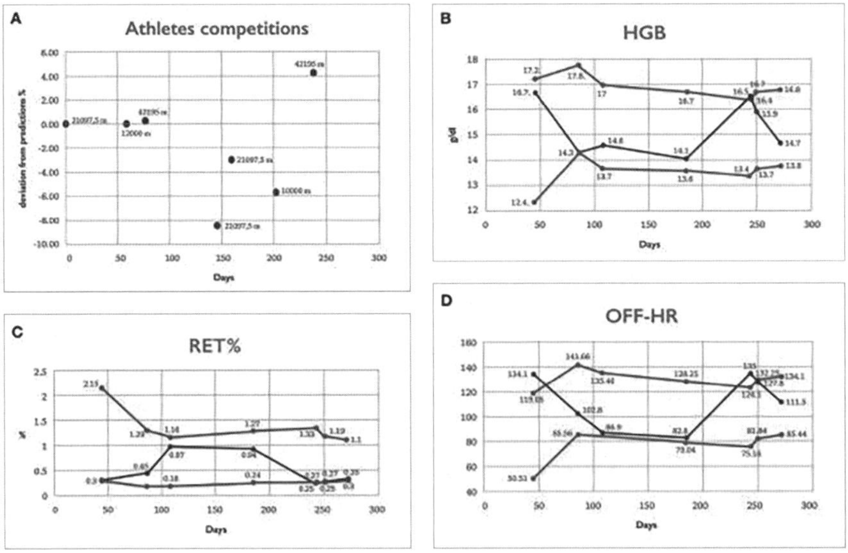

[그림8. ABP와 선수경기력 상호 비교, 대조 연구]
(출처: Iljukov, S., Bermon, S., & Schumacher, Y. O. (2018). Application of the athlete's performance passport for doping control: a case report. Frontiers in physiology, 9, 280.)

다만 경기력 분석을 통한 도핑 적발의 한계점 역시 뚜렷하기 때문에 향후 보다 많은 연구가 필요한 주제라 하겠다. **즉, 경기력 향상 = 도핑 가능성 이라는 접근보다는 과학적 도핑방지 프로그램의 도구 중 하나로 경기력 검토 측면 역시 중요하다는 관점으로 접근하는 게 보다 바람직하다.**

3) 프로스포츠 포지션별 평가지표 개발

한국도핑방지위원회는 2020년 보다 과학적 근거 기반의 표적검사 권고를 위해 프로종목(5개)별 포지션별 평가지표를 개발했다. 이 지표를 통해 「검사 및 조사 국제표준」(ISTI)에서 언급하고 있는 표적검사 고려 요소인 선수생체수첩(ABP)/경기력/보상요인의 평가를 통해 검사 대상자를 선정하고 있다. 또한 해당 지표는 매년 갱신을 통해 각 종목 최신 동향을 반영하고 있다.

경기력 평가 선행연구 및 각 프로단체 공식기록 검토	▶	위험도 평가	▶	점수 환산	▶	표적검사 권고
각 종목 포지션별 특징 탐색		경기력/ABP/보상요인 배점세부기준 산정		각 하위요인 가중치 부여해 최종점수 환산		평가지표 점수 부여 후 권고 명단 송부

〈프로스포츠 포지션별 평가지표 개발과정〉

종 목	포지션					비 고
프로야구	선발투수		불펜투수	타자(내야수, 외야수, 포수)		3개
프로축구	공격수	미드필더	중앙수비수	측면수비수	골키퍼	5개
남자프로농구	센터		포워드	가드		3개
여자프로농구	센터		포워드	가드		3개
프로배구	레프트	라이트	센터	세터	리베로	5개

〈표2. 프로종목 포지션별 평가지표 구분〉

이처럼 과학적 근거를 통한 표적검사 대상자 선정으로 도핑방지활동의 업무 패러다임 전환(검사 계획자 → 종목 분석가)을 추진했다.

*경기력(개인기록) ABP 보상

ALL	ALL		ALL												
평균 득점	야투 성공	리바 운드	자유투 성공	3점슛 성공	어시 스트	블록슛	스틸	총검사	최근 검사	수첩 상태	개인 기록	FA 대상	MVP	BEST 5	환산점수
5	5	5	5	–	–	5	–	2	3	2	5	3	2	2	**79**
4	4	–	5	4	5	–	3	8	5	2	5	3	4	4	**76**
5	5	5	4	–	–	3	–	6	3	2	5	3	2	2	**75**
2	1	–	5	5	5	–	5	0	5	3	5	3	2	5	**74**
3	4	5	4	–	–	5	–	9	3	3	5	3	2	2	**73**
1	5	4	3	–	–	5	–	1	4	3	5	3	2	2	**73**
5	2	5	3	4	–	5	–	5	4	2	5	5	5	5	**73**
5	3	–	5	4	5	–	1	10	3	3	5	3	3	5	**72**
4	4	5	3	5	–	1	–	8	3	4	5	5	4	2	**72**
3	5	4	5	4	–	2	–	6	4	2	5	5	2	2	**71**
2	5	3	3	–	–	5	–	1	4	3	5	3	2	2	**70**
4	1	–	5	3	5	–	5	8	3	3	5	3	2	2	**69**
4	3	2	5	5	–	2	–	15	3	3	5	3	2	5	**68**
5	2	–	5	4	5	–	1	9	3	2	5	3	3	5	**67**
1	1	–	5	5	5	–	5	7	3	3	5	3	2	2	**67**
2	5	3	1	–	–	5	–	10	5	3	1	5	2	2	**67**
5	1	–	5	2	3	–	4	4	4	3	5	3	2	2	**67**
4	5	4	4	–	–	1	–	6	4	2	5	3	2	2	**67**
4	1	–	4	4	5	–	1	1	5	2	5	3	2	2	**65**
3	1	–	5	4	5	–	2	9	4	2	5	3	2	2	**64**
2	4	5	1	3	–	4	–	8	4	2	5	3	2	2	**62**
4	1	–	5	2	5	–	5	6	2	2	5	3	2	2	**61**
4	1	–	5	1	5	–	1	6	4	3	5	3	2	2	**61**
4	1	–	3	2	5	–	5	4	2	2	5	3	4	2	**61**
1	2	2	5	5	–	1	–	5	4	2	5	3	2	2	**59**

[표3. 프로농구 포지션별 평가지표 예시(출처: KADA 내부자료)]

참고 ABP 검토 업무 사례

※ 참고사항

치밀해지고 있는 도핑수법에 효과적으로 대응하기 위해 외인성 물질에 대한 적발방법 다양화 필요성에 따라 중요성이 커지고 있음. 각 모듈 검토 시 각 호르몬 비율 및 농도에 영향을 미치는 객관적 요인(선행연구) 또는 교란변수는 존재하지만, **과학적이고 객관적인 근거를 토대로 비판적인 접근을 통해 최종판단에 이르러야 한다.**

범례: x축 → 검사횟수, y축 → ABP 마커 값, 빨간점 → ABP 마커 상한선 및 하한선, 파란점 → 검사 대상 선수의 ABP 마커 값

(출처: WADA ADAMS)

▣ 정상수첩 사례

Case 1. ABP 스테로이드 모듈 정상

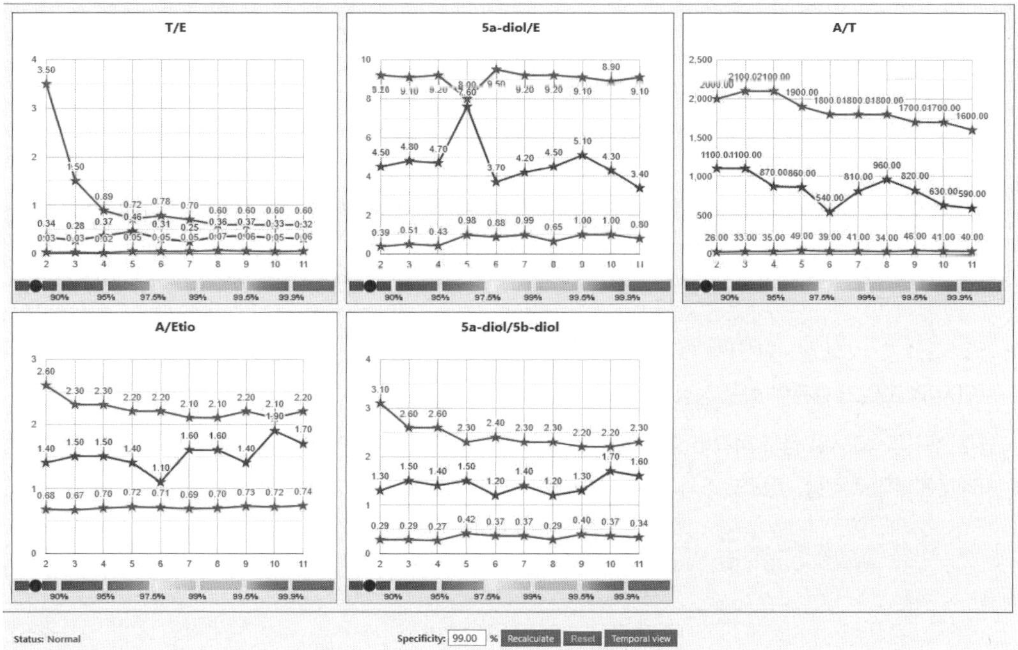

- 검토의견: 총 22회의 검사 시행, T/E 비율 평균(0.17) 및 변동계수(37.5%) 정상이고, 부수지표도 안정적이기 때문에 최종 정상(Normal)의견
- 향후전략(후속조치): 검사이력이 충분하고, 전반적으로 안정적인 ABP 상태를 보이기 때문에 일반적인 검사 배분계획대로 진행. 별도의 조치 필요하지 않음.

Case 2. ABP 혈액학 모듈 정상

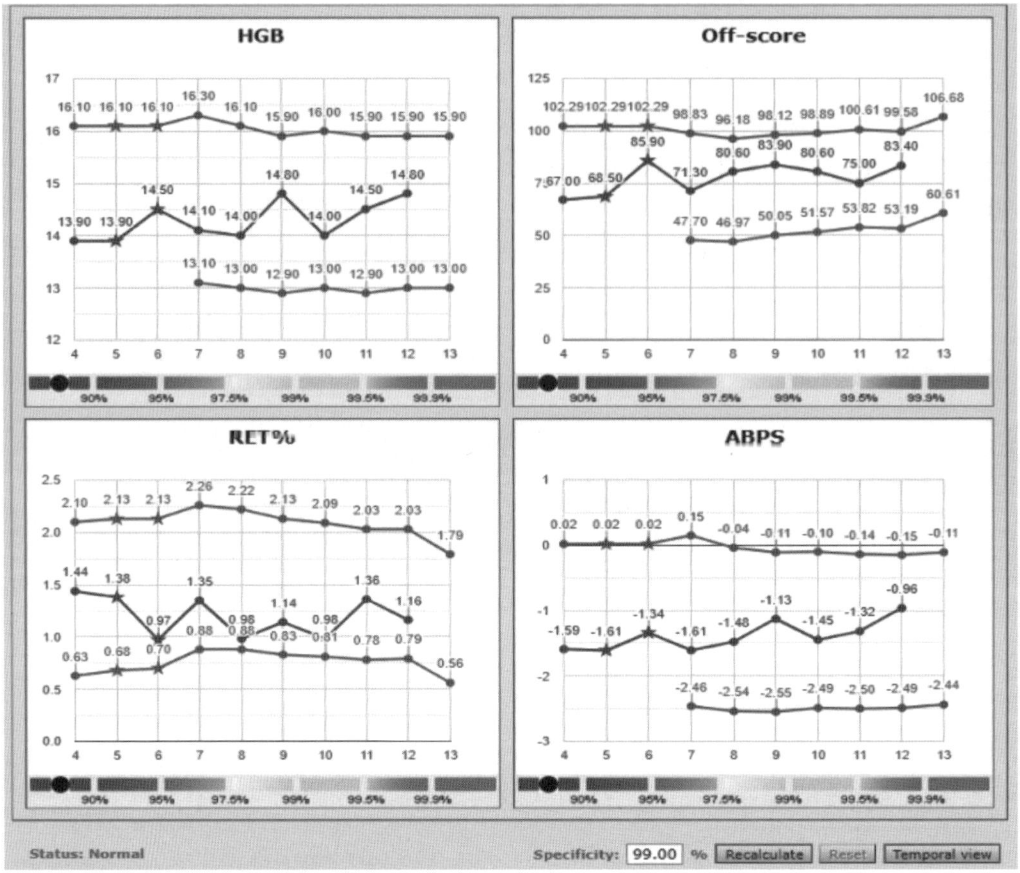

- 검토의견: 총 12회 실시한 혈액 ABP 검사에서 모든 지표가 정상범위 내에 위치하고 있으며 특이사항 역시 보이지 않고 있기 때문에 최종 정상(Normal)의견
- 향후전략(후속조치): 검사 이력이 충분하고, 전반적으로 안정적인 ABP 상태를 보이기 때문에 일반적인 검사배분계획대로 진행. 별도의 조치 필요하지 않음.

▣ 교란변수에 의한 ABP 비정형 사례

Case 3. ABP 모듈 부수지표(A/Etio, 5a-diol/5b-diol) 비정형

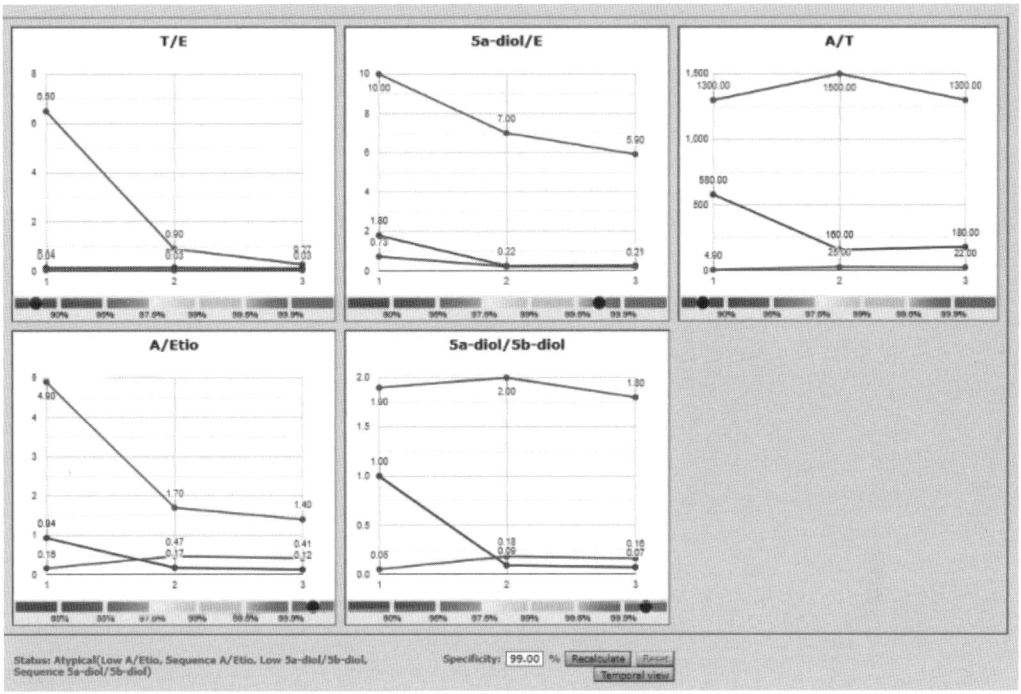

- 검토의견: 총 3회 검사이력, 스테로이드 ABP 부수지표인 A/Etio 및 5a-diol/5b-diol 비율이 기준치 미만을 기록해 비정형알림 발생. 도핑검사서(DCF) 약물복용 이력 및 ADAMS 내 교란변수(Confounding Factors) 검출여부 검토 결과 탈모약 복용이력이 확인됨. 해당 비율은 탈모약 복용 시 감소하는 경향을 보임. 현재까지는 정상(Normal)의견
- 향후전략(후속조치): 해당 선수의 비정형알림은 도핑에 의한 영향보다 탈모약 복용으로 인해 발생한 것으로 보는 게 적절함. 다만, 선수의 검사이력이 비교적 충분치 않기 때문에 향후 해당 종목 검사 시 우선 검사 대상자로 선정하는 방법을 권장

「도핑방지활동의 과학적 접근」 저자

김대중 학부에서는 스포츠과학을 전공했으며 대학원에서는 운동생리학을 전공했다. 한국도핑방지위원회 도핑검사부와 국제조사부를 거쳐 현재는 과학연구부에 재직하며 선수생체수첩 및 선수경기력 분석 업무 등을 담당하고 있다.

집필보조 **노예린**(국민대학교 스포츠건강재활학과), **오민영**(국민대학교 스포츠산업레저학과), **진유연**(국민대학교 영어영문학부)

10

결과관리 절차

Result Management Procedure

자주 등장하는 약어, 용어

세계도핑방지기구(WADA): World Anti-Doping Agency

한국도핑방지위원회(KADA): Korea Anti-Doping Agency

–

스포츠중재재판소(CAS): Court of Arbitration for Sport
스위스 로잔에 본부를 둔 독립기구로, 올림픽을 비롯한 국제대회의 판정시비, 도핑, 국제경기단체간의 분쟁 등 국제 스포츠분쟁을 담당

엄격한 책임(Strict Liability):
도핑방지기구가 도핑방지규정위반을 증명하기 위하여 선수 측의 고의, 과실, 부주의 또는 사용의 인지 여부를 증명할 필요가 없음을 명시한 규정

10장

결과관리 절차

Result Management Procedure

1. 결과관리 개요

가. 개념

• 한국도핑방지규정 및 세계도핑방지규약에서 정의하는 "결과관리(Results Management)"란 한국도핑방지위원회(KADA)의 도핑방지 활동[1]의 일부로, 「결과관리 국제표준」 제5조에 따른 통지 이전 단계(예, 비정형 분석결과, 선수 생체수첩, 소재지정보 관련 의무 위반)부터 혐의 통지, 해당 사건의 최종결정에 이른다. 구체적으로는 선수 등에게 도핑방지규정위반 혐의가 발견되는 경우, 이에 대한 조사를 통하여 자격정지 등의 조치를 처리하는 일련의 과정이라고 할 수 있다.

• 한편 "도핑방지규정위반의 결과조치(Consequences of Anti-Doping Rule Violations: Consequences)"란 선수 또는 기타 관계자가 도핑방지규정을 위반한 경우, 다음 중 한 가지 이상의 결과로 이어지는 것을 말한다. (가) 실효(Disqualification) – 특정 경기나 대회에서 선수가 획득한 경기결과를 무효화하고, 그 결과로 받은 메달, 점수, 상금 등을 박탈하는 조치, (나) 자격정지(Ineligibility) – 선수 또는 기타 관계자에 대하여 도핑방지규정위반을 이유로 일정 기간 경기나 활동의 참가를 금지하거나 재정지원을 제한하는 조치, (다) 임시자

1) 도핑방지활동(Anti-Doping Activities)이란 도핑방지 교육과정보, 검사배분계획, 검사대상명부 운영, 선수생체수첩 관리, 검사 실시, 시료 분석 준비, 정보수집, 조사 실시, 치료목적사용면책 신청절차, 결과관리, 부과된 결과조치의 준수와 세계도핑방지규약, 이 규정 및 국제표준에 따라 도핑방지기구가 직접하거나 위임 또는 위탁하여 수행하는 기타 모든 도핑방지 관련 활동을 말한다.

격정지(Provisional Suspension) - 도핑방지규정위반에 대한 최종결정에 앞서 선수 또는 기타 관계자가 경기 또는 활동에 참가하는 것을 잠정적으로 금지하는 조치, (라) 재정적 결과조치(Financial Consequences) - 도핑방지규정위반에 따라 금전적 제재를 부과하거나 도핑방지규정위반과 관련된 비용을 회수하는 조치, (마) 일반 공개(Public Disclose) - 조기 통지를 받을 권리가 있는 관계자 이외의 사람 또는 일반 대중에게 도핑방지규정위반의 사실 및 그 결과를 공개하거나 배포하는 조치. 단체종목의 경우, 해당 팀에 대해서도 결과조치를 부과할 수 있다.

나. 관련 규정

- 이와 관련하여 「국민체육진흥법」 제35조 제1항 제3호[2]는 한국도핑방지위원회(KADA)의 소관 업무 중 하나로, '도핑검사 결과의 관리와 그 결과에 따른 제재'를 규정하고 있는 한편, 동법 제35조의 2[3]에 따라 경기단체 등록선수에 대한 도핑검사를 의무화하고 있으며, 동법 시행규칙 제39조의2 제3항[4]에서는 도핑검사절차를 비롯하여 결과관리 등에 필요한 사항은 한국도핑방지위원회(KADA)가 정하도록 하여 한국도핑방지규정이 시행되고 있으며, 이 규정은 세계도핑방지규약에 의거하여 제정되었기 때문에 실질적인 내용은 세계도핑방지규약과 동일하다.

- 결과관리 절차 및 방법 등에 대한 근거 규정은 한국도핑방지규정에 기술이 되어 있으나 여

2) 제35조(한국도핑방지위원회의 설립)
① 도핑과 관련된 다음 각 호의 사업과 활동을 하게 하기 위하여 문화체육관광부장관의 인가를 받아 한국도핑방지위원회(이하 "도핑방지위원회"라 한다)를 설립한다.
1. 도핑 방지를 위한 교육, 홍보, 정보 수집 및 연구
2. 도핑 검사 계획의 수립과 집행
3. 도핑 검사 결과의 관리와 그 결과에 따른 제재
4. 도핑 방지를 위한 국내외 교류와 협력

3) 제35조의2(선수의 도핑 검사)경기단체에 등록된 선수는 문화체육관광부령으로 정하는 바에 따라 도핑방지위원회의 도핑 검사를 받아야 한다. 이 경우 도핑 검사의 대상자 선정기준 및 선정방법은 도핑방지위원회가 정한다.

4) 제39조의2(선수의 도핑 검사) ① 법 제35조에 따른 한국도핑방지위원회(이하 "도핑방지위원회"라 한다)는 법 제35조의2에 따른 도핑 검사를 위하여 매년 도핑 검사 대상자, 검사 일정 등이 포함된 도핑 검사 계획을 수립한 후 이에 따라 도핑 검사를 실시하여야 한다.
② 도핑방지위원회는 제1항에 따라 도핑검사를 실시하려는 때에는 검사 대상 선수와 해당 경기단체에 도핑 검사에 필요한 협조를 요청할 수 있다. 이 경우 해당 선수와 경기단체는 이에 협조하여야 한다.
③ 제1항 및 제2항에서 규정한 사항 외에 도핑 검사의 절차, 방법, 결과 관리 등에 필요한 사항은 도핑방지위원회가 정한다.

기에 국한되지 않는다. 결과관리는 규정 위반에 대한 혐의를 조사하고 이에 대한 결과 조치까지 나아가는 과정이기 때문에 사실상 한국도핑방지규정 전체가 근거 규정이 될 수밖에 없고, 세계도핑방지규약, 국제표준[5], WADA의 기술문서도 결과관리에 필수적이다.

• 결과관리와 관련된 한국도핑방지규정을 살펴보면, 우선 한국도핑방지규정 제2장(도핑방지규정위반 및 도핑의 증명)에서는 어떠한 행위가 도핑방지규정위반에 해당하고 이에 대한 증명책임의 정도 및 방법 등의 내용을 규정하고 있고, 제7장(결과관리)에서는 도핑방지규정위반 혐의에 대한 통지, 조사, 임시자격정지부과, 임시청문, 청문 없는 결정 등을 규정하며, 제8장(제재위원회)에서는 제재위원회의 구성 및 운영 공정한 청문을 위한 절차 및 방법, 제재위원회 결정의 통지 등을 다루고 있나. 이어 제9장(개인에 대한 제재)에서는 도핑방지규정위반이 인정되는 때에 내려지는 개인에 대한 자격정지 등 제재조치를 규정하였으며, 제10장(단체종목 및 경기단체에 대한 제재)에서는 단체에 대한 제재조치를 규정하고 있다. 제11장(항소)에서는 제재위원회의 결정 등에 불복하는 경우에 제기할 수 있는 항소절차를 규정하였으며 제12장 (기밀유지 및 보고) 은 최종 결정된 결과조치에 대한 일반공개를 규정하고 있다.

• 결과관리와 관련된 조항들은 구체적으로 특정 선수 등에 대한 도핑방지규정위반 혐의를 인지하고, 위반을 인정하기 위한 증거조사, 제재위원회 및 항소위원회를 통한 최종 위반 및 제재조치에 관한 판단, 이후 일반공개 등의 추가 조치의 전 과정을 담고 있다. 즉 결과관리는 선수에게 자격정지를 포함한 제재가 직접적인 불이익한 결과 조치가 부과되는 과정이다. 따라서 결과관리의 전 절차와 최종 판단에 이르기까지 높은 수준의 공정성과 객관성이 요구되므로, 위 근거 규정의 적용과 해석이 무엇보다 중요하다 할 것이다.

다. 결과관리의 국내외적 효력

• 한국도핑방지규정은 도핑방지기구, 항소기구, 또는 스포츠중재재판소가 내린 도핑방지규정위반 결정은 도핑방지위원회, 대한체육회, 대한장애인체육회, 경기단체 뿐만 아니라 모든 가맹기구와 경기종목에서 자동적으로 구속력을 가진다고 규정하고 있으며, 타 국가의 도핑방지기구 등의 결정을 존중하고 이행하여야 함을 규정하고 있다.

5) 결과관리 절차에서는 7가지의 국제표준 중, 주로 결과관리 국제표준 및 검사 및 조사 국제표준이 이용된다.

- 이처럼 어떤 선수가 도핑방지규정을 위반하여 특정 한 국가에서 결과관리가 진행이 되고, 그 과정에서 여러 가지의 결과조치가 결정되었다고 하였을 때, 그러한 결과조치는 자국에서만 그 효력이 국한되는 것이 아니라, 세계도핑방지규약에 따라 전 세계적으로 상호 인정되는 체계이다.

- 따라서 국내에서 어떤 선수가 도핑방지규정위반으로 4년의 자격정지의 제재조치를 받았다면, 이 선수는 해당 자격정지 기간 동안은 국내외를 막론하고 주요 국제경기대회주관단체의 경기대회에는 모두 참가할 수가 없는 것이다.

라. 참가금지 준수 의무 위반 사례

- 아래는 참가금지를 위반한 사례인데, 여기서 '참가금지'란 당연히 경기대회에 참가를 제한하는 것은 물론, 코치나 감독, 트레이너, 현장봉사 등 어떠한 형태로든 경기대회에 개입하는 행위를 제한한다. 결국 도핑방지규정 위반자에 대한 전 방위적인 경기 참여를 제한함으로써, 참가금지 조치에 대한 실효성을 높이고 나아가 스포츠의 공정성을 보호하려는 취지이다.

CASE STUDY

20XX년 A선수는 자격정지 중임에도 불구하고 팀의 소속감을 잃지 않기 위해 훈련 및 대회에 동행하며 물을 나르는 등의 팀 지원 활동을 하였다. 다만, A선수가 공식적인 경기 및 단체훈련에 참가한 사실은 없었기 때문에 경미한 위반이라고 인정되어 견책이 부과되었다.

이처럼 자격정지를 부과받은 선수는 자격정지 기간 동안 경기대회뿐만 아니라 팀 직원, 임원, 자원봉사자 등 어떠한 방식으로든 선수를 지원하는 역할을 일체 수행할 수 없다. 이는 한국도핑방지규정 제79조(자격정지 및 임시자격정지 중 참가 금지)를 위반하는 행위로, 기존 자격정지 기간이 만료된 후에 추가 자격정지가 부과될 수 있기 때문에 각별한 주의가 요구된다.

2. 혐의통지 이전

가. 결과관리의 분류

• 결과관리는 크게 선수의 도핑검사 시행 후 그 결과를 기반으로 하는 '분석적 사건의 결과관리'와 도핑검사를 기반으로 하지 않은 '비분석적 사건의 결과관리'로 나눌 수 있다.

나. 분석적 사건 결과관리의 통지 절차

• 석적 사건의 결과관리는 도핑검사 결과에 따라, 해당 시료에 금지목록 국제표준에 규정된 금지약물이 검출이 된 경우로, 이에 대한 결과관리 절차는 아래 〈표1〉과 같다.

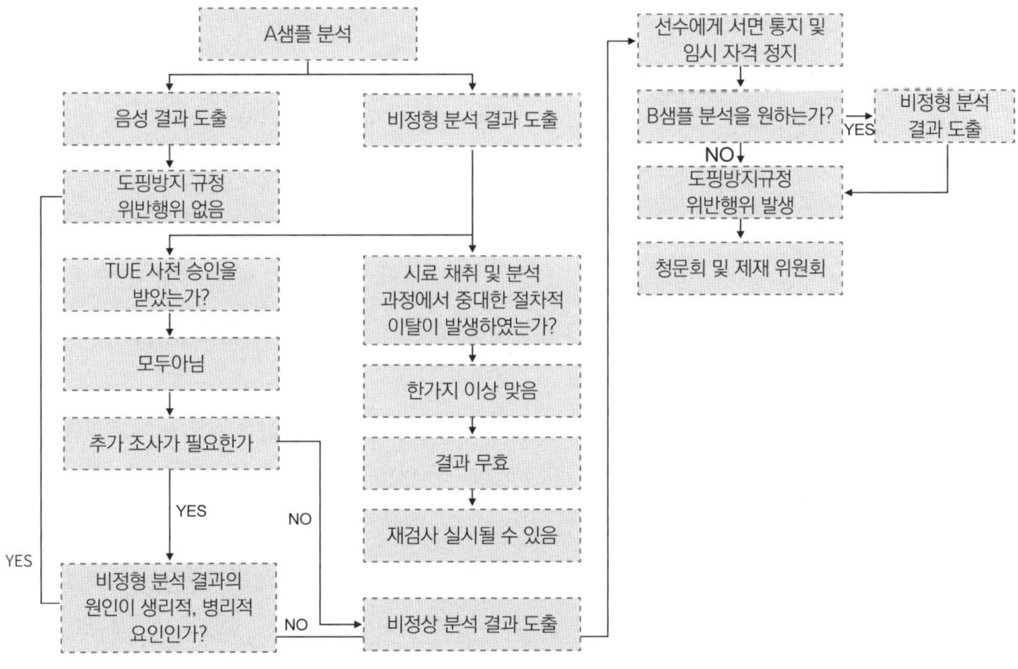

[표1-시료분석절차]

• 분석적 사건의 결과관리는 다시 '비정상분석결과(Adverse Analytical Finding)'와 '비정형분석결과(Atypical Finding)'로 구분되는데, 먼저 '비정상분석결과'는 「분석기관 국제표준」

에 근거하여 시료에서 금지약물, 그 대사물질 또는 표지자의 존재나 금지방법의 사용 증거를 입증하는 세계도핑방지기구 인증 분석기관 또는 승인 분석기관의 보고를 말하며, '비정형분석결과'는 비정상분석결과 결정에 앞서 「분석기관 국제표준」 또는 관련 기술문서에 따라 추가조사가 필요하다는 세계도핑방지기구 인증 분석기관 또는 승인 분석기관의 보고를 의미한다.

• 전자의 경우에는 예외적인 경우를 제외하고 도핑방지규정 위반 혐의가 인정이 되는 것이 대부분이지만, 비정형분석결과인 경우에는 추가적인 조사를 통해, 선수의 시료에 해당 금지성분이 포함된 원인을 밝히는 과정이 필요하다. 추가조사 결과, 해당 금지성분의 원인이 병리적, 생리적 요인인 경우에는 도핑방지규정 위반이 아니라고 보고 해당 사건을 종결시키나, 그렇지 않은 경우에는 비정상분석결과와 마찬가지로 결과관리가 진행된다.

다. 혐의통지

• 한편 비정상분석결과가 확인되는 경우, 선수 등 대상자에게 비정상분석결과 발생 통지절차가 개시된다[6]. 대상자에게 통지되는 내용에는 ㉠적용되는 도핑방지규정, ㉡비정상 분석결과, ㉢예상되는 결과조치, ㉣B 시료 분석을 요청할 수 있는 권리 등, ㉤B시료 분석에 참관할 수 있는 권리, ㉥분석기관 종합문서 요청할 수 있는 권리, ㉦선수의 답변 기회 등 안내, ㉧실질적 협조에 대한 혜택 등, ㉨임시자격정지에 관한 사항 등이 포함되어야 한다.

• 위 통지에 이후에 여전히 선수 등 대상자에게 도핑방지규정위반의 혐의가 있다고 판단되는 경우에는, 즉시 대상자에게 '혐의통지서'를 통해 도핑방지규정위반 혐의를 제기해야 한다[7]. 혐의통지서에는 ㉠적용되는 도핑방지규정, ㉡비정상분석결과 발생 통지에서 제공되지 않은 추가적인 주요 근거 및 배경사실, ㉢구체적인 결과조치 및 결과조치의 효력, ㉣결과조치 수용에 대한 내용, ㉤결과조치를 수용하지 않을 경우에 제재위원회 개최의사, ㉥청문의 권리를 포기하는 경우 결과조치를 동의하는데 간주한다는 내용, ㉦실질적 협조에 따른 혜택, ㉧임시자격정지와 관련된 사항 등이 포함되어야 한다.

6) 결과관리 국제표준 제5.1.2조
7) 결과관리 국제표준 제7.0조

라. 비분석적 사건 결과관리의 통지 절차

- 비분석적 사건은 도핑검사를 기반으로 하지 않는 사건으로, 잠재적 준수 불이행[8], 소재지정보 불이행[9], 선수생체수첩 결과[10], 제보를 비롯한 각종 정보활동에 따라 인지된 사건이 포함된다. 비분석적 사건의 결과관리 절차에서도 추가적인 조사를 통해 대상자에 대한 도핑방지규정 위반 혐의가 있다고 밝혀지는 경우에는 분석적 사건의 결과와 마찬가지로 혐의통지 절차가 개시된다.

- 다만 이 경우는 대상자에 대한 도핑검사를 전제로 하지 않으므로, 이와 관련된 비정상 분석결과, B시료 분석 요청권리, 분석기관 종합문서 요청권 등의 내용은 통지 사항에서 제외되나, 그 외의 사항들 ㉠적용되는 도핑방지규정, ㉡예상되는 결과조치 ㉢혐의의 원인이 되는 사실관계, ㉣사실관계를 입증하는 증거, ㉤선수의 답변 기회, ㉥실질적 협조에 따른 혜택, ㉦임시자격정지와 관련된 사항 등은 포함되어야 한다[11].

---

8) 규약 제2.3항 내지 제2.5항의 도핑방지규정 위반의 가능성이 있는 경우

9) 규약 제2.4항의 위반으로, 검사대상명부에 등재된 선수가 12개월 기간 이내 검사 실패 또는 제출불이행이 모두 3회가 발생하는 경우

10) 선수생체수첩(Athlete Biological Passport)은 「검사 및조사 국제표준」과 「분석기관 국제표준」에 따라 보고된 데이터를 수집, 대조하는 프로그램 및 방법을 말하는데, 국제표준에 따라 비정상 혹은 비정형 수첩결과로 확인되는 경우 규약 제2.2항에 해당하는 도핑방지규정 위반의 가능성이 있음

11) 결과관리 국제표준 제5.3조

3. 혐의통지 이후

가. 혐의통지 이후의 결과관리 절차

- 혐의통지 대상자에 대한 혐의 통지 이후의 결과관리 절차는 크게 '청문없는 결정'과 제재위원회로 해당 사건이 회부되는 경우로 나뉘는데, 전자의 경우 한국도핑방지규정에 따라 선수 또는 기타 관계자가 청문의 권리를 포기하거나 포기한 것으로 간주되는 경우 임시청문, 제재위원회 및 항소 절차상의 청문을 시행하지 않고, 한국도핑방지위원회(KADA)가 청문 없는 결정으로서, 최종 규정위반행위에 대한 자격정지 등 결과조치를 결정한다.

- "청문(Hearing)"은 선수 또는 기타 관계자에게 규정 위반 혐의 등과 관련하여 임시청문, 제재위원회, 항소 절차에서 의견을 진술하거나 증거를 제출할 기회를 부여하는 절차를 말한다.

- 따라서 혐의통지 대상자가 제재위원회의 개최를 요구하는 경우, 제재위원회에서 혐의에 대한 청문이 진행되고, 제재위원회는 대상자의 도핑방지규정 위반여부 및 부과되는 결과조치를 결정한다.

- 한편, 위 제재위원회의 결정에 대해 불복하는 경우, 결정에 적용을 받는 당사자인 선수나 한국도핑방지위원회(KADA) 및 항소권리자는 해당 사안에 대하여 국가항소기구에 항소할 수 있다. 현재 국내의 국가항소기구는 스포츠정책과학원 내의'한국도핑방지 항소위원회'이다.

- 다만 국가항소기구의 결정에 대하여 불복하는 경우에는 세계도핑방지기구만이 스포츠중재재판소(CAS)[12)]에 해당 결정에 대해 항소할 수 있다.

- 혐의통지 이후 제재위원회 및 항소절차와 이 절차에 대한 통지대상자는 아래 〈표2〉를 참고할 수 있다.

12) Court of Arbitration for Sport (Tribunal arbitral du sport): 스위스 로잔에 본부를 둔 독립기구로, 올림픽을 비롯한 국제대회의 판정시비, 도핑, 국제경기단체간의 분쟁 등 국제 스포츠분쟁을 담당한다.

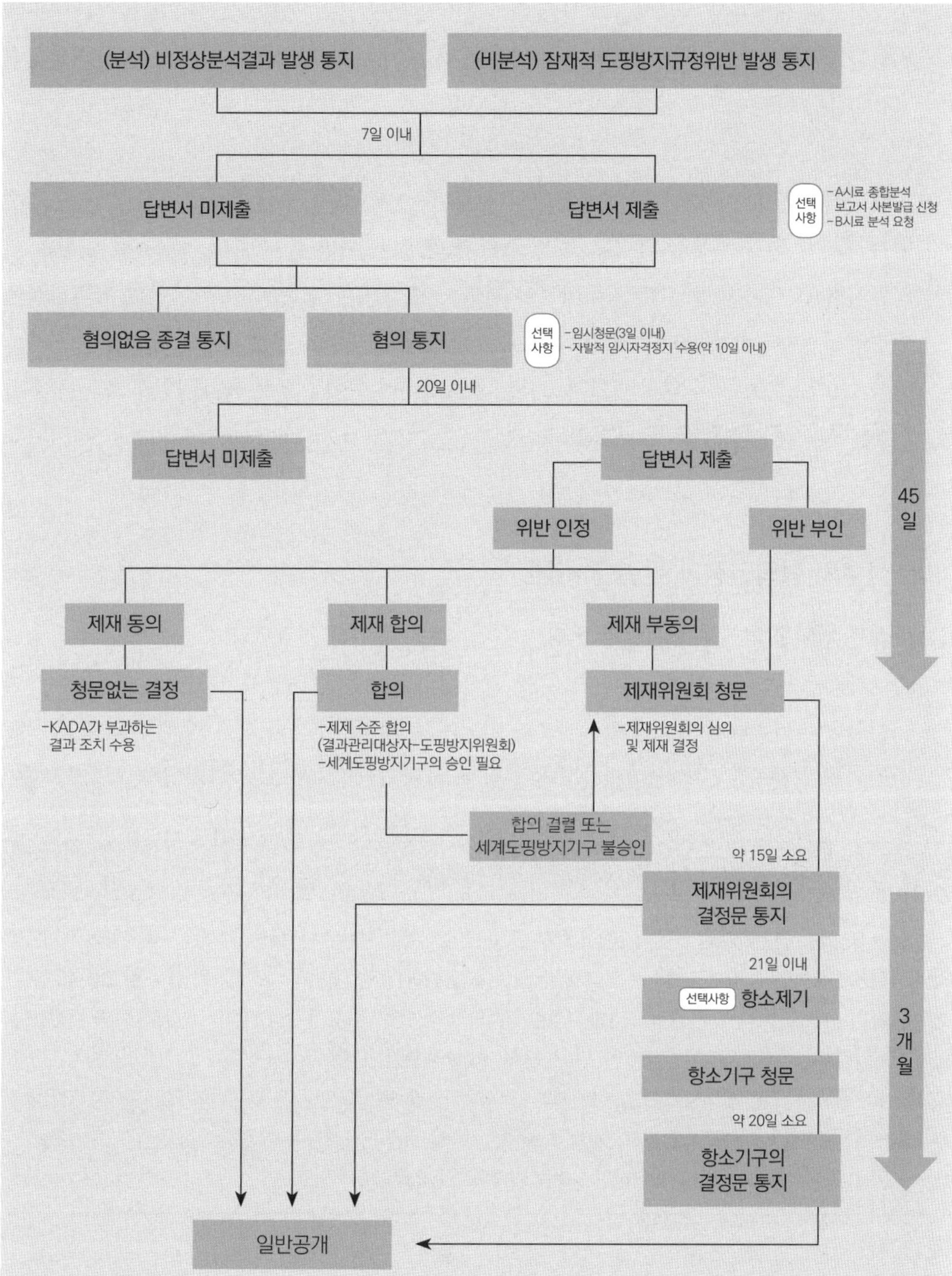

*한국도핑방지규정(2022.3.8. 개정) 기준 *일부 기한은 변동될 수 있음 *자세한 사항은 혐의통지서 확인 요망

[표2]

• 통상적으로 도핑검사가 실시되고 그 결과 금지약물이 검출된 경우에는 선수에게 '시료 내 금지약물, 그 대사물질 또는 표지자가 존재하는 경우' 내지 '선수의 금지약물 또는 금지방법의 사용 또는 사용 시도'로 혐의통지서가 부과된다.

• 이때 한국도핑방지규정은 선수가 본인의 규정위반 사실을 신속하게 스스로 인정하는 경우에는 제재의 일정 부분을 감경할 수 있도록 하고 있다. 다만 혐의에 대한 신속한 인정은 혐의통지서를 받고 20일 이내 이루어져야 한다. 다만, 이 규정은 선수가 본인의 혐의사실을 인정하고, 이와 함께 해당 혐의사실에 대한 제재 등 결과조치에 대해서도 동의함을 전제로 한다. 그러므로 여기서 내려진 결과조치는 최종적이며 이에 대하여 제재위원회 또는 항소위원회를 통하여 불복할 수 없다

나. 선수의 혐의인정과 관련된 사례

• 아래는 혐의통지 이후에 선수의 혐의사실 인정여부에 따라 결과관리의 절차가 달리 진행될 수 있음을 보여주는 사례이다. 다만, 이 사안에서 선수는 혐의통지서를 받고, 당시에는 혐의사실을 부인하다가 항소단계에 이르러 뒤늦게 혐의사실에 대한 인정 및 감경을 주장하자, 항소위원회는 최종'신속한 혐의사실의 인정'에 해당되지 않는다고 판단하였다.

CASE STUDY

20XX년 B선수는 경기기간 중 소변시료에서 금지약물이 검출되었고 위반은 인정하나 제재는 부동의함에 제재위원회의 청문을 진행하였다. 하지만 선수는 고의가 아니었음을 입증하지 못해 4년의 자격정지를 결정 받았고 항소위원회를 통해 항소를 요청하며 앞선 결정에 대해 가혹한 처사임과 결정통지 이후 즉각적 인정으로 감경받기를 주장했다. 이에 항소위원회는 선수의 주장은 이론적인 가능성에 불과하여 충분한 근거를 제시하지 못했고, 한국도핑방지규정 제73조에 따른 즉각적 인정에 대해 이는 4년 이상의 자격정지가 부과되는 도핑방지규정위반에 대한 혐의통지를 받은 후 20일 이내 위반을 인정하고 도핑방지위원회가 제시한 기간을 수용하는 상황에 해당하나, 청문 및 항소 절차로 인해 소요된 기간은 해당하지 않다고 판단하여 항소는 기각되고 원판결이 유지되었다.

다. 도핑방지규정위반의 종류 및 결과조치

- 한국도핑방지규정 및 세계도핑방지규약에서 '도핑'을 11가지의 도핑방지규정 위반행위 중 하나 이상의 발생으로 정의하고 있다.

- 따라서 위 규정 및 규약상 도핑에 해당되는 행위로써, 도핑방지규정 위반행위라 함은, 단순히 선수의 시료에서 금지성분이 나오거나 금지약물을 사용한 경우 이외에도 도핑검사 거부를 했다거나, 소재지정보를 제출하지 않았을 경우 등의 행위를 모두 포함하고 있는 것이다.

- 아래 〈표3〉은 규약에서 금지하고 있는 도핑에 해당하는 행위 및 이에 대한 자격정지 제재기준에 관한 대략적인 내용이다.

규약 조항	위반사항	기본 자격정지 기간
2.1	선수의 시료 내에 금지약물, 그 대사물질 또는 표지자가 존재	2년/4년
2.2	선수의 금지약물 또는 금지방법의 사용 또는 사용시도	2년/4년
2.3	시료채취 제공의 회피, 거부 또는 실패	2년/4년
2.4	소재지정보 제출 실패	1년~2년
2.5	도핑관리과정의 특정부분에 대한 부정행위 또는 부정행위의 시도	2년~4년
2.6	금지약물 또는 금지방법의 보유	4년
2.7	금지약물 또는 금지방법의 부정거래 또는 부정거래의 시도	4년~영구
2.8	경기기간 중 선수에게 금지약물 또는 금지방법의 투여 또는 투여시도, 또는 선수에게 경기기간 외 검사에서 금지되는 금지약물 또는 금지방법의 경기기간 외 투여 또는 투여시도	4년~영구
2.9	공모	2년~영구
2.10	금지된 연루	1년~2년
2.11	제보 저지 또는 제보에 대한 보복	2년~영구

[표3]

- 도핑방지규정반행위를 조항별로 좀 더 구체적으로 살펴보면, 제2.1항은 선수의 시료에서 금지약물이 검출된 경우를, 제2.2항은 선수가 금지약물 등을 사용한 경우를 규정하고 있다. 이 경우 선수에게 약물에 따라 2년/4년의 자격정지가 부과된다.

- 특히 금지약물이 검출되거나 금지약물을 사용한 경우에는 특히 선수에게"엄격한 책임(Strict Liability)"원칙이 적용되어, 한국도핑방지위원회(KADA)가 도핑방지규정위반을 증명하기 위하여 선수 측의 고의, 과실, 부주의 또는 사용의 인지 여부를 증명할 필요가 없다. 이는 선수의 고의성 여부와는 관계없이 성립된다는 WADA 도핑관리 프로그램의 강력하고 가장 근본적인 원칙이다.

- 규약 2.3항은 시료채취 제공의 회피, 거부 또는 실패에 대하여 2년/4년의 자격정지를 규정한다. 이는 모든 선수는 도핑검사를 받아야 할 의무에 대한 비준수에 대한 규제이며, 도핑검사 통지를 받고도 시료채취를 거부하거나 받지 않기 위해 도주 등 회피하는 경우, 검사시도는 하였으나 결과적으로 시료를 채취하지 못한 경우 모두 이 규정 위반에 해당한다.

- 규약 2.4항은 소재지정보제공 실패에 대하여 1~2년의 자격정지를 규정한 바, 이는 위 비분석적 결과관리 절차에서 진술한 바와 같이 검사대상명부(Registered Testing Pool), 즉 국제경기연맹이 정한 국제수준과 국가도핑방지기구가 정한 국가수준의 최상위 선수가 등록된 명부로 이 명부에 속한 선수들은 국제경기연맹 또는 국가도핑방지기구가 검사배분계획에 따라 실시하는 경기기간 중 검사와 경기기간 외 검사를 받아야 하며, 세계도핑방지규약 제5.5조와「검사 및 조사국제표준」에 따른 소재지정보를 제공하여야 할 의무가 있으므로 이에 대한 제출 또는 검사의무를 해태한 자 역시 도핑방지규정 위반에 해당한다.

- 규약 2.5항은 도핑관리과정에서 부정행위를 하거나 부정행위를 시도한 행위 또한 규정위반으로 명시하며 기본 4년의 자격정지를 규정하고, 경우에 따른 감경규정을 두고 있다. 여기서 부정행위(Tampering)"란 금지방법에는 해당하지 않지만 도핑관리 과정에서 절차를 고의로 방해하는 행위를 말한다. 행위의 이행 또는 불이행의 대가로 뇌물을 주고받는 행위, 시료채취를 방해하는 행위, 시료의 분석에 영향을 미치거나 이를 불가능하게 하는 행위, 도핑방지기구 또는 치료목적사용면책위원회, 청문기구에 제출하는 서류를 위 · 변조하는 행위,

증인에게 거짓 증언을 교사하는 행위, 도핑방지기구 또는 청문기구를 기망하여 결과관리 또는 결과조치의 부과에 영향을 미치는 행위, 그 외에 도핑관리를 방해하거나 방해를 시도하는 행위 등이 이에 해당한다.

- 규약 2.6항은 금지약물의 보유를 금지하고 있고 이에 대하여 4년의 자격정지를 규정하고 있는 바, 여기서 "보유(Possession)"란 실제 물리적으로 보유하거나 보유한 것으로 추정되는 상태를 말한다. 따라서 해당 금지약물을 직접 가지고 있지 않더라도, 해당 금지약물이 있는 장소 및 금지약물이나 금지방법의 존재를 알고 있었고, 그에 대하여 통제하려고 하는 의도가 있었던 경우에는 이를 보유한 것으로 추정된다. 따라서 선수가 직접 금지약물을 인터넷 등을 통해 구매한 경우에도 이 규정의 위반이 성립된다.

- 규약 2.7항은 금지약물의 부정거래 및 시도에 대한 위반행위로 4년 이상의 자격정지를 규정하고 있다. 이는 선수 등이 금지약물을 제3자에게 직접 또는 전자거래 등의 방법을 이용하여 금지약물 또는 금지방법을 판매, 증여, 수송, 발송, 운반, 전달 또는 분배하거나 그러한 목적으로 보유하는 행위를 말한다. 특정 금지약물에 대한 제조 및 판매의 경우에는 도핑방지규정 위반 이외 국내 약사법상의 위반행위에도 해당할 수 있어 관련법에 따라 처벌받을 수 있다.

- 규약 2.8항은 타인이 선수에게 금지약물을 투여하거나 시도를 한 경우에 대하여 상대적으로 중대한 위반행위로 보아 4년 이상의 자격정지를 규정하고 있다. 이 규정은 위반행위를 시행한 사람을 제재하기 위함이나, 이때 금지약물을 투여 받은 선수도 제재의 대상이 된다. 또한 경우에 따라서 미성년에 대한 금지약물 투여자는 국내 실정법에 따라 처벌될 수도 있을 것이다. 아래는 이 규정 위반과 관련한 사례이다.

CASE STUDY

20XX년 위원회는 C학교 수영 코치인 D코치가 선수들의 경기력 향상을 위해 몰래 금지약물을 탄 음료를 제공한다는 정보를 확보했다. 선수들의 소변 시료에서 금지약물을 확인함에 따라 코치와 선수들 대상으로 조사를 착수했고, 결국 코치는 해당 혐의사실에 대해 자인했다. 당시 선수들은 아직 미성년이었으므로 코치는 중대한 위반행위로 간주되었고 위원회로부터 영구 자격정지 조치와 동시에 사법당국으로부터 약사법 위반으로 징역 1년을 선고받았다. 한편 금지약물을 복용한 선수들 또한 자격정지를 부과 받았다.

- 규약 2.9항의 공모는 도핑방지규정 위반 전반에 관하여 가담하는 행위도 제재의 대상임을 규정하며 최소 2년 이상의 자격정지를 규정하고 있다.

- 규약 2.10항은 현재 자격정지 중인 선수와 연루된 자에 대하여 규정위반으로 보고 1~2년의 자격정지를 부과하고 있다.

- 규약 2.11항은 도핑방지규정 위반에 대한 제보를 방해하거나 이에 대한 보복행위를 한 자에 대하여 2년 이상의 자격정지를 규정하고 있다.

- 한편 특정 도핑방지규정 위반에 관하여는 해당자의 과실 또는 부주의정도에 따른 감경 규정을 두고 있고, 신속하게 위반 혐의를 인정하거나 또 타인의 다른 도핑방지규정 위반의 적발에 실질적인 도움을 주는 경우에 감경할 수 있도록 규정하고 있다[13].

- 반면에 복수의 금지약물이나 금지방법을 사용했거나 보유한 경우, 금지약물이나 금지 방법을 여러 차례 사용 또는 보유했거나 다수의 다른 도핑방지규정을 위반한 경우, 원래 적용되는 자격정지기간 이상으로 도핑방지규정 위반의 경기력 향상 효과를 누릴 수 있는 경우, 도핑방지규정위반의 적발 또는 결정을 회피하기 위하여 기만 또는 방해행위를 하는 경우, 결과관리 과정에서 부정행위를 하는 경우 등의 가중처벌 상황(Aggravating Circumstances)에서는 기본 제재보다 긴 자격정지기간을 부과하도록 자격정지기간 연장에 관한 규정도 두고 있다[14].

13) 한국도핑방지규정 제68조, 제69조, 제70조, 제71조
14) 한국도핑방지규정 제67조

4. 제재 및 항소절차

가. 제재 절차

• 혐의통지 대상자가 제재위원회를 통해 청문 개최를 요구하는 경우, 혐의통지일로부터 45일 이내 제재위원회로 회부된 사건의 청문이 개시된다[15]. 제재위원회는 제재위원 1명 또는 3명으로 이루어지는데, 반드시 법률가와 의사 또는 약사가 포함되어야 한다.

• 청문은 선수 등 당사자의 직접 출석과 비공개를 원칙으로 한다. 만약 당사자나 그 대리인이 청문 일정을 통지 받은 후 청문에 참석하지 않는 경우 청문의 권리를 포기한 것으로 간주된다. 당사자는 청문에서 서면 또는 구술로 자신에게 이익이 되는 사실을 진술하거나 증거를 제출할 수 있다.

• 제재위원회의 결정은 청문 종료 후 15일 이내 선수 등 관계자에게 통지된다. 이 결정문에는 결정의 이유, 부과된 자격정지기간, 경기결과 등의 실효, 일반공개, 제재조치의 부과사유, 항소기간 안내 등이 포함된다.

나. 항소 절차

• 항소 절차는 크게 국제수준 선수와 관련된 항소와 국가수준 선수와 관련된 항소로 구분된다. 전자의 경우 국제경기대회의 참가와 관련한 사건이나 국제수준 선수와 관련한 사건을 의미하고, 후자는 이를 제외한 나머지 사건의 경우를 의미한다.

• 국제수준 선수와 관련한 항소는 대상 결정의 적용을 받은 선수 또는 관계자, 관련 국제경기연맹, 도핑방지위원회, 해당 선수의 국가도핑방지기구, 국제올림픽위원회 또는 국제패럴림픽위원회, 세계도핑방지기구가 스포츠중재재판소에 항소를 제기할 수 있고, 항소절차는 스포츠중재재판소의 스포츠 관련 중재규칙(CAS Code of Sports-related Arbitration)에 따

15) 다만, 도핑방지규정 위반 혐의자, 기타 관계자, KADA, WADA의 합의가 있는 경우 곧바로 스포츠중재재판소에서 단독으로 청문이 이루어질 수 있다.

라 이루어진다.

• 국가수준 선수와 관련한 항소는 제재위원회 결정의 적용을 받는 선수 및 한국도핑방지위원회(KADA)가 현재 국가 항소기구인 한국도핑방지 항소위원회에 항소할 수 있다. 항소절차에서는 제기된 사건과 관련한 모든 사항을 검토할 수 있고, 이전 결정을 내린 징계기구의 판단에 구속되지 않는다.

• 국가항소기구의 결정은 최종적이며, 모든 당사자를 구속하고 이러한 결정과 결과조치는 스포츠중재재판소 이외 국내 법원 또는 다른 징계기구 등에 의하여 파기, 변경, 무효화 될 수 없다.

다. 일반공개

• 한국도핑방지위원회(KADA)는 도핑방지규정위반의 확정된 결정이 있는 경우 그로부터 20일 이내 위반한 선수의 성명, 종목, 위반 규정, 관련된 금지약물, 부과된 결과 조치를 일반에 공개하여야 한다. 다만 위반 선수가 미성년, 보호대상자인 경우 선별적으로 공개할 수 있다.

「결과관리 절차」 저자

장혜진 / 현재 한국도핑방지위원회 법제조사부장으로 재직 중이며 변호사이다. 조사 및 결과관리, 도핑과 관련한 제도개선 및 대외기관 협력, 소송관리 업무를 총괄하고 있다.

집필보조 **오민영**(국민대학교 스포츠산업레저학과), **노예린**(국민대학교 스포츠건강재활학과)
진유연(국민대학교 영어영문학부)

11

결과관리 사례

Result Management case

자주 등장하는 약어, 용어

세계도핑방지기구(WADA): World Anti-Doping Agency

비정형 분석결과(AF): Atypical Findings

비정상 분석결과(AAF): Adverse Analytical Finding

미국 식품의약국(FDA): Food and Drug Administration

–

치료목적 사용면책(TUEs): Therapeutic Use Exemptions
선수가 금지약물 또는 금지방법의 사용이 필요한 의학적 상태에 있고, 「치료목적사용면책 국제표준」 및 제4장의 규정에 따른 조건을 충족하는 경우에 치료 목적으로 금지약물 또는 금지방법의 사용을 허가하는 것

11장

결과관리 사례

Result Management case

1. 분석적 규정위반 vs 비분석적 규정위반

규정위반은 분석기관에서 시료를 분석하여 규정위반을 밝혀내는가 그렇지 않은 가에 따라 분석적, 비분석적 규정위반으로 나뉜다. 2019년 조사를 통한 비분석적 규정위반을 적발하기 시작하면서, 2022년 기준 전체 규정 위반 건수 중 약 30%를 차지한다.

분석적 규정위반: 선수의 시료를 분석하여 규정위반을 밝혀내는 것

비분석적 규정위반: 분석적 규정위반에 해당하지 않는 규정위반

구분	도핑방지규정위반 사항	
분석적	제13조 제1호	선수의 시료 내에 금지약물, 그 대사물질 또는 표지자가 존재하는 경우
비분석적	제13조 제2호	선수가 금지약물 또는 금지방법을 사용 또는 사용 시도하는 경우
	제13조 제3호	선수가 시료채취를 회피 또는 거부하거나 시료채취에 실패하는 경우
	제13조 제4호	선수의 소재지정보 불이행이 발행하는 경우
	제13조 제5호	선수 또는 기타 관계자가 도핑관리 과정 중 부정행위를 하거나 부정행위를 시도하는 경우
	제13조 제6호	선수 또는 선수지원요원이 금지약물 또는 금지방법을 보유하는 경우
	제13조 제7호	선수 또는 기타 관계자가 금지약물 또는 금지방법을 부정거래하거나 부정거래를 시도하는 경우
	제13조 제8호	선수 또는 기타관계자가 경기기간 중에 있는 선수에게 경기기간 중 금지약물 또는 금지방법을 투여하거나 투여를 시도하는 경우, 또는 경기기간 외에 있는 선수에게 경기기간 외 금지약물 또는 금지방법을 투여하거나 투여를 시도하는 경우
	제13조 제9호	선수 또는 기타 관계자의 공모 또는 공모 시도
	제13조 제10호	선수 또는 기타 관계자가 특정 대상자와 연루되는 행위
	제13조 제11호	선수 또는 기타 관계자가 관련 당국에 제보하는 것을 제지하거나 보복하는 행위

[출처: 한국도핑방지위원회 누리집]

분석적 규정위반이라고 해서 반드시 한국도핑방지규정 제13조 제1호에만 해당되는 것이 아니며, 사안에 따라 다른 위반 사항과도 연관될 수 있다.

• 연도별 제재 현황

구분	'19년	'20년	'21년	'22년
총 제재 건수	27건	23건	18건	25건
분석	25건	16건	10건	17건
비분석	2건	7건	8건	8건

2. 분석적 규정위반 주요 이슈

시간이 지나면서 도핑에 사용되는 약물과 방법이 증가하고 고도화됨에 따라, WADA에서 지정하는 금지약물 또한 늘어나고 있다. 모든 의사들이 도핑에 대하여 전문가가 아니기 때문에, 그들이 내린 처방으로 선수의 몸에서 금지약물이 검출되기도 한다. 무엇보다도 선수 스스로 도핑 예방을 위한 금지약물 검색(KADA 누리집) 및 처방 시 도핑검사 대상임을 고지하는 등 적극적으로 대응할 필요가 있다.

가. 처방과 관련된 문제

1) 탈모 치료제

• 적발건수: 7건 (18년 ~ 22년)

• 복용제품: 스피로노락톤정, 스피락톤정, 알닥톤필름코팅정

• 검출성분: S5. Canrenone

• 선수주장: 탈모증 치료를 위해 처방, 경기력 향상과는 무관

• 주요쟁점

– 치료기록, 증거자료 등을 종합하여 선수가 은폐제로 사용하였을 가능성을 판단할 수 있는 과학적 검증방법

예) WADA–TL24: 은폐제 용량에 따른 은폐 목적 구분방법 제시

WORLD ANTI-DOPING AGENCY
play true

WADA Technical Letter – TL24

Document Number:	TL24	Version Number:	2.0
Written by:	WADA WG on Contaminants	Approved by:	WADA Executive Committee
Reviewed by:	WADA Laboratory Expert Advisory Group		
Date:	24 November 2021	Effective Date:	24 November 2021

MINIMUM REPORTING LEVEL FOR CERTAIN DIURETICS THAT ARE KNOWN CONTAMINANTS OF PHARMACEUTICAL PRODUCTS

1.0 Introduction

WADA wishes to draw the attention of the Laboratories and *Anti-Doping Organizations* (*ADOs*) in charge of *Results Management* (the *Results Management* Authority, or RMA) to the following observations and instructions on the reporting of certain diuretics (namely, acetazolamide, bumetanide, furosemide, hydrochlorothiazide, torasemide, and triamterene), which are known to be found as contaminants of some legitimate pharmaceutical products.

[출처: WADA 공식 홈페이지]

• 국내사례

연도	종목	복용기간	복용약물	결정에 인용된 근거
2019	장애인탁구	9개월	알닥톤필름코팅정	• 증빙자료에 따라 선수가 치료목적으로 약물을 사용하였음이 인정됨 • 이후 치료목적사용면책 승인이 이루어졌으나, 소급 승인까지는 이루어지지 않음 • 제재기간: 자격정지 3개월
2020	보디빌딩	9년	스피로노락톤정	• 검사관에게 탈모치료사실을 언급 • 성분명으로 제품명을 KADA홈페이지에서 검색 시 조회결과 없음 • 일반인이 제품명과 성분명을 구분하기 쉽지 않음 • 제재기간: 자격정지 없는 견책
2022	장애인요트	7개월	스피락톤정	• 의사에게 약물을 처방받고 금지약물 여부를 확인함 • 증빙자료에 따라 경기력 향상 목적이 아닌 탈모치료 목적임이 인정됨 • 제재기간: 자격정지 1년

• 해외사례

연도	국가 / 연맹	종목	제재결정 / 최대 자격정지기간	결정에 인용된 근거
2022	캐나다	하키	1개월 / 2년	• 치료목적사용면책의 승인 • 선수는 청문의 권리를 포기하고 제재를 수용
2021	잉글랜드 축구협회	축구	9개월 / 2년	• 선수는 여드름치료를 위해 사용주장 • 처방된 약물(스피노락톤)은 치료를 위해 했을 것이라 판단 • 선수의 위반이 의도적이지 않으며, 중대한 과실이나 부주의가 없음 • 사후 치료목적사용면책 불승인
2020	ISU	빙상	11개월 / 2년	• 선수는 여드름치료를 위해 사용주장 • 선수의 위반이 의도적이지 않으며, 중대한 과실이나 부주의가 없음

2) 다이어트 보조제

• 적발건수: 2건 (20년 ~ 22년)

• 복용제품: 펜터민, 한약(마황)

• 검출성분: S6.Phetermine, S6.Ephedrine

• 선수주장: 체중감량을 위해 다이어트 약을 복용

• 주요쟁점

1) 에페드린및 펜터민이 다이어트 목적으로 보편적으로 사용되는지 처방의 타당성 *FDA는 천식의 위험성을 전제로 에페드린의1일 복용량을 150mg까지 허용

2) 복용제품(마황)을 비롯한 한약제가 경기력 향상을 위해 사용될 가능성

3) 흥분제로 사용되었음을 판단할 수 있는 기준 예) 농도, 복용시간

• 국내사례

연도	종목	복용기간	제재결정 / 최대 자격정지기간	결정에 인용된 근거
2020	카누	1개월	2년 / 4년	• 비특정약물(Phentermine)의 기본자격정지기간은 4년 • 선수는 의사의 처방에 따라 비만약을 처방 받았음이 인정되어 감경
2022	장애인육상	2개월	1년	• 선수는 의사의 처방에 따라 비만약(Ephedrine)을 처방 받았고 청각장애로 도핑방지 교육이 어려운 짐이 인징되어 감경

3) 통증치료

• 적발건수: 3건 (20년~22년)

• 복용제품: 메칠정, 디아클로진정, Triamcinolone acetonide

• 검출성분: S5. Hydrochlorothiazide, S5. Chlorothiazide,
S9. Triamcinolone Acetonide, S9. Methylprednisolone

• 선수주장: 통증완화를 위해 복용

• 주요쟁점

1) 2022년부터 S9. Glucocorticoid의 모든 주사, 경구, 좌약 투여가 금지되면서 치료목적사용면책 신청 건수 증가

* 기존에는 허용되었던 국소주사 경로가 경기기간 중 금지로 변경
→ 모든 경로 주사투약 금지

* S9. Glucocorticoid는 WADA에서 유일하게 배출기간을 고지한 약물

* 2021-2022 치료목적사용면책 신청 건수

약물분류	2021년	2022년
S9. Glucocorticoid	57건	224건

* 2021-2022 치료목적사용면책 신청 건수

* S9. 글루코코르티코이드 치료목적사용면책 심사현황 비교

– 전체: 57건(2021년) → 224건(2022년)

– 프로스포츠: 25건(2021년) → 122건(2022년)

구 분	2021년			2022년		
	전문체육	프로스포츠	합계	전문체육	프로스포츠	합계
승인	22건	23건	45건	75건	65건	140건
불승인	9건	2건	11건	24건	48건	72건
반려	1건	0건	1건	3건	9건	12건
합계	32건	25건	57건	102건	122건	224건

2) 검출성분이 경기력 향상에 영향을 미칠 가능성 및 구분방법

3) 2024년 S7. 마약에 Tramadol 포함(경기중 금지)

Tramadol은 수년간 WADA 금지목록 모니터링 프로그램에 포함되어 왔으며 데이터에 따르면 자전거, 럭비, 축구를 포함한 다양한 종목에서 과사용되고 있음을 확인함. 많은 국가에서 Tramadol을 신체 의존성, 아편 중독, 과다 복용에 따른 용량 의존 위험 등을 이유로 마약류로 관리하여 통제하고 있음. WADA의 자금 지원을 받은 연구 결과는 Tramadol이 스포츠에서 경기력 향상을 일으킬 잠재력이 있음을 확인함.

결과적으로, WADA 집행위원회는 2022년 9월 23일 개최된 회의에서 Tramadol을 경기기간 중 금지약물로 포함하는 것을 승인함. 그러나 변경사항을 널리 알리고 충분한 정보 제공과 교육 시간 확보를 위해 집행위원회는 Tramadol을 경기기간 중 금지하는 새로운 규정을 2024년 1월 1일부터 시행하기로 결정함.

변경 적용을 1년 연기하는 것은 선수와 의료진이 규정 변화에 더 잘 대비하게 하고, 분석기관은 절차를 업데이트하며, 스포츠 당국은 교육 도구를 개발할 수 있도록 하기 위함임.

[출처: 2023 금지목록 국제표준]

• 국내사례

종목	복용제품	검출성분	WADA 고시 배출기간
장애인양궁	메칠정 (목, 쇄골 통증)	S9. Methylprednisolone	5일
프로골프	디아클로진정 (허리통증)	S5. Hydrochlorothiazide S5. Chlorothiazide	-
장애인역도	Triamcinolone acetonide (어깨통증-주사치료)	S9. Triamcinolone Acetonide	경구 10일 근육주사 60일 국소주사 10일

4) 화장품 보존제

• 적발건수: 1건 (21년) → 혐의 없음 처리

• 사용제품 및 검출성분: Chlorphenesin 성분이 포함된 화장품류 사용
샴푸, 수분크림, 바디크림/4-CPA

• 선수주장: 화장품 보존제의 일종인 Chlorphenesin이 함유된 화장품을 사용하였고, 체내에서 4-CPA로 대사되어 검출

• 검토의견: 선수가 사용한 chlorphenesin 농도가 확인되지 않았지만 산출된 전신노출량(36.6mg) 중 4-CPA의 형태로 소변으로 배설되는 비율(rat, dog 12-22%)을 감안하면 소변에서 4-CPA가 1000ng/mL 이상으로 검출될 수 있다고 판단

• 주요쟁점

1) 화장품 및 식이 등으로 인한 금지약물의 유입 시, 선수가 이를 입증하는데 어려움을 겪을 수 있음

2) 해외사례로 TL문서가 수정됨: Chlorphenesin의 중간 대사체를 검사하여 4-CPA이 어느 물질에서 유래했는지 확인 권고

3) 성분 별 AAF 임계치 부근에서 외내인성구분의 어려움

※ 일부 스테로이드의 경우 TL, TD에 구분 방법이 기술됨

연 도	국 가	종 목	제재결정	결정에 인용된 근거
2021	미국	UFC	혐의없음 2년	• WADA에서 발행한 TL01(2020)는 4-CPA는 금지약물인 Meclofenoxate의 대사물질로, 농도가 1,000ng/mL 이상이면 비정상분석결과로 판단 • USADA의 연구결과, Chlorphenesin이 함유된 화장품 사용 후, 소변에서 1,000ng/mL 초과하는 값이 측정 • Chlorphenesin은 금지약물이 아님, 따라서 WADA TL01에 근거한 판단은 적합하지 않음 • 해당 사례로 TL문서 수정

나. 검출되지 않는 비승인 약물 및 혈액도핑

1) S0. 비승인약물

• 정의: 각국 정부 산하의 보건기구에서 사람의 치료를 위하여 사용하도록 승인된 상태가 아닌 모든 약리적 물질

• 적발건수: 0건 (S0.를 단독으로 사용하여 처벌된 사례는 없음)

• 주요쟁점

1) 등록되지 않은 약물의 검출 어려움

2) S0 검출 시, 약리적 작용 및 경기력 향상 자문 가능성

2) 줄기세포 치료제 및 치료술

• 줄기세포 치료제: 줄기세포를 이용한 의약품

• 줄기세포 치료술: 환자의 줄기세포를 이용해 질병을 치료하는 방법 승인된 치료목적사용면책 없이 행해지는 줄기세포 치료술은 금지

• 주요쟁점

1) 현실적인 줄기세포 치료의 상용화 수준

2) 줄기세포 치료제 및 치료술과 경기력 향상의 관계

3) 줄기세포 주입을 적발할 수 있는 방법

– 국내 허가 줄기세포치료제

제품명	효능	금지여부
하티셀그램에이엠아이	급성심근경색 환자의 좌심실 구혈률개선	금지되지 않음
카티스템	골관절염 환자의 무릎 연골 결손 치료	
큐피스템	크론병으로 인한 누공치료	
뉴로나타알	근위축성측삭경화증의질환 진행속도 완화	

다. 비정형 분석결과 Adverse Atypical Findings

- 적발건수: 5건 ('19년 ~ '22년, 진행중 사건 포함)
- 정의

1) 비정상분석결과의 결정에 앞서 이루어지는 보고로

2) 「분석기관 국제표준」 및 기술문서의 규정에 의하여, 추가적인 도핑조사를 요구하는 취지가 기재된 보고(결과)

*추가적인 도핑조사: 재분석, 금지약물 유입경로 조사, 표적검사 실시 등

예)

[Comment]

The estimated concentration of Clenbuterol was not greater than 5 ng/mL, therefore the result for clenbuterol is an Atypical Finding (ATF) based on WADA Technical Letter (TL23).

Depending on the circumstances, the consumption of meat containing clenbuterol may lead to very low concentration in the urine of the consumer of the meat.

• 주요쟁점

1) 시료상태에 따라 재분석이 불가능할 수 있음(오염, 저용량 등)

2) 유입경로 조사시 입증의 어려움이 있음

라. M3 유전자 및 세포도핑

• 정의: 어떤 방법을 통해서든 유전자 서열 및 발현을 변경 시킬 수 있는 핵산 또는 핵산 유사물의 사용, 정상 세포 또는 유전적으로 조작된 세포의 사용

• 적발건수: 0건

• 주요쟁점: 미래의 유전자 도핑을 적발하기 위하여, KADA가 준비할 검사방법 및 제도 논의 필요

3. 비분석적 규정위반 주요 이슈

비분석적 규정위반은 시료에서 약물이 검출된 것이 아니기 때문에, 제보 및 위원회의 조사역량이 무엇보다도 중요하다.

가. 지도자가 미성년 선수에게 보충제를 투약한 사실이 확인되어 제재를 받은 사건

1) 조사경위

• 미성년 육상 선수의 몸에서 금지약물이 검출되어 한국도핑방지위원회(KADA)는 해당선수에게 비정상분석결과가 발생하였음을 알리고, 금지약물이 선수의 체내에 어떻게 유입되었는지 확인하는 과정에서, 선수의 지도자가 금지약물이 포함된 보충제를 먹인 것이 확인되었으며, 이에 위원회는 조사에 착수하여 지도자에게 답변을 요구함.

2) 지도자 답변

• 지도자는 자신이 지도하던 선수가 경기 날만 되면 긴장을 해서, 지인을 통해 긴장감 해소에 도움이 될 보충제를 구해왔다는 답변과 선수에게 권유하여 마시게 한 점도 진술함

3) 위원회 판단

• 위원회의 판결은 다음과 같은 점을 고려함

1) 지도자는 10여년간 별다른 위반 사실 없이 지도자 생활을 이어간 점

2) 선수가 지도자의 처벌을 원치 않는 점

3) 혐의를 통지 받은 후 20일 이내에 위반을 인정하고 제재를 수용한 점
→ 자격정지기간 3년 (1년 감경: 제73조 제1항)

4) 「한국도핑방지규정」 제13조 제8호 및 제66조 제3항에 따라 선수가 미성년자임을 고려하여 보호대상자가 연루된 위반은 특히 심각한 위반으로 간주하며, 최소 4년에서 최대 영구자격정지가 부여될 수 있고, 지도자로부터 약물을 건내 받은 선수 또한 처벌됨. 시료 내 금지약물이 검출되는 경우, 예외적인 경우를 제외하고 위반자의 고의, 과실, 부주의, 인지 여부를 불문하고 규정 위반이 성립되는"엄격한 책임의 원칙"이 적용된다.

나. 정당한 이유없이 도핑검사를 거부하여 제재받은 수영선수

1) 사건발단

• 2018년 9월 4일 국제수영연맹의 승인을 받은 검사관이 선수의 소변 · 혈액시료 채취를 시도하는 과정에서 선수는 혈액시료를 채취 후, 도핑검사관과 샤프롱에게 자격 증명을 요청하며 논쟁이 시작되었고, 지속된 논쟁으로 선수는 소변검사에 응하지 않고 이미 채취된 혈액시료를 망치로 부수고 도핑검사서를 찢어 검사를 방해함

2) 선수주장

• 선수는 도핑검사관이 제시한 문서로는 함께 온 샤프롱의 신원확인이 어려웠으며 허락없이 사진과 영상을 찍었다고 주장했으며, 적법한 증명서를 가진 도핑검사관과 샤프롱이 도착할 때까지 기다린다고 하였으나 거부당하여 검사를 인정할 수 없었기에 기존에 제공한 혈액시료를 부수고 도핑검사서를 찢은 것이라고 주장함

3) 국제수영연맹 판단

WORLD AQUATICS

• 도핑검사관과 샤프롱은 개인마다 연맹으로부터 위임서를 받고 시료채취기관 IDTM 신분증을 소지하여야 했으나, 도핑검사관 1명을 제외한 다른 샤프롱들은 신분증을 당시에 소지하고 있지 않았음. 따라서 위 상황들은 선수가 검사를 거부한 것은 정당한 사유로 인정되어 최종적으로 무혐의 처분함

4) 국제스포츠중재재판소 판단

• 도핑검사관 1인이 국제수영연맹 명의로 작성된 위임서와 IDTM 신분증이 있었기 때문에 검사시행은 적법하며, 선수는 지난 7년간 180번의 검사를 받았고, 그중 60회가 IDTM의 검사였고, 선수는 해당 검사를 받기 전, 검사내용에 대해 동의서에 서명함
샤프롱이 선수를 향해 팬임을 주장하며, 촬영 등을 요구한 것은 명백히 검사를 방해한 것은 맞으나, 신체, 위생, 도덕적 문제가 없으면 도핑검사에는 응해야 한다. 따라서 (8년에서 재심을 통해)4년 3개월의 자격정지를 결정함.

첨부 추가자료

1. M3. 유전자 및 세포도핑

- 정의
  1) 어떤 방법을 통해서든 유전자 서열 및 발현을 변경시킬 수 있는 핵산 또는 핵산 유사물의 사용
  2) 정상 세포 또는 유전적으로 조작된 세포의 사용
- 적발건수: 0건 (해외사례 또한 찾아볼 수 없음)
- 주요쟁점: 미래의 유전자 도핑을 적발하기 위하여, KADA가 준비할 검사방법 및 제도 논의 필요

2. 주요 약물 반감기 (개인 별로 차이가 있을 수 있음.)

분 류	성분명	특정 / 비특정	반감기
S1	Clenbuterol	비특정	36-48시간
S1	Boldenone	비특정	근육주사: 14일
S1	Drostanolone	비특정	48시간
S1	Stanozolol	비특정	경구: 9시간
S2	Growth Hormone(hGH)	비특정	근육주사 24시간
S5	Canrenone	특정	10~20분
S5	Dorzolamide	특정	16.5시간
S6	Ephedrine	특정	120일
S9	Triamcinolone acetonide	특정	WADA 고시 배출시간 경구 10일 근육주사 60일 국소주사 10일

[출처: PubMed]

3. 예외적 사용 허용

분류	성분명	반감기
S3	Salbutamol	흡입에 의해 사용해야하며, 12시간동안 최대 800µg, 24시간동안 1600µg만 사용 허용
	Formoterol	흡입에 의해 사용해야하며, 24시간 동안 54µg 사용 허용
	Salmeterol	흡입에 의해 사용해야하며, 24시간 동안 200µg 사용 허용
	Vilanterol	흡입에 의해 사용해야하며, 24시간 동안 25µg 사용 허용
S5	Drospirenone	국소적인 안과적 사용 허용
	Pamabrom	
	Dorzolamide	
	Brinzolamide	
S6	Clonidine	사용 허용
	Imidazole유도물	피부, 비강내 또는 안과적 치료에 사용되는 Brimonidine, Clonazoline, Fenoxazoline, Indanazoline, Naphazoline, Oxymetazoline, Xylometazoline

[출처: WADA 금지목록 국제표준]

4. 금지성분별 WADA 가이드(TD/TL)

TD/TL	성분명	WADA 가이드
S3	Salbutamol	흡입에 의해 사용해야하며, 12시간동안 최대 800µg, 24시간동안 1600µg만 사용 허용
	Formoterol	흡입에 의해 사용해야하며, 24시간 동안 54µg 사용 허용
	Salmeterol	흡입에 의해 사용해야하며, 24시간 동안 200µg 사용 허용
	Vilanterol	흡입에 의해 사용해야하며, 24시간 동안 25µg 사용 허용

<table>
<tr><td rowspan="4">S5</td><td>Drospirenone</td><td rowspan="4">국소적인 안과적 사용 허용</td></tr>
<tr><td>Pamabrom</td></tr>
<tr><td>Dorzolamide</td></tr>
<tr><td>Brinzolamide</td></tr>
<tr><td>S6</td><td>Clonidine</td><td>사용 허용</td></tr>
<tr><td></td><td>Imidazole유도물</td><td>피부, 비강내 또는 안과적 치료에 사용되는 Brimonidine, Clonazoline, Fenoxazoline, Indanazoline, Naphazoline, Oxymetazoline, Xylometazoline</td></tr>
</table>

[출처: WADA 금지목록 국제표준]

<table>
<tr><th>분류</th><th>성분명</th><th>반감기</th></tr>
<tr><td>TL01</td><td>Meclofenoxate</td><td>
<table>
<tr><th>Meclofenoxate</th><th>4-CPA</th><th>Chlorphenesin / chlorphenesin carbamate Metabolite</th><th>결과</th></tr>
<tr><td>〉50ng/mL</td><td>관계없음</td><td>관계없음</td><td>AAF</td></tr>
<tr><td rowspan="3">≤ 50ng/mL
or
Not Detected</td><td>≤5μg/mL</td><td>관계없음</td><td>Negative</td></tr>
<tr><td>or</td><td>검출</td><td>Negative</td></tr>
<tr><td>Not Detected</td><td>검출되지 않음</td><td>AAF</td></tr>
</table>
</td></tr>
<tr><td>TL02</td><td>Mebeverine 대사체</td><td>- p-OH-A로 인한 검출 시, Mebeverine acid 과 desmethyl mebeverine acid가 없음을 확인할 것</td></tr>
<tr><td>TL03</td><td>Zilpaterol</td><td>- 1.5 ng/mL미만일 경우 육류섭취로 유입가능성이 존재, 해당 성분 검출 시 WADA 과학연구부로 연락할 것</td></tr>
<tr><td>TL04</td><td>Zeranol</td><td>- Mycotoxin에 오염된 식품을 섭취했는지 확인
- zearalenone, α-zearalenol, β-zearalenol 존재 확인</td></tr>
<tr><td>TL05</td><td>Oxilofrine</td><td>- Oxilofrine 〉50ng/mL, Ephedrine ≤ 11μg/mL 일 때
<table>
<tr><th>Oxilofrine농도</th><th>결과</th></tr>
<tr><td>1,000ng/mL 이하</td><td>Negative</td></tr>
<tr><td>1,000ng/mL 초과</td><td>AAF</td></tr>
</table>
</td></tr>
<tr><td>TL06</td><td>Chlorazanil</td><td>- Proguanil과 그 대사체가 없어야 AAF보고</td></tr>
</table>

<table>
<tr><td>TL07</td><td>Andarine</td><td>- 다른 물질로 유사한 대사체가 만들어질 수 있음
- Andarine 또는 특정 대사체가 확인된 경우만 AAF보고</td></tr>
<tr><td>TL08,
TL10</td><td>Methyltestosterone
및 기타 스테로이드</td><td>- 미생물 활성으로 인해 AAF가 발생할 수 있음
- 추가 시료분석을 통해 외인성/내인성 판단</td></tr>
<tr><td>TL09</td><td>Oxethazaine</td><td>- Oxethazaine 대사체의 농도가 phentermine과/또는 amephentermine 농도보다 높을 때 Negative</td></tr>
<tr><td>TL11</td><td>Oxymorphone</td><td>- Methylnaltrexone이 존재하지 않을 경우 AAF보고</td></tr>
<tr><td>TL12</td><td>Enobosarm</td><td>- 다른 물질로 유사한 대사체가 만들어질 수 있음
- Enobosarm이나 Enobosarm 글루코산 접합체가 확인된 경우만 AAF</td></tr>
<tr><td>TL13</td><td>Trimetazidine</td><td>- 허용된 약물인 Lomerizine에 의해 검출되었는지 확인</td></tr>
<tr><td>TL14</td><td>A와 B시료</td><td>- 색이 다른 경우 구분법</td></tr>
<tr><td>Tl15</td><td>Hydromorphone</td><td>- 허용된 약물인 Hydrocodone이나 Codeine에 의해 검출되었는지 확인
- Hydromorhone/Morphine>0.05 이거나 Hydromorphone의 농도가 hydrocodone과 norhydrocodone의 농도보다 높을 때 AAF</td></tr>
<tr><td>TL16</td><td>Tretoquinol</td><td>- Tretoquinol>20ng/mL일 때, AAF보고</td></tr>
<tr><td>TL17</td><td>Tulobuterol</td><td>- Bupropion이 존재할 때, Tulobuterol 측정법</td></tr>
<tr><td>TL18
TL21</td><td>Testolactone</td><td>- 미생물에 의해 In situ에서 DHEA(내인성 생식호르몬)가 Testolactone, 6-Oxo-androstenedione으로 변환되어 검출될 수 있음
- 따라서 해당 경우를 AAF로 보고하지 않아야 함
- In situ formation 반응이 일어나지 않게 추출 처리 후 검사
- 다른 대사체 검사를 통해 AAF여부 확인</td></tr>
<tr><td>TL19</td><td>Prednisone
Prednisolone</td><td>- 내인성 글로코코르티코이드가 미생물에 의해 Prednisone 이나 Prednisolone으로 변환될 수 있음
- 판단기준
<table>
<tr><th>Prednisone,
Prednisolone 농도</th><th>추가검토</th><th>결과</th></tr>
<tr><td>30ng/mL미만</td><td>-</td><td>Negative</td></tr>
<tr><td rowspan="2">30ng/mL이상
60ng/ML이하</td><td>미생물 대사체 존재</td><td>Negative</td></tr>
<tr><td>추가분석 및 외인성 증거 확보</td><td>AAF</td></tr>
<tr><td>60ng/ML초과</td><td>미생물 대사체 없음</td><td>AAF</td></tr>
</table></td></tr>
</table>

<table>
<tr><td>TL20</td><td>S1.1: AAS
1-androstenediol
1-androstenedione
1-androsterone
1-epiandrosterone
1-testosterone 7α
-hydroxy-DHEA
7β-hydroxy-DHEA
7-Keto-DHEA

S4.1 Aromatase
Inhibitors
2-Androstenol
2-Androstenone
3-Androstenol
3-Androstenone
Androstatrienedion
Arimistane</td><td>- 스테로이드 구조를 갖는 특정 물질들이 In situ에서 미생물에 의해 AAS나 Aromatase Inhibitor로 변환될 수 있음
- In situ formation 반응이 일어나지 않게 추출 처리후 검사
- 다른 대사체 검사를 통해 AAF여부 확인
- 다른 인증 연구소에서 추가 검사 진행</td></tr>
<tr><td>TL22</td><td>Ethylmorphine</td><td>- 허가된 Ethylmorphine 투여로 임계치보다 높은 Morphine 수치가 검출될 수 있음
- 판단기준
<table><tr><th>구분</th><th>결과</th></tr><tr><td>Morphine 〉 EtM (volume)</td><td rowspan="2">AAF</td></tr><tr><td>Morphine/Norethylmorphine 〉 20</td></tr></table></td></tr>
<tr><td>TL23</td><td>Clenbuterol
Ractopamine
Zeranol
Zilpaterol</td><td>- 해당 성분들은 오염된 육류섭취로 검출될 수 있음
- 오염된 육류섭취로 소변 검출 시, 그 농도가 5ng/mL를 초과할 가능성은 거의 없음 따라서,
- 검출된 성분의 농도가 5ng/mL 초과: AAF
- 검출된 성분의 농도가 5ng/mL 이하: ATF -〉 섭취경로 증명</td></tr>
<tr><td>TL24</td><td>Acetazolamide
Bumetanide
Furosemide
Hydrochlorothiazide
Torasemide
Triamterene</td><td>- 해당 성분(은폐제)은 오염된 의약품 경구복용으로 검출될 수 있음
- 이뇨제의 농도가 20ng/mL초과: AAF
- 이뇨제의 농도가 20ng/mL이하: Negative</td></tr>
</table>

<table>
<tr>
<td>TD202
21RMS</td>
<td>Boldenone
Formestane</td>
<td>아래 물질은 ATF보고 시, TD2021EAAS에 따른 추가분석 실시
TD2021EAAS: 내인성 단백동화 스테로이드 검사 기술문서
- Boldenone 〈 2.5ng/mL: ATF
≥ 2.5ng/mL, ≤ 30ng/mL: ATF
〉30ng/mL: AAF
- Formestane 〈 50ng/mL: Negative
≥ 50ng/mL, ≤ 150ng/mL: ATF
〉150ng/mL: AAF</td>
</tr>
<tr>
<td>TD202
1CG/LH</td>
<td>human Chorionic
Gonadotrophin
(hCG)
Luteinizing
Hormone</td>
<td>- 해당 성분은 남성 운동선수에게만 금지됨
- 비뇨기 병변과 고환암으로 인한, 임계치 이상 검출될 수 있음</td>
</tr>
<tr>
<td>TD202
2DL</td>
<td>표 참고</td>
<td>- 내인성 글로코코르티코이드가 미생물에 의해 Prednisone 이나 Prednisolone으로 변환될 수 있음
- 판단기준
<table>
<tr><th>구분</th><th>성분명</th><th>AAF 임계치</th></tr>
<tr><td rowspan="2">S3. Beta-2 Agonists</td><td>Salbutamol</td><td>1.20 μg/mL</td></tr>
<tr><td>Formoterol</td><td>50.0 ng/mL</td></tr>
<tr><td rowspan="4">S6. Stimulants</td><td>Cathine</td><td>6.00 μg/mL</td></tr>
<tr><td>Ephedrine</td><td>11.0 μg/mL</td></tr>
<tr><td>Methylephedrine</td><td>11.0 μg/mL</td></tr>
<tr><td>Pseudoephedrine</td><td>170 μg/mL</td></tr>
<tr><td>S7. Narcotics</td><td>Morphine</td><td>1.30 μg/mL</td></tr>
<tr><td>S8. Cannabinoids</td><td>Carboxy-THC</td><td>180 ng/mL</td></tr>
</table>
</td>
</tr>
</table>

「결과관리 사례」 저자

장신형 / 한국도핑방지위원회 법제조사부에서 사건의 초기검토부터 후속조치까지, 전반에 걸친 결과관리 업무를 담당하고 있다. 학부에서는 생명공학을 전공하였으며, 이를 통해 분석기관 대응, 의과학 전문가 그룹관리로 과학적인 결과관리에 힘쓰고자 한다.

집필보조

노예린(국민대학교 스포츠건강재활학과), **오민영**(국민대학교 스포츠산업레저학과), **진유연**(국민대학교 영어영문학부)

12

한국의 도핑방지 운동

Anti-Doping Movement in Korea

자주 등장하는 약어

아시아 올림픽 평의회(OCA): Olympic Council of Asia

국제올림픽위원회(IOC): International Olympic Committee

대한체육회(KSOC): Korean Sport & Olympic Committee

세계도핑방지기구(WADA): World Anti-Doping Agency

국가도핑방지기구(NADO): National Anti-Doping Organizaions

지역도핑방지기구(RADO): Regional Anti-Doping Organizations

12장

한국의 도핑방지 운동

Anti-Doping Movement in Korea

1. 한국의 도핑방지 활동

국내 스포츠에 도핑 또는 약물복용이라는 단어가 사용되기 시작한 것은 언론보도를 통해서 시작된 것으로 보인다.[1] 1972년 삿포로동계올림픽을 앞두고 1971년 말부터 "국제올림픽위원회(IOC)는 선수들이 사용해서는 안 되는 의약품의 종류를 지정했다"는 소식과 "동계올림픽의 참가선수에 약물검사 및 성별검사를 실시할 예정"이라는 기사들이 신문을 통해 소개되었고, 1976년 대한체육회가 발행하는 〈체육(Sports Korea)〉에 게재된 글에서 "많은 부작용이 경고되고 있음에도 불구하고 아나볼릭 스테로이드와 혈액도핑 문제가 큰 두통거리가 될 것이며, 이러한 스포츠의 과학화가 인간의 비인간화로 치닫고 있음을 개탄"하는 글을 실어 당시 스포츠 선수들의 혈액도핑 문제를 언급하였다.[2]

또한 주왕기 등은 〈한국운동선수들의 약물복용 실태조사〉란 연구에서 "1974년 대구에서 열린 전국체전에 참가한 112명의 선수들을 대상으로 흥분제 복용을 알아보기 위해 TLC(Thin Layer Chromatography)로 소변을 채취하여 분석한 결과 흥분제를 복용한 사례가 5명 검출되었지만, 선수들이 경기기록을 인위적으로 향상시키기 위해 복용하였는지는 밝혀내지 못하였다."고 발표하여 당시 국가대표급 선수들의 약물복용 실태를 보여주었다. 이 밖에서 국제경기에서 소개되는 다양한 사례들을 중심으로 스포츠 선수들의 도핑과 그 부작용, 윤리적 측면 등에 대해 간략하게

1) 이 부분은 황의룡 등(2014)의 <스포츠세계의 반도핑 정책의 전개과정(1968~1999)>, 의사학 제23권 제2호를 참고하였음
2) 김진원(1976), 「혈액도우핑(Doping)에 관한 문제점에 관하여」, 『체육』(대한체육회) 109

세계적인 추세가 소개되기 시작하였다. 그러나 국내에서 도핑이 본격적으로 알려지기 시작한 것은 1980년대에 들어와 국내 첫 올림픽 유치에 성공하면서였고, 1988년 세계적인 행사인 올림픽의 국내 개최와 운영을 통해 도핑관리의 현장을 보게 되면서부터이다.

가. 1988년 서울올림픽, 도핑콘트롤센터의 설립

1980년대는 1988년 서울올림픽의 유치와 개최로 국내에 도핑이라는 개념이 본격적으로 알려지기 시작한 시기였다. 1981년 9월 바덴바덴 총회에서 제24회 하계올림픽을 서울이 유치하게 되면서, 언론보도와 학술연구들을 통해 도핑이 소개되기 시작했다. 또한 대한체육회 및 대한올림픽위원회를 중심으로 선수들의 도핑과 관련된 국제사례나 부작용, 동구권 국가의 도핑 실태 등이 소개되기도 하였다.

무엇보다 국제올림픽위원회(IOC)와 아시아 올림픽 평의회(OCA)의 대회개최 규정에 따라 도핑검사를 직접 실행해야 하는 과제를 안게 되면서 한국정부는 1984년 9월에 한국과학기술연구원(Korea Institute of Science and Technology, 이하 KIST) 부설 도핑컨트롤센터(Doping Control Center, 이하 DCC)를 설립하고 연구비, 분석기 구입비, 훈련비 등을 지원하였다. 이를 계기로 선수와 도핑의 관계에 대한 사회적 관심이 점차 커졌으며, 1986년 서울 아시아경기대회에 참가한 선수들이 메달권에 진입하면서 도핑검사를 직접 경험하는 선수들이 많아지면서 올림픽 준비 등을 위해 선수와 지도자들에 대한 도핑관련 교육이 실시되기 시작했다.[3]

하지만 1990년 이전까지는 실제 도핑관리에 대한 이해도와 실행이 필요한 대한체육회 및 국내경기단체의 정관이나 규정에는 선수들의 약물복용에 따른 부작용이나 도핑검사와 관련된 조항을 찾아볼 수 없었다. 1990년도 3월에야 국내 모든 경기연맹을 총괄하는 대한체육회에 '의무위원회' 설치조항을 새롭게 삽입하는 행정적 조치가 취해졌다. 이러한 도핑에 대한 관심과 행정적 조치와 함께 서울올림픽에서 '벤 존슨' 사건은 국내는 물론이고 전 세계에 충격을 안겨준 사건으로 도핑에 대한 경각심을 일깨워준 큰 사건이 되었다.

3) 황호곤(1988), 「도핑 무지에서 오는 피해 막기 위한 교육 필요」, 『체육』(대한체육회) 242

대한체육회(1990), 「KOC규정, IOC 요구 맞춰」『체육』(대한체육회) 258에서 일부 발췌

"IOC 헌장 정신에 부응하기 위해 의무, 보도, 올림픽아카데미위원회 등 3개의 위원회를 신설한다. 도핑금지 활동을 담당할 의무위원회는 KOC 규정 제20조2항으로 신설한다. 의무위원회는 KOC가 승인하는 도핑연구소와 국내 유관연구소와의 정보교환과 업무협조, 국제대회 파견선수의 예방교육과 도핑검사, 국내대회에서의 도핑 금지 규정과 벌칙규정 제정, 스포츠의학 강습회 및 학술세미나 개최 또는 지원, 그리고 스포츠의학 연구논문의 출판 등의 사항을 심의하고 자문하게 된다"

나. 벤 존슨 사건

지금도 그렇지만 올림픽의 꽃을 남자 100미터 결승전으로 볼 정도로, 100미터의 기록 단축은 올림픽 정신의 상징과도 같다. 1988년 서울올림픽에서도 미국의 칼 루이스(Carl Lewis)의 사상 최초의 2연속 금메달과, 최근 기록이 좋았던 벤 존슨(Ben Johnson)의 대결에 관심이 집중되었다. 경기결과는 벤 존슨의 승리였고, 벤 존슨은 9초 79라는 당시 세계신기록을 달성하게 된다. 하지만 국제올림픽위원회(IOC)가 그의 약물검출과 실격을 발표하게 되고, 금메달은 칼 루이스에게 돌아가게 된다. 벤 존슨은 그 이후에도 국제대회에서 또다시 금지약물 복용이 드러나 육상계에서 영구 퇴출당하는 불명예를 얻게 된다.

한편, 올림픽에서의 벤 존슨 양성반응 검출은 분석기관이었던 한국과학기술연구원(KIST)의 도핑컨트롤센터(DCC)의 성과이기도 했고, 국내 언론에 보도되면서 도핑검사와 도핑컨트롤센터의 인지도가 높아지는 계기가 되기도 했다. 이후 도핑컨트롤센터는 국내에서 열리는 국제대회 및 국내대회의 도핑검사를 담당하게 된다.

이처럼 한국은 1980년대, 1984년 도핑콘트롤센터 설립과 1986년 아시아경기대회와 1988년 서울올림픽 두 개의 국제대회를 치르면서 개최국으로서 도핑검사 등 도핑관리 업무에 대해 친숙해지기 시작하였다. 국내 뿐만 아니라 1988년 벤 존슨의 사건 등은 전 세계적으로도 다시 한 번 도핑에 대한 경각심을 높게 만드는 계기가 된 것이다. 이후 대한체육회와 국내경기연맹들도 정관개정 등을 통해 도핑관리에 대한 행정적 조치를 취하기 시작하였고, 국내 선수들에 대한 도핑검사가 1990년대에 본격 시행되었다.

다. 한국도핑방지위원회(Korea Anti-Doping Agency; KADA)의 출범

도핑에 대한 사회적 인식이 높아지고, WADA의 창설(1999)이후 각 국가별 도핑방지기구가 생겨나면서 스포츠에서 도핑을 예방하고자 하는 움직임이 계속되게 된다. 특히 1988년 서울올림픽과 동하계 아시안게임, FIFA 월드컵 등 메이저 스포츠 이벤트를 개최하였고, 2011년 대구 세계육상경기대회, 2014 인천 하계 아시안게임, 2018 평창 동계올림픽 유치 등을 앞둔 대한민국은 국제 스포츠계에서의 명성에 맞는 수준급 도핑관리 능력을 구비해, 이러한 메이저 국제대회에 대비해야 할 필요성에 당면하게 된다.[4)]

이러한 국제적 흐름에 따라 2006년 11월 13일 민법32조에 의거 국내 유일의 도핑관리 전담기구로 출범하게 된다. 그 동안 대한체육회에서 관리하던 도핑관련 업무가 한국도핑방지위원회로 이관하게 된다.

한국도핑방지위원회는 국민체육진흥법 제35조에 의하여 재설립된 특수법인으로서, 2003년 3월 5일 채택된 세계도핑방지규약과 2007년 2월 5일 비준되고 2007년 4월 1일 발효된 유네스코(UNESCO) 스포츠도핑방지국제협약(International Convention Against Doping in Sport)에 따라 국내에서의 도핑관리와 예방을 위해 2007년 6월 22일 한국도핑방지규정을 제정하였다. 즉, 한국도핑방지위원회(KADA)는 세계도핑방지규약의 국내 적용 및 이행을 도모하고 집행하는 역할을 맡게 된 것이다.

2006년 설립이후, 한국도핑방지위원회는 그동안 한국도핑방지규정, 프로스포츠 도핑방지규정 제정, 도핑검사관 및 전문강사 양성, 평창 동계올림픽 및 패럴림픽 등 주요 국제대회의 도핑관리 지원, 해외 여러 도핑방지기구들과의 협력 등을 통해 깨끗하고 공정한 스포츠 환경 조성을 위해 달려왔다. 2006년 한국도핑방지위원회(KADA)의 설립과 함께 시작되어 세계로 뻗어나가는 한국 도핑방지의 역사를 살펴보자.

> 한국도핑방지규정은 경기규칙과 같이 경기가 진행되는 조건을 규율하는 경기원칙이다. 따라서 선수와 선수지원요원은 경기 참가의 조건으로 이 한국도핑방지규정을 수용하여야 한다. 세계도핑방지규약에 규정되고 이 한국도핑방지규정에 의해 시행되는 정책 및 국제표준은 공정한 스포츠를 위해 모든 가맹기구들이 수용하고 존중해야 한다.

4) 김건열(2008), <도핑>, p.121

라. 한국도핑방지위원회(KADA)와 함께한 한국 도핑방지의 역사

- 2006년 11월 13일 재단법인 한국도핑방지위원회 설립 / 민법 제32조

*초대 위원장 김건열 취임

- 2007년 4월 1일 스포츠반도핑국제협약 발효(다자조약 제1841호)
- 2007년 4월 27일 WADA 가입
- 2007년 6월 22일 특수법인 한국도핑방지위원회 전환(국민체육진흥법 제35조) 및 한국 도핑방지규정 제정
- 2007년 8월 1기 도핑검사관 양성(34명)
- 2007년 12월 19일 한국도핑방지규정 세계도핑방지기구 인준
- 2010년 11월 2~5일 WADA 사회과학연구 심포지움 개최
- 2011년 6월 20일 대구세계육상선수권대회 도핑관리 협약 체결
- 2012년 11월 2일 아시아 도핑검사관(DCO) 초청교육
- 2013년 아시아도핑방지 행정 심포지움 개최
- 2013년 11월 5일 WADA 아시아지역 이사국 진출(2014~2016)
- 2014년 4월 5일 아시아도핑방지 세미나 개최
- 2014년 인천아시안게임 및 장애인아시안게임, 세계국민체육대회 도핑관리 협약체결
- 2015년 5월 18일 국민체육진흥법 개정(제35조의2)
- 2016년 2월 18일 프로스포츠 도핑방지규정 제정
- 2016년 9월 28~29일 유네스코 의장단 회의 개최 지원(KADA 10주년 기념행사 개최)
- 2016년 11월 2일 WADA 아시아지역 이사국 진출(2017~2019)
- 2016년 12월 12일 2018평창동계올림픽 및 패럴림픽 도핑관리 협약 체결
- 2017년 4월 26일 아시아 도핑방지기구 역량강화 세미나 개최
- 2017년 9월 27일 평창동계올림픽 계기 도핑방지 국제세미나 개최

- 2017년 11월 15~16일 WADA 집행이사회 및 이사회 개최 지원
- 2019년 4월 10일 도핑방지의 날 기념행사 및 포럼 개최
- 2019년 6월 10일 경륜 · 경정 도핑방지규정 제정
- 2019년 6월 27일 WADA 아시아지역 이사국 재진출(2020~2022)
- 2019년 WADA 치료목적사용면책 전문가 자문단 위원 선임 * 5대 위원장 이영희
- 2020년 KADA CI 개편 및 캐릭터('톤톤') 탄생
- 2020년 아시아 최초 종이 없는 도핑검사(paperless) 도입
- 2021년 보건의료인 도핑방지 교육센터 운영 실시
- 2022년 이동형 도핑관리실 운영 실시(8개 대회, 23개 종목, 총 66회 실시)
- 2022년 5월 19일 아시아 최초 2025 WADA 총회(World Conference on Doping in Sport)* 유치(부산시) * 2025.11.10.~14. / 부산 벡스코
- 2022년 WADA 국가도핑방지기구 자문단(NADO EAG) 의장* 선출(2023~2025), WADA 교육위원회(Education Committee) 위원으로 KADA 직원 진출(2023~2025)
  * 6대 사무총장 김금평
- 2023년 5월 30일 제2차 WADA NADO EAG 회의 개최
- 2023년 5월 31일 Asia NADO Leaders meeting 개최
- 2023년 5월 31 ~ 6월 2일 WADA TUE 심포지엄 개최

〈 KADA 소개 〉

- 기관명: 한국도핑방지위원회(Korea Anti-Doping Agency)
- 미션: 도핑으로부터 선수 건강 보호, 공정한 스포츠 기여
- 비전: 국민과 소통하는 도핑방지 환경조성의 중심
- 핵심가치: 협력, 공정, 신뢰, 전문
- 주요업무(국민체육진흥법 제35조)
  - 도핑방지를 위한 교육, 홍보, 정보 수집 및 연구
  - 도핑 검사 계획의 수립과 진행
  - 도핑 검사 결과의 관리와 그 결과에 따른 제재
  - 도핑 방지를 위한 국내외 교류와 협력
  - 치료 목적으로 법 제2조제10호의 약물이나 방법을 예외적으로 사용하는 것에 대한 허용 기준의 수립과 그 시행
  - 그 밖에 도핑방지를 위해 필요한 사업과 활동
- 조직(2023)
  - (1실) 홍보실
  - (2본부) 경영본부, 사업본부
  - (7부서) 기획조정부, 운영지원부, 국제협력부, 교육진흥부, 도핑검사부, 과학연구부, 법제조사부
  - (소위원회) 제재위원회, 치료목적사용면책위원회, 선수위원

KADA CI	KADA 캐릭터 ‘톤톤’
한국도핑방지위원회 KOREA ANTI-DOPING AGENCY	

마. 설립근거

(국내) 국민체육진흥법 제35조에 따른 특수법인(공직유관단체) *주무부처: 문화체육관광부

국민체육진흥법 제35조(한국도핑방지위원회의 설립)
제35조(한국도핑방지위원회의 설립) ①도핑과 관련된 다음 각 호의 사업과 활동을 하게 하기 위하여 문화체육관광부장관의 인가를 받아 한국도핑방지위원회(이하 "도핑방지위원회"라 한다)를 설립한다. 〈개정 2008. 2. 29.〉 1. 도핑 방지를 위한 교육, 홍보, 정보 수집 및 연구 2. 도핑 검사 계획의 수립과 집행 3. 도핑 검사 결과의 관리와 그 결과에 따른 제재 4. 도핑 방지를 위한 국내외 교류와 협력 5. 치료 목적으로 제2조제10호의 약물이나 방법을 예외적으로 사용하는 것에 대한 허용 기준의 수립과 그 시행 6. 그 밖에 도핑 방지를 위하여 필요한 사업과 활동 ② 도핑방지위원회는 법인으로 한다. ③ 도핑방지위원회는 위원장 1명과 부위원장 1명을 포함한 11명 이내의 위원으로 구성하고, 위원의 임기와 선출 방법 등은 정관으로 정한다. ④ 도핑방지위원회는 제1항에 따른 사업과 활동에 필요한 경비를 마련하기 위하여 대통령령으로 정하는 바에 따라 수익사업을 할 수 있다. ⑤ 도핑방지위원회에 관하여 이 법에 정한 것 외에는 「민법」 중 재단법인에 관한 규정을 준용한다. ⑥ 도핑방지위원회는 그 업무를 수행하기 위하여 필요하면 관계 행정기관의 소속 공무원이나 관계 기관 · 단체 등의 임직원의 파견을 요청할 수 있다.

(국외) UNESCO 스포츠반도핑 국제협약*에 따른 WADA 가맹기구

* 스포츠반도핑국제협약(International Convention Against Doping In Sport)은 국제법의 지위를 갖는 협약으로 2005년 10월 19일 제33차 유네스코(UNESCO)총회에서 채택되어 2020년 1월 26일 기준으로 유네스코 회원국 193개국 중 191개국이 가입하였다. 한국은 2007년 1월 30일 제5회 국무회의의 심의를 거쳐 2007년 2월 5일 유네스코 사무총장에게 비준서를 기탁하였다.

〈스포츠반도핑국제협약(International Convention against Doping in Sport) 서문〉

2005년 10월 3일부터 21일까지 열린 국제연합 교육 과학 문화 기구(이후루는 UNESCO로 칭함) 제33차 유네스코 총회에서는, UNESCO의 목적이, 교육, 과학과 문화를 통해 국가간의 협력을 증진시켜 평화와 안전에 기여하는 것임을 고려하여;

인권에 관련되는 기존의 국제적인 법적 장치들을 참조하여;

교육, 건강, 발달과 평화를 촉진하는 수단으로서 스포츠에 관하여 2003년 11월 3일 UN 총회에서 채택된 결의안 58/5, 특히 제7항을 인지하여;

스포츠가, 건강을 보호하는데, 도덕 교육, 문화 교육 및 체육에서, 그리고 국제적인 이해와 평화를 증진시키는데 중요한 역할을 해야 함을 의식하여;

스포츠에서 도핑을 추방하는데 국제적 협력을 촉진하고 조정할 필요가 있음을 인식하여;

스포츠 참여자의 도핑 사용과 그로 야기되는 결과가, 참여자들의 건강, 페어플레이 원칙, 속임의 추방, 그리고 스포츠의 미래에 대해 의미하는 바를 우려하여;

UNESCO 스포츠 및 체육 헌장과 올림픽 헌장에 구현된 윤리적 원칙과 도덕적 가치를, 도핑이 위태롭게 한다는데 유념하여;

유럽평의회(CoE)의 틀 안에서 채택된 반도핑협약과 추가 프로토콜이 국제적인 공공의 법적 장치들이며, 이들이 국가 반도핑 정책과 정부간 협력의 기원임을 상기하여;

UNESCO가 주최하여 1988년 모스크바와 1999년 푼타 델 에스테, 그리고 2004년 아테네에서 열린, 제2회와 제3회, 그리고 제4회 스포츠 및 체육 담당 장관 및 고위공직자 국제회의에서 채택된 도핑에 관한 권고, 그리고 2003년 제32회 UNESCO 총회에서 채택된 결의안 32 C/9을 상기하여;

003년 3월 5일 코펜하겐에서 열린 스포츠 반도핑 세계총회에서 세계반도핑기구(WADA)에 의해 채택된 세계반도핑규약(WADC)과 스포츠 반도핑에 관한 코펜하겐 선언을 명심하여;

엘리트 선수가 청소년에게 끼치는 영향 또한 유념하여;

도핑의 탐지를 개선하기 위한, 그리고 도핑 예방 전략의 사용 효과를 극대화 하는 요인들을 보다 더 잘 이해하기 위한 연구를 수행하고 추진할 필요가 지속적으로 있음을 인지하여;

도핑을 예방하는데 선수 및 선수 지원 인력, 그리고 사회 전체에 대한 지속적인 교

육의 중요함 또한 인식하여;

각 국가가 반도핑 프로그램들을 이행하는 능력을 증진시킬 필요가 있음을 유념하여;

공권력과 스포츠에 책임이 있는 조직들이, 스포츠에서 도핑과 투쟁하고 이를 예방하는데, 특히, 페어플레이의 원칙에 기초하여 스포츠 대회를 적절하게 수행하고 대회에 참가한 사람들의 건강을 보호하는데, 상호 보완적인 책임이 있음을 인지하여;

이 공권력들과 조직들이, 모든 적절한 수준에서, 최상급의 독립성과 투명성을 보장하며 이 목적을 위해 함께 일해야 함을 인식하여;

스포츠에서 도핑을 추방하기 위해 보다 더, 그리고 보다 강한 협력적 행동을 취할것을 다짐하며;

스포츠에서 도핑을 추방하는 일의 성패가 부분적으로, 반도핑 기준들과 스포츠에서의 실행들, 그리고 국내 수준과 세계 수준의 협력이 점진적으로 조화를 이루도록 하는데 달려 있다는 것을 인식하여;

2005년 10월 19일 이 협약을 채택한다.

(출처: https://www.unesco.org/en/legal-affairs/international-convention-against-doping-sport)

2. 국내 스포츠의 도핑방지 생태계(ecosystem)-이해관계자 현황

아래의 여러 기관들은 효과적인 도핑방지 정책의 적용을 위해 도핑방지 프로그램에 직간접적으로 참여하고 있다. 보다 수용성이 높은 도핑방지 정책 추진을 위해서는 이해관계자들의 도핑방지 프로그램에 대한 이해도가 중요하며, 한국도핑방지위원회는 이러한 생태계가 원활하게 작동될 수 있도록 도핑방지의 필요성을 교육하고 지원하는 역할을 하고 있다. 한국도핑방지위원회는 '국내유일'의 국가도핑방지기구로서 스포츠에 참여하는 많은 이해관계자들과 '함께' 하고 있다.

구 분	주요 단체 및 역할	
도핑방지	WADA	세계도핑방지규약의 준수 감시, 도핑방지에 관한 연구 및 교육 등 전 세계 스포츠의 조화로운 도핑방지를 위한 활동 시행
	KADA	대한민국 국가도핑방지기구
정부	문화체육관광부	대한민국 스포츠에 관한 사무를 관장하는 중앙행정기관
	국민체육진흥공단	제24회 서울올림픽대회를 기념하고 기금의 조성, 운영 및 체육과학 연구를 목적으로 설립된 정부 산하 기금관리형 준정부기관
스포츠	IOC · IPC	국제스포츠 행정기구로 대륙별로 국가올림픽(패럴림픽)위원회로 구성
	IFs	국제적 수준에서 하나 또는 다수의 종목을 관할하는 비정부 기구
	CAS	선수계약, 도핑규정위반 등 국제스포츠계의 다양한 분쟁을 처리하는 기구
	KSOC · KPC	대한민국 스포츠를 총괄하는 스포츠 행정기구로 산하에 경기단체를 두고 있음
	NFs(경기단체)	국가별 각 종목을 관할하는 기구
	스포츠윤리센터	체육의 공정성 확보와 체육인의 인권 보호를 위해 설립된 정부 산하 법인
학교체육	교육부	대한민국 교육에 관한 사무를 관장하는 중앙행정기관. 산하에 시도교육(지원)청, 단위 학교(학교운동부)를 두고 있음
	학교체육진흥회	학교체육 활성화와 건전한 학교체육 문화 조성을 위해 설립된 교육부 소관 법인
	체육중·고교	초·중등교육법 시행령 제90조(특수목적고등학교)에 따라 특수분야(체육)의 전문적인 교육을 목적으로 하는 학교

대학스포츠	한국대학 스포츠협의회	대학스포츠 종합 관리·감독 및 선진 대학스포츠 문화 조성을 위해 설립된 문체부 소관 법인
프로스포츠	한국프로 스포츠협의회	한국 프로스포츠의 저변확대 및 발전을 위해 설립된 문체부 산하 단체로 현재 7개의 프로단체를 회원사로 하고 있음
연구기관	한국스포츠 정책과학원	국민체육진흥을 위한 체육 정책 개발 등을 맡은 국민체육진흥공단 산하 기구
	대학 및 학술단체	스포츠 관련 연구 수행

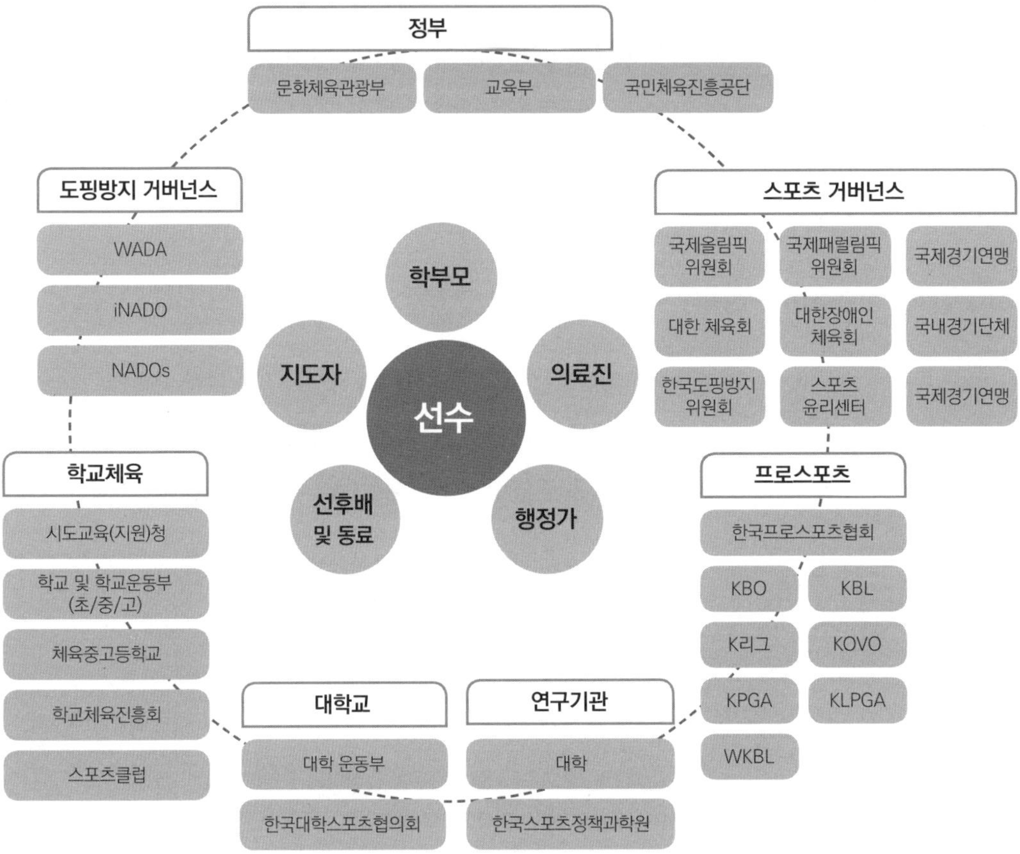

※ (읽어볼만한 자료) 도핑방지 생태계(Ecosystem)

생태계는 생명체와 생명체가 살아가는 환경을 말한다. 생태계는 상호 영향을 주고 받기 때문에 다양한 구성 요소들과 그 관계가 어느 한 부분이라도 작동하지 않게 되면 전체 시스템에 영향을 주게 된다. 도핑방지의 영역에서도 생태계는 존재하며, 이를 건강하게 유지시키는 것은 중요하다.

WADA는 도핑에 대한 문제점이 전 세계적인 공감대를 얻게 되면서 탄생한, 국제올림픽위원회(IOC)를 비롯한 각 국제경기연맹, 각 국가 정부 등의 협력의 산물이자 상징이다. 즉 WADA의 탄생과 세계도핑방지규약의 제정은 도핑을 근절하여 선수들을 보호하고 이를 통해 궁극적으로 깨끗하고 공정한 스포츠를 지켜가기 위한 전 세계적인 생태계 구축의 시작이라고 볼 수 있다.

거시적으로는 WADA를 중심으로 한 세계 스포츠계의 다양한 이해관계자들과의 네트워크가 존재하고, 미시적으로는 선수를 중심으로 지도자, 학부모, 소속 팀 관계자 등 작은 생태계가 존재한다.

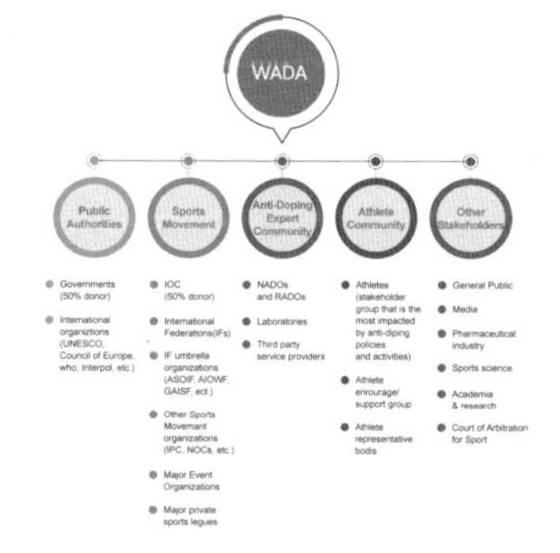

WADA는 스포츠와 선수들을 둘러싼 모든 활동범위를 포함하고 있다. WADA는 도핑방지프로그램을 비롯한 각종 도핑방지정책과 다양한 활동들을 통해 선수를 지원하는데 궁극적인 목표가 있다. 이를 실현하기 위해서는 선수뿐만 아니라 그들의 주변(지도자, 학부모, 미디어 등)의 영향력까지 고려하고 포함할 때 도핑방지 프로그램 등에 대한 신뢰가 구축되어 보다 효과적인 도핑방지 정책이 추진될 수 있다.

WADA 이해관계자 생태계 도표
(출처: WADA Strategic Plan 2020-2024)

Figure 2.1 Identifying the sporting system – an example for a NADO

WADA를 중심으로 한 이해관계자 거버넌스에 대한 거시적 이해뿐만 아니라 선수를 중심으로 한 각각의 사회문화적 환경에 대한 미시적 이해가 중요하다. 왼쪽 표에서 보여지는 것처럼 선수의 경로, 발달단계에 대한 파악을 바탕으로 이 과정에서 함께하는 다양한 관계기관들을 확인해볼 수 있다.

이러한 미시적 환경은 각 스포츠가 처한 국가 및 사회적 환경에 따라 상이하므로 맥락이해가 중요하다. 이를 바탕으로 교육을 받게 되는 대상이 중심이 된 맞춤형 전략 수립을 세우는 것이 중요하다.

도핑방지예방을 위한 선수중심의 이해관계자
(출처: WADA 교육 국제표준 가이드라인 16p)

※ (읽어볼만한 자료) 다른 나라의 도핑방지기구

모든 국가들이 별도의 도핑방지기구를 두고 있는 것은 아니다. 한국도핑방지위원회처럼 독립적인 기구로 되어 있기도 하고, 국가올림픽위원회 혹은 정부 산하의 조직에서 도핑방지업무를 담당하고 있기도 하다. 또한 지역을 중심으로 한 지역도핑방지기구(RADO)가 있다.

한편, 일부 도핑방지기구들은 도핑방지업무만이 아니라 승부조작, 폭력 등 스포츠 내에서 발생할 수 있는 윤리적 문제들을 함께 다루기도 한다. 대표적으로 국가도핑방지기구로서 가장 오랜 역사를 지닌 캐나다와 호주는 모두 도핑방지업무를 맡던 기구에서 스포츠 윤리와 관련한 다양한 이슈들을 함께 다루는 스포츠인테그리티조직(Sport Integrity Agency)으로 재설립[5]되었다. 이러한 통합기구로의 변화는 도핑방지를 비롯한 승부조작, 폭력, 차별 등 다양한 사회적 이슈들이 스포츠의 가치를 훼손하는 문제이며, 이를 해결하고 예방하기 위해 가치기반의 교육이 중요하다는 점에 기인한다. 스포츠의 가치를 지키고 선수의 올바른 성장과 건강을 보호하는 것은 비단 도핑방지기구만의 역할은 아니며, 도핑만을 근절한다고 가능한 일은 아니다.

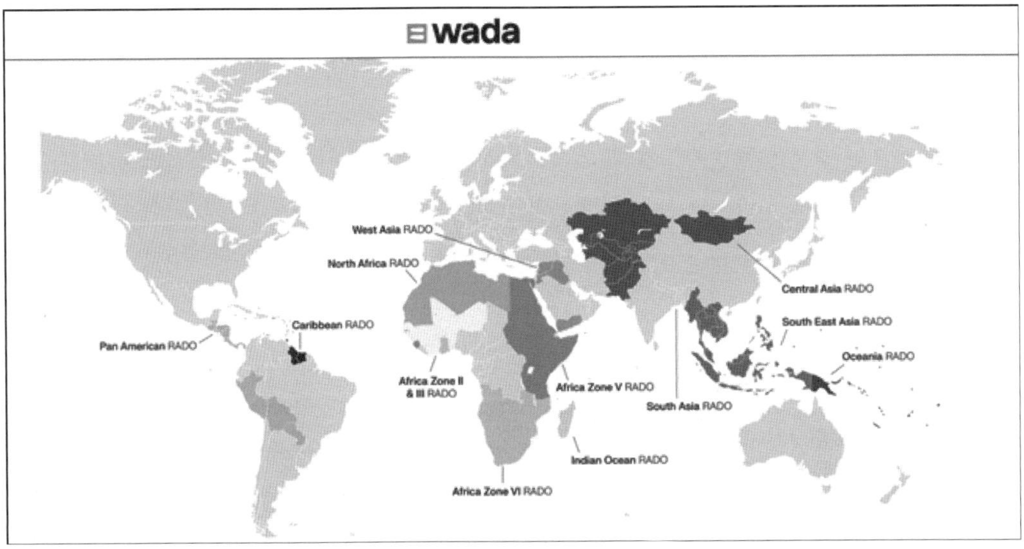

[지역도핑방지기구(The Regional Anti-Doping Organizations)(출처: WADA 홈페이지)]

5) 호주도핑방지기구는 Sport Integrity Australia, 캐나다는 Canadian Centre for Ethics in Sport이다. 모두 도핑방지를 비롯하여 승부조작, 폭력, 따돌림 등 스포츠내에서 발생하는 비윤리적인 행위들에 대한 통합적인 국가적 전략체계에 기반하고 있다. 이외에도 스위스, 핀란드 등 많은 나라들이 도핑 문제만이 아닌 다양한 스포츠 인테그리티 이슈들을 다루는 기관으로 전환하였다.

SPORT INTEGRITY AUSTRALIA	CANADIAN CENTRE FOR ETHICS IN SPORT	swiss sport integrity	ESTCIS Estonian Center for Integrity in Sports
호주	캐나다	스위스	에스토니아
(Vision) Safe and fair sport for all	(Vision) Sport is fair, safe, accessible, and inclusive.	(Vision) Athletes can engage in sports in a safe, fair and doping-free environment.	(Vision) Promote non-discriminatory, ethical and fair sports

「한국의 도핑방지 운동」 저자

신문규 / 스포츠는 사회를 반영하기도 하지만, 스포츠를 통해 더 나은 사회를 만들어갈 수 있다고 믿으며, 더 나은 '스포츠'를 고민하는 스포츠팬이다. 대학교에서 스포츠와 인류학을 공부하고 〈나는 축구선수다: 한국의 하부리그 축구선수 정체성에 관한 민족지적 연구〉(2016)로 석사학위를 받았다. 2023년부터는 세계도핑방지기구(WADA) 교육위원회 위원으로도 활동하며, 현재 동료들과 함께 한국형 도핑방지교육 프로그램(Korea Anti-Doping Education Program)을 개발하고 선수의 생애주기에 따른 효과적인 도핑방지교육을 만들고 있다.

집필보조 **오민영**(국민대학교 스포츠산업레저학과), **노예린**(국민대학교 스포츠건강재활학과), **진유연**(국민대학교 영어영문학부)

붙임 1 용어의 정의

이 교재에서 사용하는 용어의 뜻은 다음과 같다.

1. **"가맹기구(Signatories)"**: 세계도핑방지규약 제23조에 명시된 바와 같이 세계도핑방지규약을 수용하고 이를 준수하기로 한 기구를 말한다.

2. **"가중처벌 상황(Aggravating Circumstances)"**: 기본 제재보다 긴 자격정지기간을 부과해야 마땅한 정황이나 선수 또는 기타 관계자의 행위를 말한다. 복수의 금지약물이나 금지방법을 사용했거나 보유한 경우, 금지약물이나 금지방법을 여러 차례 사용 또는 보유했거나 다수의 다른 도핑방지규정을 위반한 경우, 원래 적용되는 자격정지기간 이상으로 도핑방지규정위반의 경기력 향상 효과를 누릴 수 있는 경우, 도핑방지규정위반의 적발 또는 결정을 회피하기 위하여 기만 또는 방해행위를 하는 경우, 결과관리 과정에서 부정행위를 하는 경우 등이 가중처벌 요건에 해당할 수 있다. 앞서 기술한 정황과 행위는 예시적 사례이며, 그 외 유사한 정황이나 행위에 대해서도 자격정지기간을 연장하여 부과할 수 있다.

3. **"개인종목(Individual Sport)"**: 단체종목이 아닌 종목을 말한다.

4. **"검사(Testing)"**: 검사배분계획의 수립, 시료채취, 시료 관리, 분석기관으로의 시료 운반을 포함하는 도핑관리 절차의 일부를 말한다.

5. **"검사대상명부(Registered Testing Pool)"**: 국제경기연맹이 정한 국제수준과 국가도핑방지기구가 정한 국가수준의 최상위 선수가 등록된 명부를 말한다. 명부에 속한 선수들은 국제경기연맹 또는 국가도핑방지기구가 검사배분계획에 따라 실시하는 경기기간 중

검사와 경기기간 외 검사를 받아야 하며, 세계도핑방지규약 제5.5조와「검사 및 조사 국제표준」에 따른 소재지정보를 제공하여야 한다. 국내에서 도핑방지위원회의 검사대상명부 관련 사항은 제32조에 따른다.

6. **"검사대상후보명부(Testing Pool)"**: 도핑방지위원회가 관리하는 선수명부를 말하며, 검사대상후보명부에 포함된 선수는 도핑방지위원회의 검사배분계획에 따라 실시하는 경기기간 중 검사와 경기기간 외 검사를 받아야 하며, 도핑방지위원회의 검사대상명부(RTP)에 포함된 선수보다는 완화된 소재지정보 제출 기준이 적용된다. 검사대상후보명부 관련 사항은 제33조에 따른다

7. **"검사배분계획(Test Distribution Plan)"**: 제4조의 요건에 따라 도핑방지기구가 검사 권한을 가진 선수들에 대한 검사 계획을 작성한 문서.

8. **"검사주관기구(Testing Authority)"**: 자신이 권한을 갖고 있는 선수들에 대한 검사를 실시하는 도핑방지기구. 위임받은 제3자에게 도핑방지기구의 규정에 따라 검사를 수행할 권한을 줄 수 있다. 그러한 권한은 문서화되어야 한다. 검사 권한을 받은 도핑방지기구는 검사주관기구이고 검사 및 조사 국제표준의 요구사항을 준수하여 위임받은 3자가 검사를 실시하도록 보장하는 것에 대한 책임은 규약에 따라 궁극적으로 검사주관기구에게 있다.

9. **"결과관리(Results Management)"**:「결과관리 국제표준」제5조에 따른 통지 또는 특정 경우 (예, 비정형분석결과, 선수생체수첩, 소재지정보 불이행)에 따라 결과관리 국제표준 제5조에 명시된 통지 전 단계부터 고발(혐의통지), 해당 건의 최종 결정(최초결정 또는 항소를 통한 청문의 종료 포함)에 이르는 전 과정을 말한다.

10. **"결정기준의 한계수치(Decision Limit)"**:「분석기관 국제표준」에 정의된 바와 같이 비정상분석결과로 보고되어야 하는 시료의 한계치가 설정된 약물에 대한 결과값을 말한다.

11. **"경기(Competition)"**: 단일 경주, 시합, 게임 또는 선발대회를 말한다. 농구 게임, 올림픽 100미터 경주 본선 등이 그 예다. 일일 또는 일정 기간 단위로 시상하는 단계별 경주와 그 밖에 단일종목대회의 경우 경기와 대회의 구분은 관련 국제경기연맹의 규정에서 정한 바에 따른다.

12. **"경기기간 외(Out-of-Competition)"**: 경기기간 중이 아닌 기간을 말한다.

13. **"경기기간 중(In-Competition)"**: 선수가 참가하기로 예정된 경기의 전일 오후 11:59부터 해당 경기 및 그 경기와 관련된 시료채취 절차가 끝나는 시점까지의 기간을 말한다. 다만, 세계도핑방지기구는 국제경기연맹이 소관 종목에서 달리 정의되어야 할 합리적 사유를 제시할 경우 해당 종목에서 다른 기준을 적용하는 것을 승인할 수 있다. 세계도핑방지기구가 승인하면, 모든 주요 국제경기대회 주관단체는 해당 종목에서 대체 정의를 따라야 한다.
[경기기간 중 주해] '경기기간 중'에 대한 보편적 정의에 따라 모든 종목에서 선수들 간 통일성을 확보할 수 있고, 경기기간 중 검사 일정에 대한 선수들 간의 혼선을 없애거나 감소시킨다. 또한, 경기대회 기간 중 각각의 경기 사이에 의도치 않게 발생할 수 있는 비정상분석결과를 방지하고, 경기기간 외 금지약물로 인한 경기기간 동안의 잠재적인 경기력 향상의 효과를 방지하는 데 도움을 준다.

14. **"경기단체(National Sports Federation)"**: 특정 경기종목에 관한 활동과 사업을 목적으로 설립되고 해당 종목의 국제경기연맹에 대하여 독점적 교섭권이 있는 국내 유일한 단체로 대한체육회나 대한장애인체육회에 가맹된 법인이나 단체를 말한다.

15. **"경기대회(Event)"**: 하나의 단체에서 주관하여 일련의 개별 경기가 함께 진행되는 대회를 말한다. 올림픽대회, 국제경기연맹의 세계선수권대회, 팬 아메리칸 경기대회 등이 있다.

16. **"경기대회기간(Event Period)"**: 경기대회 주관단체가 정한 개막부터 폐막까지의 기간을

말한다.

17. **"경기장(Event Venues)"**: 경기대회 개최를 위하여 주관단체가 지정한 장소를 말한다.

18. **"과실(Fault)"**: 의무의 위반이나 특정한 상황에 대한 적절한 주의가 결여된 것을 말한다. 선수 또는 기타 관계자의 과실 정도를 평가할 때 고려하여야 할 요소에는 경험, 보호대상자 여부 또는 장애와 같은 특별한 고려 사항, 선수가 인식하였어야 하는 위험의 정도와 실제로 행한 주의 및 조사의 정도 등이 포함된다. 이러한 고려 사항은 선수 또는 기타 관계자에게 기대된 행위 기준에서 벗어난 사유를 판단함에 있어 구체적이고, 관련성이 있어야 한다. 선수가 자격정지기간 중에 고액의 수입을 얻을 기회를 놓쳤다거나 선수의 경력 또는 경기 시즌의 종료가 얼마 남지 않았다는 사실 등은 제69조에 따라 자격정지기간을 감경할 수 있는 사유로 고려되지 아니한다.
[과실 주해] 선수의 과실 정도를 평가하는 기준은 과실이 고려되는 모든 조항에서 동일하게 적용된다. 다만, 제69조 제2항에 따라 과실의 정도를 평가할 때에는 선수 또는 기타 관계자에게 중대한 과실이나 부주의가 없다고 결론을 내린 경우를 제외하고는 제재를 감경하지 않는 것이 적절하다.

19. **"과실 또는 부주의 없음(No Fault or Negligence)"**: 선수 또는 기타 관계자가 금지약물 또는 금지방법의 사용이나 투여 또는 다른 도핑방지규정위반에 대하여 알지 못했거나 의심하지 않았고 최대한의 주의를 기울였음에도 도저히 알 수 없었거나 의심할 수 없었음을 증명하는 것을 말한다. 보호대상자 및 레크리에이션 선수를 제외하고, 제13조 제1호 위반의 경우 선수는 금지약물이 어떻게 자신의 체내에 유입되었는지 증명하여야 한다.

20. **"관계자(Person)"**: 자연인이나 조직 또는 그 밖의 단체를 말한다.

21. **"교육(Education)"**: 스포츠 정신을 육성하고 보호하며, 의도하거나 의도하지 않은 도핑을 예방하기 위한 가치를 함양하고, 행동을 개발하는 방법을 배우는 과정을 말한다.

22. **"국가도핑방지기구(National Anti-Doping Organization)"**: 각 국가의 국가 수준에서 도핑방지규정을 제·개정하고 시행하며, 시료채취를 주관하고 그 결과에 대한 관리 및 결과관리를 수행하는 일차적인 권한과 책임을 부여받은 기구를 말한다. 정부 당국이 지정하지 않는 경우, 국가올림픽위원회 또는 그 위원회에서 지정한 단체가 국가도핑방지기구가 된다. 대한민국의 국가도핑방지기구는 한국도핑방지위원회를 지칭한다.

23. **"국가수준 선수(National-Level Athlete)"**: 「검사 및 조사 국제표준」에 따라 각 국가도핑방지기구가 국가수준으로 규정한 선수를 말한다. 대한민국에서 국가수준의 선수는 제5조 제2항에 정의된 바와 같다.

24. **"국가올림픽위원회(National Olympic Committee)"**: 국제올림픽위원회가 인정한 단체를 말한다. 경기단체가 도핑방지 분야에서 전형적인 국가올림픽위원회의 업무를 담당하는 국가에서는 해당 경기단체도 국가올림픽위원회로 본다. 대한민국의 국가올림픽위원회는 대한체육회를 지칭한다.

25. **"국내경기대회(National Event)"**: 국제수준 또는 국가수준의 선수가 참가하는 경기대회 또는 경기로, 국제경기대회가 아닌 경기대회 또는 경기를 말한다.

26. **"국내수준선수(National-Level Athlete)"**: 「검사 및 조사 국제표준」과 일치하는, 각 국가도핑방지기구가 정의한 바에 따라 국내수준에서 스포츠에 참가한 선수를 말한다.

27. **"국제경기대회(International Event)"**: 국제올림픽위원회, 국제패럴림픽위원회, 국제경기연맹, 주요 국제경기대회 주관단체 또는 그 밖에 국제 스포츠기구가 주관단체이거나 기술 임원을 지명하는 경기대회 또는 경기를 말한다.

28. **"국제수준 선수(International-Level Athlete)"**: 「검사 및 조사 국제표준」에 따라 각 국제경기연맹이 정한 국제 수준에서 스포츠에 참가하는 선수를 말한다.
[국제수준 선수 주해] 국제경기연맹은 「검사 및 조사 국제표준」에 따라 선수를 국제수준

선수로 분류하는 기준, 예를 들어 순위, 특정 국제경기대회 참가, 참가 자격 부여 등으로 자유롭게 결정할 수 있다. 다만, 국제경기연맹은 해당 기준을 명확하고 간략한 형태로 공개하여 선수가 국제수준 선수로 분류될 것임을 빠르고 쉽게 확인할 수 있도록 하여야 한다. 예를 들어, 특정 국제경기대회의 참가 여부가 기준이라면 해당 국제경기대회의 목록을 공개하여야 한다.

29. **"국제표준**(International Standard)": 세계도핑방지규약의 이행을 지원하기 위해 세계도핑방지기구가 채택한 표준을 말한다. 국제표준은 다른 대체 기준이나 관행 또는 절차에 대립하는 개념으로 국제표준을 준수하는 경우 그 국제표준에 명시된 절차를 제대로 이행했다고 결론 내리기에 충분하다. 국제표준에 따라 발간된 기술문서도 국제표준에 포함된다.

30. **"권리유보합의**(Without Prejudice Agreement)": 제70조 제1항부터 제4항까지, 제73조 제2항부터 제4항까지 규정의 목적상 도핑방지기구와 선수 또는 기타 관계자 간에 실질적 도움에 관한 합의 또는 결과관리의 합의에 도달하지 않는 경우, 세계도핑방지규약에 따라 선수 또는 기타 관계자가 이러한 특정한 상황에서 도핑방지기구에 제공한 정보를 도핑방지기구가 결과관리 절차에서 선수 또는 기타 관계자에 대하여 사용할 수 없고, 선수 또는 기타 관계자 역시 도핑방지기구가 제공한 정보를 결과관리 절차에서 도핑방지기구를 상대로 사용할 수 없다는 조건으로 특정 기간을 정하여 선수 또는 기타 관계자와 도핑방지기구가 상대방에게 정보를 제공하는 것을 허용하는 서면 합의를 말한다. 이와 같은 합의가 체결되더라도 도핑방지기구, 선수 또는 기타 관계자는 합의 내용으로 정한 특정 기간 이외에 다른 출처로부터 획득한 정보나 증거는 사용할 수 있다.

31. **"근무일**(Working Day)": 월요일부터 금요일까지 중 「관공서의 공휴일에 관한 규정」에 따른 공휴일을 제외한 날을 말한다.

32. **"금지목록**(Prohibited List)": 금지약물과 금지방법을 명시한 목록을 말한다.

33. **"금지방법(Prohibited Method)"**: 금지목록에 명시된 방법을 말한다.

34. **"금지약물(Prohibited Substance)"**: 금지목록에 명시된 성분 또는 성분군을 말한다.

35. **"기술문서(Technical Document)"**: 세계도핑방지기구에서 수시로 채택하고 발행하는 문서로서 국제표준에 명시된 특정한 도핑방지 주제에 관한 필수 기술요건을 포함하는 문서를 말한다.

36. **"남용약물(Substance of Abuse)"**: 제19조 제4항에서 정의한 금지약물을 말한다.

37. **"단체종목(Team Sport)"**: 경기 중에 선수 교체가 허용되는 종목을 말한다.

38. **"대사물질(Metabolite)"**: 생체 내 변환과정에서 생성되는 물질을 말한다.

39. **"도핑검사관 (Doping Control Officer; DCO)"**: 검사 및 조사 국제표준 하에서 검사관에게 주어지는 임무를 수행하기 위해 훈련받고 시료채취기구의 승인을 받은 요원

40. **"도핑관리대행기구(Doping Control Coordinator)"**: 도핑방지기구를 대신하여 도핑관리의 모든 측면을 조정하는 도핑방지기구 또는 위임받은 제3자. 도핑방지기구는 규약 하위에 있는 검사 및 조사, TUE, 사생활 및 개인정보, 결과관리 국제표준의 요구사항을 궁극적으로 준수할 책임을 가진다.

41. **"도핑관리실(Doping Control Station)"**: 규약 제6.3.2항에 따라 시료 채취 활동이 이루어지는 장소.

42. **"도핑관리(Doping Control)"**: 검사배분계획의 수립에서부터 최종 항소 및 결과조치의 이행에 이르는 모든 단계와 과정을 말한다. 검사, 조사, 소재지정보, 치료목적사용면책(TUE), 시료채취 및 취급, 분석기관에 의한 분석, 결과관리, 제79조부터 제82조의 자격

정지 또는 임시자격정지 중 참가 금지 위반과 관련된 조사 또는 절차를 포함하여 그 사이의 모든 단계와 절차를 포함한다.

43. **"도핑방지규정위반의 결과조치**(Consequences of Anti-Doping Rule Violations: Consequences)": 선수 또는 기타 관계자가 도핑방지규정을 위반한 경우, 다음 중 한 가지 이상의 결과로 이어지는 것을 말한다. (가) 실효(Disqualification) - 특정 경기나 대회에서 선수가 획득한 경기결과를 무효 처리하고, 그 결과로 받은 메달, 점수, 상금 등을 박탈하는 조치, (나) 자격정지(Ineligibility) - 제79조부터 제82조까지 규정에 명시된 바와 같이 선수 또는 기타 관계자에 대하여 도핑방지규정위반을 이유로 일정 기간 경기나 활동의 참가를 금지하거나 재정지원을 제한하는 조치, (다) 임시자격정지(Provisional Suspension) - 도핑방지규정위반에 대한 최종결정에 앞서 선수 또는 기타 관계자가 경기 또는 활동에 참가하는 것을 잠정적으로 금지하는 조치, (라) 재정적 결과조치(Financial Consequences) - 도핑방지규정위반에 따라 금전적 제재를 부과하거나 도핑방지규정위반과 관련된 비용을 회수하는 조치, (마) 일반공개(Public Disclose) - 제12장에 따라 조기 통지를 받을 권리가 있는 관계자 이외의 사람 또는 일반 대중에게 도핑방지규정위반의 사실 및 그 결과를 공개하거나 배포하는 조치. 단체종목의 경우, 해당 팀에 대해서도 제84조에 따라 결과조치를 부과할 수 있다.

44. **"도핑방지기구**(Anti-Doping Organization)": 도핑관리 과정의 특정 부분에 대한 절차의 개시, 이행 또는 집행을 위한 규정의 채택에 책임이 있는 세계도핑방지기구 또는 가맹기구를 말한다. 국제올림픽위원회와 국제패럴림픽위원회, 소관 대회의 검사를 주관하는 주요 국제경기대회 주관단체, 국제경기연맹 및 국가도핑방지기구를 포함한다.

45. **"도핑방지행정관리시스템**(Anti-Doping Administration and Management System: ADAMS)": 정보보호에 관한 일반규정에 입각하여 이해관계자와 세계도핑방지기구의 도핑방지 운영을 지원하기 위하여 설계된 데이터의 입력, 저장, 공유 및 보고를 위한 웹 기반 데이터베이스 관리시스템을 말한다.

46. **"도핑방지활동(Anti-Doping Activities)"**: 도핑방지 교육과 정보, 검사배분계획, 검사대상명부 운영, 선수생체수첩 관리, 검사 실시, 시료 분석 준비, 정보수집, 조사 실시, 치료목적사용면책 신청 절차, 결과관리, 부과된 결과조치의 준수와 세계도핑방지규약, 이 규정 및 국제표준에 따라 도핑방지기구가 직접하거나 위임 또는 위탁하여 수행하는 기타 모든 도핑방지 관련 활동을 말한다.

47. **"독립관찰프로그램(Independent Observer Program)"**: 세계도핑방지기구의 감독에 따라 특정한 경기대회 전 또는 대회 기간에 도핑관리 과정을 감독하고 지침을 제공하며, 세계도핑방지기구의 준수 모니터링 프로그램의 일환으로 관찰 결과를 보고하는 관찰단 또는 감시단을 말한다.

48. **"레크리에이션 선수(Recreational Athlete)"**: 국가도핑방지기구에서 레크레이션선수로 규정한 자연인을 말한다. 다만, 도핑방지규정을 위반하는 행위를 범하기 전 5년 이내에 국제수준선수(「검사 및 소사 국제표준」에 따라 시행되고, 각 국제경기연맹이 국제수준이라고 정의하는 경기에 참가한 선수)였던 경우, 국내수준선수(「검사 및 조사 국제표준」에 따라 시행되고, 국가도핑방지기구에서 정의한 국내수준선수)로서 오픈카테고리 국제경기대회에서 한 나라를 대표한 적이 있는 경우, 국제경기연맹 또는 국가도핑방지기구에서 관리하는 검사대상자등록명부 또는 기타 소재지정보 대상명부 등에 등재된 적이 있는 자의 경우는 제외한다.
[레크리에이션 선수 주해: "오픈 카테고리"라는 용어는 주니어 또는 연령 카테고리에 제한된 대회를 배제하기 위한 것이다.]

49. **"무작위 선정(Random Selection)"**: 표적 검사가 아닌 검사대상자를 사전 선정 절차 없이 선수들 가운데서 임의로 선정하는 방법

50. **"미성년자(Minor)"**: 만 18세 미만의 자연인을 말한다.

51. **"보유(Possession)"**: 실제 물리적으로 보유하거나 보유한 것으로 추정되는 상태를 말한

다. 다만, 금지약물이나 금지방법 또는 그 장소에 대하여 배타적인 통제권을 가지고 있지 않더라도 금지약물이나 금지방법의 존재를 알고 있었고, 그에 대하여 통제하려고 하는 의도가 있었던 경우에는 이를 보유한 것으로 추정한다. 만일 도핑방지규정을 위반했다는 통지를 받기 전에 보유 의사가 없었음을 구체적으로 증명하고 이를 도핑방지기구에 명확하게 밝혀 보유를 포기한 경우에는 보유 사실만으로 도핑방지규정위반에 해당하지는 않는다. 이 정의에 상반되더라도, 전자거래 또는 그 밖의 방법을 포함하여 금지약물 또는 금지방법의 구매 시에는 구매자의 보유가 성립한다.

[보유 주해] 보유는 개인이 금지약물이나 금지방법 또는 금지약물이나 금지방법이 존재하는 장소에 대하여 독점적인 통제권을 가지고 있거나 통제권을 행사할 의도가 있는 경우에만 인정된다.

[보유 주해] 본 정의에 따르면 선수의 차에서 아나볼릭 스테로이드가 발견되었다면 다른 누군가가 그 차를 사용했음을 선수가 증명하지 않는 한 규정 위반으로 간주된다. 이 경우, 도핑방지기구는 선수가 차에 대한 독점적인 통제권을 가지고 있지 않았더라도 아나볼릭 스테로이드에 대해 알고 있었고 그것을 통제할 의도가 있었음을 증명하여야 한다. 마찬가지로, 아나볼릭 스테로이드가 선수와 배우자가 공동으로 관리하는 집 안의 의약품 상자에서 발견된 경우, 도핑방지기구는 선수가 약품 상자에 아나볼릭 스테로이드가 있다는 것을 알고 있었고 그것을 통제할 의도가 있었음을 증명하여야 한다. 금지약물을 구매하는 행위는 제품이 도착하지 않았거나 다른 사람이 받았거나 제3자의 주소로 발송되었더라도 그 자체만으로 보유에 해당한다.

52. **"보호대상자(Protected Person)"**: 도핑방지규정위반 시점에 만 16세 미만인 자, 만 18세 미만이고 검사대상명부에 포함되지 않았으며 연령 제한이 없는 국제경기대회에 참가 이력이 없는 자, 연령 외 이유로 관련 국내법에서 법적 행위능력이 없는 자를 말한다.

[보호대상자 주해] 세계도핑방지규약은 특정 연령 또는 지적능력이 일정 수준에 미치지 못하는 선수 또는 기타 관계자의 경우 세계도핑방지규약에 명시된 위반행위를 이해하고 인지할 수 있는 정신 능력을 가지고 있지 않을 수 있다는 이해를 바탕으로 특정 상황에서 보호대상자를 다른 선수 또는 관계자와는 다르게 취급한다. 예를 들어, 지적 장애로 법적 행위능력이 없는 패럴림픽 선수가 이에 해당할 수 있다. '연령 제한이 없는 대회'는

주니어 또는 연령에 따른 참가 제한이 있는 대회를 제외한 경기대회를 의미한다.

53. **"부정거래(Trafficking)"**: 도핑방지기구의 권한 하에 있는 선수, 선수지원요원 또는 기타 관계자가 제3자에게 직접 또는 전자거래 등의 방법을 이용하여 금지약물 또는 금지방법을 판매, 증여, 수송, 발송, 운반, 전달 또는 분배하거나 그러한 목적으로 보유하는 행위를 말한다. 다만, 합법적인 치료 목적이나 그 밖에 이에 준하는 인정할 만한 사유로 사용된 금지약물 또는 금지방법에 관여한 선의의 의료종사자의 행위는 이에 해당하지 아니한다. 또한, 제반 정황상 금지약물이 합법적인 치료 목적을 위한 것이 아니거나 경기력 향상 의도가 있음이 증명되지 않는 한, 경기기간 외 검사에서 금지되지 않는 금지약물과 관련된 행위도 이에 해당하지 않는다.

54. **"부정행위(Tampering)"**: 금지방법에는 해당하지 않지만 도핑관리 과정에서 절차를 고의로 방해하는 행위를 말한다. 행위의 이행 또는 불이행의 대가로 뇌물을 주고받는 행위, 시료채취를 방해하는 행위, 시료의 분석에 영향을 미치거나 이를 불가능하게 하는 행위, 도핑방지기구 또는 치료목적사용면책위원회, 청문기구에 제출하는 서류를 위 · 변조하는 행위, 증인에게 거짓 증언을 교사하는 행위, 도핑방지기구 또는 청문기구를 기망하여 결과관리 또는 결과조치의 부과에 영향을 미치는 행위, 그 외에 도핑관리를 방해하거나 방해를 시도하는 행위 등이 이에 해당한다.
[조작행위 주해: 예를 들어, 검사 중 도핑검사서의 식별번호 변조, B 시료 분석 시 B 시료병의 파괴, 이물질 첨가에 의한 시료 변조, 잠재적 증인 또는 도핑관리 과정에서 증언이나 정보를 제공한 증인에 대한 위협 또는 위협 시도는 금지된다. 결과관리 과정에서 일어나는 부당행위도 부정행위에 해당한다. 제75조 제3항 참조. 다만, 도핑방지규정위반 혐의 통지에 대한 적법한 방어권의 일환으로 취하는 조치는 부정행위로 보지 아니한다. 부정행위에 해당하지 않는 도핑관리와 관련된 도핑검사관 또는 기타 관계자에 대한 공격적인 행위는 체육단체의 징계 규정에서 다루어져야 한다.]

55. **"분석을 위한 적정 비중(Suitable Specific Gravity for Analysis)"**: 시료양이 90ml에서 150ml 미만일 때 비중은 비중계로 1.005 또는 그 이상 또는 시약스틱으로 1.010 이상이

되어야 하며, 시료양이 150ml 이상일 때 비중은 비중계로 1.003 이상일때 적정하다.

56. **"분석을 위한 적정 소변량**(Suitable Volume of Urine for Analysis)": 분석기관이 모든 금지성분 및 금지방법에 대해 시료를 분석할지 일부에 대해서 할지에 관계없이 최소 90mL.

57. **"비정상분석결과**(Adverse Analytical Finding)": 「분석기관 국제표준」에 근거하여 시료에서 금지약물, 그 대사물질 또는 표지자의 존재나 금지방법의 사용 증거를 입증하는 세계도핑방지기구 인증 분석기관 또는 승인 분석기관의 보고를 말한다.

58. **"비정상수첩결과**(Adverse Passport Finding)": 관련 국제표준에 따라 비정상수첩결과로 확인된 보고를 말한다.

59. **"비정형분석결과**(Atypical Finding)": 비정상분석결과 결정에 앞서 「분석기관 국제표준」 또는 관련 기술문서에 따라 추가조사가 필요하다는 세계도핑방지기구 인증 분석기관 또는 승인 분석기관의 보고를 말한다.

60. **"비정형수첩결과**(Atypical Passport Finding)": 관련 국제표준에 따라 비정형수첩결과로 확인된 보고를 말한다.

61. **"사용**(Use)": 방법을 불문하고 금지약물 또는 금지방법을 사용하거나 바르거나, 섭취, 주입 또는 복용하는 것을 말한다.

"사전 미통지검사(No Advance Notice Testing)": 선수에게 사전에 예고하지 않고 진행되는 시료 채취로 샤프롱이 통지에서부터 시료 제공이 이루어지는 순간까지 계속해서 선수를 동행한다.

62. **"산하단체**(Affiliate Organization)": 경기단체의 시ㆍ도 종목단체와 전국규모연맹체를 말한다.

63. **"샤프롱(Chaperone)"**: 아래 중 하나 또는 그 이상의 임무들을 수행하기 위해 적절히 훈련받고 시료채취기구의 승인을 받은 요원(시료채취기구의 선발 결과에 따라); 시료 채취 대상으로 선정된 선수들에게 통지; 선수가 도핑관리실에 도착하기까지 동행하고 관찰; 선수가 도핑관리실에 출석한 이후 동반 그리고/또는 관찰; 훈련을 통해 자격을 갖춘 경우 시료의 제공 입회 및 확인.

64. **"선수(Athlete)"**: 국제경기연맹의 정의에 따른 국제수준 또는 국가도핑방지기구의 정의에 따른 국가수준에서 스포츠에 참가하는 자를 말한다. 도핑방지기구는 국제수준 또는 국가수준 선수가 아닌 선수에 대하여 도핑방지규정을 적용하고 이들을 "선수"의 정의에 포함시킬 수 있는 재량이 있으며, 이들에 대하여 제한된 검사를 하거나 검사 일체를 하지 않을 수 있고, 금지약물 전체가 아닌 일부 성분에 대해서만 시료를 분석할 수도 있으며, 소재지정보를 요구하지 않거나 제한적으로 요구할 수 있고, 치료목적사용면책의 사전 제출을 요구하지 않을 수도 있다. 다만, 도핑방지기구가 국제수준 또는 국가수준이 아닌 선수에 대한 검사를 진행하는 경우, 그 선수가 제13조 제1호, 제3호 또는 제5호의 도핑방지규정을 위반하는 때에는 해당 선수에게 규정에 따른 결과조치를 적용하여야 한다. 제13조 제8호와 제9호 및 도핑방지 정보와 교육 측면에서 가맹기구, 정부, 그 외 세계도핑방지규약을 수용한 체육단체의 권한 하에서 스포츠에 참가하는 모든 자는 선수로 본다.

[선수의 주해: 스포츠에 참여하는 개인은 1] 국제수준 선수 2) 국내수준 선수 3) 국제도 국내수준 선수도 아니지만 국제경기연맹 또는 국가도핑방지기구에서 권한을 행사하기로 결정한 개인4) 레크리에이션 선수 5) 국제경기연맹 및 국가도핑방지기구 모두 관리대상이 아닌 개인. 모든 국제 및 국내 수준 선수는 국제경기연맹 및 국가도핑방지기구의 도핑방지규정에 명시된 정확한 국제 및 국내 수준의 정의 따라 규약의 도핑방지 규정의 적용을 받는다.]

65. **"선수생체수첩(Athlete Biological Passport)"**: 「검사 및 조사 국제표준」과 「분석기관 국제표준」에 따라 보고된 데이터를 수집, 대조하는 프로그램 및 방법을 말한다.

66. **“선수지원요원(Athlete Support Personnel)”**: 경기에 참가하는 선수 또는 경기를 위해 준비하는 선수와 함께 일하거나 치료하거나 지원하는 지도자, 트레이너, 매니저, 에이전트, 팀 직원, 임원, 의무요원, 부모, 기타 관계자를 말한다.

67. **“세계도핑방지규약(Code)”**: World Anti-Doping Code, The Code를 지칭한다.

68. **“세계도핑방지기구”**: World Anti-Doping Agency, WADA를 지칭한다.

69. **“소재지정보 제출(Whereabouts Filing)”**: 규약 제4.8항에 따라 RTP내(또는 적용될 경우 TP) 선수가 또는 선수를 대신하여 다음 분기의 선수 소재지정보를 제공하는 것

70. **“소재지정보 요구사항(Whereabouts Requirements)”**: 규약 제4.8조에 명시된 소재지정보 요구사항으로 국제경기연맹이나 국가도핑방지기구의 검사대상자등록명부에 포함된 선수들에게 적용되는 소재지정보 요구사항

71. **“스포츠중재재판소”**: Court of Arbitration for Sport, CAS를 지칭한다.

72. **“스포츠특정분석기술문서(Technical Document for Sport Specific Analysis;TDSSA)”**: 특정 종목 및 세부종목 분야에서 악용될 가능성이 가장 높은 특정 금지성분 및 금지방법에 대하여 도핑방지기구가 적용해야 하는 최소 분석기준을 수립한 기술문서

73. **“시도(Attempt)”**: 도핑방지규정위반에 이르는 계획된 행위 과정에서 실질적인 단계를 구성하는 행위에 의도적으로 관여하는 것을 말한다. 다만, 시도에 연루되지 않은 제3자에게 발각되기 전에 해당 시도를 포기하는 경우, 해당 위반행위의 시도만을 근거로 도핑방지규정위반이 성립하지는 않는다.

74. **“시도 실패 보고서(Unsuccessful Attempt Report)”**: RTP 또는 TP 내 선수의 시료 채취 시도 실패에 대한 상세한 보고서로 시도 날짜와 방문 장소, 장소 도착 및 출발의 정확

한 시간, 선수를 찾기 위해 장소에서 취한 조치 (제3자와의 연락 포함) 그리고 시도와 관련된 다른 모든 세부사항들이 정리되어 있음.

75. **"시료 또는 표본**(Sample or Specimen)": 도핑관리의 목적으로 채취한 생체 물질을 말한다.

[시료 또는 표본 주해: 혈액 시료의 채취가 특정 종교 또는 문화의 교리에 반한다는 주장이 제기되었으나, 그와 같은 주장은 근거가 없는 것으로 확인되었다.]

76. **"시료보관전달체계**(Chain of Custody)": 시료의 제공부터 시료가 분석을 위해 분석기관에 도착할 때까지 시료를 관리할 책임이 있는 개인이나 기구들의 연속된 일련의 절차.

77. **"시료채취기구**(Sample Collection Authority)": 검사 및 조사 국제표준의 요건에 맞춰 시료의 채취를 책임지는 기구로 (1)검사주관기구 자체나; (2)검사주관기구가 해당 책임을 맡기거나 하도급을 준 (검사주관기구가 규약 하에서 시료 채취와 관련하여 검사 및 조사 국제표준의 요건이 준수될 것에 대해 항상 최종적인 책임을 진다는 전제 하에서) 다른 기구(예를 들어, 검사 수행의 권한이 승인된 또는 하도급 계약을 맺은 위임받은 제3자).

78. **"시료 채취 요원**(Sample Collection Personnel)": 시료채취기구로부터 시료 채취 활동이 이루어지는 동안 시료 채취를 수행하거나 보조할 권한을 부여받았고 자격을 갖춘 담당자들을 집합적으로 나타내는 용어

79. **"시료 채취 용품**(Sample Collection Equipment)": 제6.3.4항에 맞춰 진행되는 시료 채취 활동 중과 후 언제라도 시료를 채취하거나 담고 있거나 보관하는데 사용되는 A병 및 B병이나 키트, 시료채취용기, 튜브 또는 다른 기구들

80. **"시료 채취 활동**(Sample Collection Session)": 최초 접촉이 이루어진 시점부터 선수가 자신의 시료를 제공하고 도핑관리실을 떠나는 시점까지 선수와 직접 연관되어 순차적으로 이루어지는 모든 활동.

81. **"실질적 도움(Substantial Assistance)"**: 제70조와 관련하여 실질적 도움을 제공하는 자는 도핑방지규정위반 또는 제70조 제1항부터 제4항까지에 명시된 절차와 관련하여 소유하고 있는 모든 정보를 서명이 포함된 진술서 또는 인터뷰 기록의 방법으로 완전히 공개하여야 하고, 도핑방지기구 또는 청문기구에서 요청하는 경우 청문에서 증언하는 등 해당 정보와 관련한 사안의 조사 및 결정에 충실히 협조하여야 한다. 제공되는 정보는 신빙성이 있어야 하고, 절차가 개시된 경우 사건이나 절차의 중요한 부분을 구성하는 것이어야 하며, 절차가 개시되지 않은 경우에는 절차의 개시에 충분한 근거를 줄 수 있어야 한다.

82. **"엄격한 책임(Strict Liability)"**: 도핑방지기구가 제13조 제1호 또는 제2호에 따른 도핑방지규정위반을 증명하기 위하여 선수 측의 고의, 과실, 부주의 또는 사용의 인지 여부를 증명할 필요가 없음을 명시한 원칙을 말한다.

83. **"업무를 위임 또는 위탁받은 제3자(Delegated Third Party)"**: 도핑방지위원회로부터 도핑관리 또는 도핑방지 교육프로그램의 제반 활동을 위임 또는 위탁받은 자로서, 도핑방지위원회를 위하여 시료채취 또는 그 밖의 도핑관리 업무 또는 도핑방지 교육프로그램을 수행하는 제3자, 기타 도핑방지기구 또는 도핑관리 업무의 수행을 위하여 도핑방지위원회로부터 인증받은 시료채취요원 등을 말한다. 스포츠중재재판소(CAS)와 국가항소기구는 이에 포함되지 않는다.

84. **"오염된 제품(Contaminated Product)"**: 제품의 라벨 또는 합리적 인터넷 검색을 통해 이용할 수 있는 정보에 공개되지 않은 금지약물이 포함된 제품을 말한다.

85. **"운영상 독립(Operational Independence)"**: 결과관리의 책임이 있는 도핑방지기구 또는 관련 단체의 임직원, 위원, 자문위원과 사건의 조사 또는 사전심사에 관여한 자는 해당 결과관리의 청문 위원 또는 간사가 될 수 없고, 청문 위원은 도핑방지기구 또는 제3자의 간섭 없이 청문 및 의사결정 과정을 수행할 수 있어야 하는 것을 말한다. 이는 청문 위원 또는 청문 결정에 관여된 자가 사건의 조사 또는 진행 결정에 관여하지 않도록 하

기 위함이다.

86. **"유네스코 스포츠반도핑국제협약(UNESCO Convention against Doping in Sports)"**: 2005년 10월 19일에 개최된 제33차 UNESCO 총회에서 채택된 국제스포츠도핑방지협약을 말하며, 협약 당사국 회의와 국제스포츠도핑방지협약 당사국 회의에서 채택된 개정사항을 포함한다.

87. **"임시청문(Provisional Hearing)"**: 제52조 제3항 및 제53조 제5항과 관련하여, 제8장에 따른 제재위원회의 청문 전에 개최하는 약식 청문으로 서면 또는 구두로 의견을 청취할 기회를 주는 것을 말한다.
[임시청문 주해] 임시청문은 사건의 사실관계에 관한 전체 검토가 이루어지지 않는 예비절차이다. 선수는 임시청문 후 사건에 본안에 관한 정식 청문을 받을 수 있는 권리가 있다. 반면, 제52조 제3항의 '신속한 청문'은 빠른 시일 내에 시행하는 정식 청문을 의미한다.

88. **"위험도평가(Risk Assessment)"**: 규약 4.2항에 따라 도핑방지기구가 종목 또는 세부종목에 따라 위험도를 평가하는 것

89. **"전문가(Expert)"**: 해당 분야에 대한 지식을 갖추어 도핑방지기구 그리고/또는 선수 수첩 관리단에 의해 선정된 전문가 그리고/또는 전문가 패널로 수첩을 평가하는 책임을 수행한다. 전문가는 도핑방지기구의 외부 인사여야 한다. 혈액학 모듈의 경우 전문가 패널은 임상혈액학이나 스포츠 의학, 운동 심리학 중 한 가지 이상의 분야에 대한 자격을 갖춘 3인 이상의 전문가로 구성되어야 한다. 스테로이드 모듈의 경우 전문가는 분석기관 분석 그리고/또는 스테로이드 도핑, 내분비학에 대한 지식을 갖춰야 한다. 두 모듈 모두 전문가 패널은 상호보완적인 지식을 갖춘 전문가들로 구성되어 모든 관련 분야들을 대표할 수 있어야 한다. 전문가 패널은 최소 세 명의 임명된 전문가들과 임명된 전문가들이나 도핑방지기구의 선수 수첩 관리단의 요청에 의해 요구되는 추가적인 임시 전문가들을 포함할 수 있다.

90. **"조작 흔적이 남는**(Tamper Evident)": 한개 이상의 표시나 방해장치를 시료 채취 용품에 통합시키거나 포함시켜 해당 표시나 방해장치를 파괴되거나 없어지거나 다른 방법으로 훼손되는 경우 시료채취용품과와 관련된 조작행위나 조작행위 시도의 명백한 증거로 삼는 것.

91. **"조직적 독립**(Institutional Independence)": 항소기구는 결과관리를 담당하는 도핑방지기구와 조직상 완전히 독립적이어야 하는 것을 말한다. 즉, 결과관리를 담당하는 도핑방지기구로부터 어떤 식으로든 관리 · 감독을 받거나 연관 또는 종속되어 있어서는 안 된다.

92. **"주요 국제경기대회 주관단체**(Major Event Organizations)": 대륙별, 지역별 또는 기타 국제경기대회의 주관단체 역할을 하는 국가올림픽위원회 및 그 외 국제종합스포츠기구의 대륙 간 연합체를 말한다.

93. **"중대한 과실 또는 부주의 없음**(No Significant Fault or Negligence)": 사건의 전반적 상황과 '과실 또는 부주의 없음'의 기준을 종합적으로 고려했을 때, 선수 또는 기타 관계자의 도핑방지규정위반과 관련한 과실 또는 부주의가 중대한 것이 아니었음을 선수 또는 기타 관계자가 증명하는 것을 말한다. 보호대상자 및 레크리에이션 선수를 제외하고, 제13조 제1호 위반의 경우 선수는 금지약물이 어떻게 자신의 체내에 유입되었는지 증명하여야 한다.

94. **"참가자**(Participant)": 선수 또는 선수지원요원을 말한다.

95. **"청문**(Hearing)": 선수 또는 기타 관계자에게 규정 위반 혐의 등과 관련하여 임시청문, 제재위원회, 항소 절차에서 의견을 진술하거나 증거를 제출할 기회를 부여하는 절차를 말한다.

96. **"체육단체**(Sports Organization)": 체육에 관한 활동이나 사업을 목적으로 설립된 법인이나 단체를 말한다.

97. **"최소보고수준**(Minimum Reporting Level)": 세계도핑방지기구 인증 분석기관이 비정상분석결과로 보고하지 않아야 하는 시료 내 금지약물, 그 대사물질 또는 표지자의 추정 농도를 말한다.

98. **"치료목적사용면책**(Therapeutic Use Exemption: TUE)": 선수가 금지약물 또는 금지방법의 사용이 필요한 의학적 상태에 있고, 「치료목적사용면책 국제표준」 및 제4장의 규정에 따른 조건을 충족하는 경우에 치료 목적으로 금지약물 또는 금지방법의 사용을 허가하는 것을 말한다.

99. **"투여**(Administration)": 타인이 금지약물 또는 금지방법을 사용하거나 사용을 시도하는 경우에 이를 제공, 공급, 감독, 조력 또는 가담하는 것을 말한다. 다만, 합법적인 치료 목적 또는 그 밖에 이에 준하는 인정할 만한 사유로 사용된 금지약물 또는 금지방법에 관여한 선의의 의료종사자의 행위는 이에 해당하지 아니한다. 또한, 제반 정황상 금지약물이 합법적인 치료 목적을 위한 것이 아니거나 경기력 향상 의도가 있음이 증명되지 않는 한, 경기기간 외 검사에서 금지되지 않는 금지약물과 관련된 행위도 이에 해당하지 않는다.

100. **"특정방법**(Specified Method)": 제19조 제3항에 정의된 특정방법을 말한다.

101. **"특정약물**(Specified Substance)": 제19조 제3항에 정의된 특정약물을 말한다.

102. **"팀 활동**(Team Activity/Activities)": 선수들이 팀의 일원으로서 또는 팀의 관리 (예를 들어, 팀 닥터에 의한 치료) 하에 집단적으로 하는 스포츠 활동 (예를 들어, 훈련, 여행, 전술 활동).

103. **"표적검사(Target Testing)"**: 「검사 및 조사 국제표준」에서 정한 기준에 따라 특정 선수를 검사 대상으로 선택하는 것을 말한다.

104. **"표지자(Marker)"**: 금지약물이나 금지방법의 사용 사실을 나타내는 화합물, 화합물군 또는 생체요소를 말한다.

105. **"혈액채취요원 (Blood Collection Officer 또는 BCO)"**: 선수의 혈액 시료를 채취할 자격을 갖추었고 시료채취기구에 의해 승인받은 요원

붙임 2 주요 약어 목록

약 어	원 어	약 어
AAF	Adverse Analytical Finding	비정상분석결과
ABP	Athlete Biological Passport	선수생체수첩
ADAMS	Anti-Doping Administration and Management System	도핑방지행정관리시스템
ADO	Anti-Doing Organization	도핑방지기구
ATF	Atypical Finding	비정형분석결과
APFs	Adverse Passport Finding	비정상수첩결과
ATPF	Atypical Passport Finding	비정형수첩결과
CAS	Court of Arbitration for Sports	스포츠중재재판소
EPO	Erythropoietin	에리스로포이에틴 (근육 호흡 용적 및 혈액의 산소 포화도를 높이고 지구력을 증진시키는 성분)
IC	In-Competition	경기기간 중
IF	International Federation	국제경기연맹
IOC	International Olympic Committee	국제올림픽위원회
IPC	International Paralympic Committee	국제패럴림픽위원회
IS	International Standard	국제표준
KADA	Korea Anti-Doping Agency	한국도핑방지위원회
KADR	Korea Anti-Doping Rules	한국도핑방지규정

약 어	원 어	약 어
KSOC	Korean Sport & Olympic Committee	대한체육회
KPC	Korea Paralympic Committee	대한장애인체육회
MEO	Major Event Organization	주요 국제경기대회 주관단체
NADO	National Anti-Doping Organization	국가도핑방지기구
NF	National Sports Federation	경기단체
NOC	National Olympic Committee	국가올림픽위원회
NPC	National Paralympic Committee	국가패럴림픽위원회
OOC	Out-of-Competition	경기기간 외
RM	Results Management	결과관리
RTP	Registered Testing Pool	검사대상명부
TP	Testing Pool	검사대상후보명부
TUE	Therapeutic Use Exemption	치료목적사용면책
WADA	World Anti-Doping Agency	세계도핑방지기구
WADC	World Anti-Doping Code	세계도핑방지규약

도핑과 스포츠

초판발행	2023년 8월 29일
발행인	임홍재
발행처	국민대학교 출판부
주소	서울특별시 성북구 정릉로 77
전화	02-910-4242
팩스	02-910-4240
등록	1975년 6월 17일 제6-33호
인쇄	동방인쇄공사
ISBN	978-89-7812-519-2 (93690)
가격	22,000원

*잘못된 책은 교환하여 드립니다.